LA
JURIDICTION CONSULAIRE

DE PARIS

PENDANT LA RÉVOLUTION

PAR

GEORGES LECLERC

JUGE AU TRIBUNAL DE COMMERCE DE LA SEINE

Ouvrage orné de dessins, plans et gravures

PARIS
LIBRAIRIE PLON
PLON-NOURRIT ET Cie, IMPRIMEURS-ÉDITEURS
8, RUE GARANCIÈRE — 6^e

1909
Tous droits réservés

LA

JURIDICTION CONSULAIRE
DE PARIS
PENDANT LA RÉVOLUTION

LA
JURIDICTION CONSULAIRE
DE PARIS
PENDANT LA RÉVOLUTION

PAR

GEORGES LECLERC

JUGE AU TRIBUNAL DE COMMERCE DE LA SEINE

Ouvrage orné de dessins, plans et gravures

PARIS
LIBRAIRIE PLON
PLON-NOURRIT et Cie, IMPRIMEURS-ÉDITEURS
8, RUE GARANCIÈRE — 6^e
—
1909
Tous droits réservés

Tous droits de reproduction et de traduction réservés pour tous pays.

Published 3 March 1909.
Privilege of copyright in the United States reserved under the Act approved March 3d 1905 by Plon-Nourrit et Cie.

A tous les hommes de travail et de dévouement qui ont été, qui sont, qui seront membres de la Juridiction consulaire de Paris

Est dédié cet ouvrage écrit en l'honneur de l'Institution fondée en 1563 par Michel de l'Hôpital et que 346 ans d'existence n'ont fait que grandir et fortifier.

SUUM CUIQUE DECUS POSTERITAS REPENDIT...

Georges LECLERC.

Janvier 1909.

PRÉFACE

Lorsque l'on jette un regard sur le passé des institutions séculaires de la France, l'attention se fixe invinciblement sur les événements profonds qui, lors de la Révolution française, ont, ou entraîné la majorité de ces institutions dans un éternel oubli, ou, au contraire, donné une nouvelle vigueur à celles qui ont survécu.

Quelles qu'eussent été les vicissitudes subies par elles au cours des siècles, aucune ne peut être comparée, en effet, au prodigieux bouleversement qui n'épargna rien du passé et créa une France nouvelle.

Les juridictions consulaires avaient toujours tiré leur force du peuple lui-même. Elles se trouvaient trop bien répondre aux idées et aux aspirations des hommes de 1789 pour que leur maintien

a

eût jamais été mis en doute bien sérieusement.

Néanmoins leur transformation, — car la Révolution ne conservait pas, mais transformait, — ne s'accomplit pas sans des difficultés, des secousses et des troubles dont la trace s'est conservée dans les documents de l'époque.

Les juge-consuls de Paris prirent une part active aux événements de la fin du dix-huitième siècle.

Comptant parmi eux des hommes de haute valeur intellectuelle et de grande situation sociale, ils se placèrent résolument au premier rang de cette bourgeoisie éclairée et patriote dont les aspirations, les conceptions et les revendications servirent de bases aux réformes de 1789.

Pour faire un tableau aussi fidèle que possible de la juridiction consulaire parisienne pendant la Révolution, il était donc nécessaire de mettre en lumière tout d'abord quelques années de la vie des juge-consuls de la capitale avant 1789, de les évoquer dans leur milieu, dans leur hôtel, dans leurs coutumes et dans leur esprit.

PRÉFACE

C'est pourquoi les premiers chapitres de cet ouvrage seront consacrés à cette évocation aussi condensée que possible.

Cette méthode de travail aura de plus l'avantage de permettre au lecteur d'établir un parallèle facile entre les anciens juges et consuls de la bonne ville de Paris et le Tribunal de commerce de la Seine, qui leur a succédé sans transition et dont chacun peut connaître l'organisation et le fonctionnement.

Les documents sont suffisants et sans trop de lacunes relativement aux actes de la juridiction, car le Tribunal de commerce possède et conserve les registres des procès-verbaux du consulat depuis l'époque de Louis XIV. En outre les Archives départementales de la Seine ont recueilli de nombreux papiers provenant du greffe et antérieurs à 1789.

Il a été plus difficile de rétablir exactement la physionomie de l'ancien hôtel des juge-consuls, sis au Cloître Saint-Merri. A cet égard, il existe fort peu de renseignements iconographiques ou autres et cet hôtel a été complètement démoli vers 1829. Le musée Carnavalet possède une seule vue en lithographie d'un coin de la cour de l'hôtel, vue paraissant avoir été dessinée vers 1820. Les détails les plus exacts ont été relevés surtout dans les mémoires des entrepreneurs de la juridiction, conservés aux Archives de la Seine. Ces mémoires de toutes sortes, maçonnerie, peinture, sculpture, tapisserie, etc… sont très explicites pour les gens de métier et c'est en les compulsant et les comparant qu'un architecte distingué, M. Chesnay, l'un des arbitres au Tribunal de commerce, a pu dresser les plans et reconstituer la vue d'ensemble que nous publions et qui sont certainement d'une grande précision.

Peut-être adressera-t-on à l'auteur le reproche de ne pas s'être borné strictement au récit des faits et actes de la juridiction, dans la partie historique de son ouvrage, et d'avoir un peu empiété sur l'Histoire de France. A notre avis, mieux vaut ce reproche que celui de sécheresse. Mais il demeure bien entendu que nous n'avons emprunté à l'histoire générale que ce qui était nécessaire pour encadrer le précis que nous écrivions. Sans élever la moindre prétention au titre d'historien, nous avons pensé qu'il importait plus au lecteur d'avoir sous les yeux une série de petits tableaux donnant l'aspect complet des événements, qu'une froide énumération chronologique de faits particuliers, souvent difficiles à relier aux grands mouvements politiques ou économiques du pays.

Pour ce qui concerne la période révolutionnaire, les Archives nationales ont été pour nous une source précieuse de documentation. L'on sait, en effet, que ce grand établissement conserve tous les actes, jugements et pièces du tribunal révolutionnaire et du comité de Salut public.

Mais ce qui a surtout facilité le travail de l'auteur, c'est l'affabilité et l'empressement qui lui ont été témoignés de toutes parts.

Il adresse donc ici ses remerciements aux personnes qui ont bien voulu lui prêter le concours de leurs lumières ou de leur documentation, et particulièrement :

A M. Louis Chapuis, président du Tribunal de commerce en 1908, dont la haute aménité est connue de tout le monde;

A M. Glandaz, greffier en chef du tribunal, qui, à force d'obligeance, a réellement collaboré à cette œuvre;

A M. Denys Cochin, député de Paris, et à M. Vignon, conseiller à la Cour d'appel, qui ont gracieusement fourni à l'auteur de précieuses indications.

Enfin, il ne faut pas oublier la mémoire de M. Roy, le défunt secrétaire de la présidence du Tribunal de commerce, qui était si empressé à mettre à la disposition des juges ses vastes connaissances techniques et son érudition remarquable.

OUVRAGES CONSULTÉS

SAVARY, *Le parfait négociant* (1673). Bibl. nat.
SAVARY et SAVARY DES BRULENS, *Dictionnaire du commerce* (1723), idem.
TOUBEAU, *Institutes du Droit consulaire* (1700), idem.
LE PRATICIEN CONSULAIRE, 1 vol. sans nom d'auteur. Paris, 1742, idem.
GERMAIN BRICE, *Description de la Ville de Paris et de tout ce qu'elle contient de plus remarquable*. Paris, 1752.
PIGANIOL DE LA FORCE, *Description historique de la ville de Paris et de ses environs*. Paris, 1765.

Mercier, *Tableaux de Paris*, 1782.

Almanachs royaux, 1780 à 1791.

Almanachs de la juridiction consulaire, *idem*.

Journal de l'Assemblée nationale, 1789. Arch. nat.

Délibérations de l'Assemblée constituante, *idem*.

Délibérations de la Convention, *idem*.

Journal de la Cour et de la Ville, 1789-1795. Bibl. nat.

Guibert, *Notice historique sur la compagnie des agréés*. Paris, 1841.

Louis Lurine, *Les Rues de Paris ancien et moderne*. Paris, 1844.

Gragnon-Lacoste, *Précis historique de la juridiction consulaire*. Paris, 1860.

Denière, *La Juridiction consulaire de Paris*. (Plon, 1872.)

Victor Legrand, *Juges et Consuls* (1905).

Wallon, *Histoire du tribunal révolutionnaire*. (Hachette, 1880.)

Denys Cochin, *L'Hôpital Cochin et Notice sur la famille Cochin*. (Paris, 1890.)

Dulaure, *Histoire de Paris*.

Charavay, *Assemblées électorales de Paris*.

Brette, *Les Constituants*.

Livre des privilèges de la jusridiction et place commune des marchandz de la ville de Paris, manuscrit sur parchemin — 1563 à 1660 — (Archives du Tribunal de commerce).

Livres des chartres de la jurisdiction consulaire fait en l'année 1667, manuscrit écrit sur parchemin par Sébastien de la Rue et enrichi de frontispice et de lettres enluminées, *idem*.

Livre contenant l'édit de création de la jurisdiction consulaire en la Ville de Paris, avec les noms, surnoms et qualitez de tous les juges et consulz qui l'ont exercée. Manuscrit sur parchemin terminé en 1694 par Jean Damoiselet, maître parcheminier à Paris, également enrichi de frontispice et de fort belles enluminures, *idem*.

Recueil de ce qui s'observe en la jurisdiction consulaire, contenant plusieurs ordonnances, sentences et arrêts confirmatifs d'icelles nécessaires aux juges et aux parties pour leur instruction. 2 vol. in-4°, chez Robert Ballard, imprimeur du Roy. 1699, *idem*.

Registres des délibérations de la juridiction consulaire de Paris, *idem*.

Registres des délibérations du Tribunal de commerce de Paris, *idem*.

LA
JURIDICTION CONSULAIRE DE PARIS
PENDANT LA RÉVOLUTION

PREMIÈRE PARTIE
LES JUGES ET CONSULS
1780-1791

CHAPITRE PREMIER

LA VIE EXTÉRIEURE

L'hôtel de la juridiction. — Salle d'audience. — Chambre du Conseil. — Salle à manger. — Chapelle. — Cérémonies extérieures. Situation morale. — Respect et considération. — Opinions de contemporains. — Physionomie du quartier Saint-Merri. — L'année 1720.

Lorsqu'en novembre 1563 (1), le roi Charles IX, cédant aux conseils de son chancelier, Michel de l'Hôpital (2), rendit l'édit portant création de « juge

---

(1) Il est impossible de donner une date plus précise : l'original porte : « Donné à Paris, au mois de novembre 1563. » Voir appendice, pièce n° 1.

(2) Voici à quelle circonstance Germain BRICE, qui écrivait en

et consulz des marchandz pour sa bonne ville de Paris », il n'existait aucun local qui pût être mis à la disposition des magistrats nouvellement créés.

L'hôtel de ville, dont la construction n'était pas achevée (1533 à 1628), était occupé par le prévôt des marchands et ses échevins et ces dignes représentants des bourgeois de Paris n'avaient point accueilli avec assez d'empressement le nouveau pouvoir qui se dressait auprès d'eux, pour que l'on pût espérer quelque générosité de leur fait.

Comme d'autre part le Trésor royal n'était pas fort à son aise, le Roi prit le parti le plus simple et se

---

1684 et a laissé une *Description de la Ville de Paris* très estimée, rapporte la création des juge-consuls : « Derrière l'église Saint Merry, dit-il, est la juridiction des juges consuls. On a mis sur la porte de la maison qu'elle occupe une figure du Roi (Louis XIV), en marbre par Simon Guillain, sculpteur habile. Cette juridiction a été établie par le roi Charles IX. Ce prince étant un jour au Parlement dans un lieu caché pour entendre les procès que l'on raportait dans la grande Chambre, de même que ses prédécesseurs l'avaient souvent pratiqué, on appela une cause entre deux marchands, qui furent renvoiez hors de cour et sans dépens, après dix ans que le procès avait duré, ce qui avait consumé bien du tems et une très grande somme d'argent. Le Roi, touché de voir que le commerce souffrait beaucoup par ces longueurs, fit un édit au mois d'octobre 1563 par lequel il érigea dans les principales villes du roiaume, à l'exemple de Marseille et de Rouen, des juridictions particulières, nommées les « Juges Consuls », composées seulement de marchands pour terminer promptement tous les différends qui survenoient au sujet du négoce ». (Germain BRICE, t. II, p. 25. Edition 1752 des libraires réunis, au nombre desquels étaient les consuls ou futurs consuls Hérissant, Le Prieur et Saillant.) — Cette version a été adoptée par LE ROUX DE LINCY, rédacteur de l'article *Rue et Faubourg Saint-Martin*, dans le précieux ouvrage, *les Rues de Paris ancien et moderne*, t. II, Kugelmann, 1844.

borna à « permettre aux marchandz bourgeois de Paris d'imposer et lever sur eux telle somme de deniers qu'ils adviseront nécessaire pour l'achapt ou louage d'une maison ou lieu qui sera appelé Place commune des Marchands ».

L'article 18 portait que cinquante marchands et notables bourgeois détermineraient le montant de la somme et que dix d'entre eux en feraient la répartition. Comme on n'avait qu'une demi-confiance, il fut décrété en l'article 19 que ceux des marchands qui refuseraient de payer seraient soumis à la contrainte.

La somme à réunir fut fixée à 20 000 livres tournois (1), et si ce capital, très important pour l'époque, ne fut pas souscrit immédiatement, les premiers fonds ne tardèrent pas à être versés, puisque sept jours après les juge et consuls des marchands *se mirent au siège*, suivant le langage de leurs délibérations, en la salle du logis de l'abbaye Saint-Magloire, rue Saint-Denis, derrière la rue Quincampoix, provisoirement prise à bail de Pierre de Gondi, abbé de Saint-Magloire.

La collecte continua néanmoins et en 1570 les deniers étaient suffisants pour acquérir, le 15 du mois de novembre, au moyen d'un échange d'immeubles avec le président Baillet (parfois aussi nommé

---

(1) Comme on sait, la livre tournois représentait à peu près 1 franc, exactement 0 fr. 9876.

Jaillet), un hôtel formé de plusieurs corps de logis avec cour et jardin, situé Cloître Saint-Médéric ou Saint-Merri, rue du Cloître-Saint-Merri, dans le pourtour de l'église de ce nom dont l'entrée est rue Saint-Martin et dont les dépendances s'étendaient par derrière jusqu'à la rue du Renard.

C'est ce vénérable hôtel qui abrita la justice consulaire de Paris du mois de novembre 1570 jusqu'en l'année 1826. Lorsque l'on connaît l'histoire de cette juridiction, de ses luttes et de son admirable persévérance dans la défense des droits dont elle était gardienne, on peut dire que pendant deux cent cinquante ans, la maison de la rue du Cloître-Saint-Merri demeura le Capitole des marchands de Paris. La municipalité de Paris s'honora, en 1844, en donnant à une partie de l'antique rue du Cloître-Saint-Merri, le nom qu'elle porte encore : rue des Juges-Consuls.

Vers le premier tiers du dix-septième siècle l'hôtel Baillet ne suffisait déjà plus aux nécessités de la vie consulaire (1). Les consuls achetèrent alors la maison se trouvant à gauche en regardant la façade. Elle appartenait à la veuve d'un ancien conseiller au Parlement, Pierre Hallé, et elle avançait dans la cour de l'hôtel. En 1662 enfin, ils se rendirent adjudicataires

---

(1) Sous Charles IX la population de Paris atteignait à peine 250 000 âmes. Elle était évaluée à 400 000 sous le règne de Louis XIV.

de l'immeuble de droite qui formait l'angle de la rue de la Verrerie et était la propriété d'un ancien consul du corps de l'apothicairerie nommé Jean Chesneau.

Là s'arrêtèrent les acquisitions d'immeubles, qui ne laissèrent pas de grever considérablement le budget de la juridiction consulaire, non seulement en raison des prix d'achat élevés, mais surtout à cause des appropriations considérables qu'il fallut entreprendre. Il n'entre point dans le cadre de cet ouvrage de rappeler toutes les difficultés que les juges et consuls durent surmonter pour atteindre leur but et toutes les luttes qu'ils durent soutenir contre le Roi lui-même pour assurer à leur compagnie un logis en rapport avec son importance qui croissait chaque jour.

En 1708 l'immeuble en était au point de menacer ruine : on dut se contenter de réparer les voûtes des caves et d'opérer quelques travaux de soutènement.

En 1721 la situation se trouva empirée : mais les juge-consuls, après avoir tenu, selon un usage immuable, une assemblée plénière avec les Anciens de la compagnie, envisagèrent avec joie la possibilité d'entreprendre enfin les importants travaux dont ils avaient depuis longtemps fait dresser les plans et devis.

En effet, le roi de France Louis XV, ou plutôt son oncle le Régent, se trouvait alors débiteur envers le consulat de la jolie somme de 95 459 livres pour arriérés de rente et personne ne mettait en doute, parmi les scrupuleux marchands du Cloître Saint-Merri, la récupération de cette dette royale, depuis longtemps exigible.

Mais le Régent était trop grand seigneur pour s'arrêter aux considérations qui guidaient la conscience des juge-consuls : il avait sans doute un emploi beaucoup plus judicieux à faire des fonds du Trésor royal, car les registres du consulat nous apprennent que, dans leur délibération du 18 juillet 1721, les magistrats durent se borner à entériner l'avis qui leur était donné sans autre forme de procès, qu'ils n'eussent point à compter sur les 95 459 livres si désirées (1).

On s'inclina, et cette fois encore, cependant, les plus importants travaux s'exécutèrent. C'est que dans ces graves circonstances, le dévouement et l'abnégation de tous les membres de la compagnie ne firent jamais défaut. Non seulement les élus supprimèrent toutes les dépenses qui leur étaient personnelles et les très modestes avantages qui leur étaient dévolus, mais il se trouva, parmi les plus riches d'entre eux, des donateurs qui, sous le vocable de prêts, avancèrent des sommes qu'on ne fut jamais en état de leur rembourser, ou à peu près.

En 1745, un nouvel embarras surgit : un arrêt du

---

(1) Ce ne fut qu'en 1723 que ce compte fut liquidé par la conversion de la dette en une rente sur la généralité de Paris.

Parlement avait fixé l'alignement de la maison faisant l'angle de la rue de la Verrerie et du Cloître Saint-Merri et ordonné sa démolition. Il fallut reconstruire l'immeuble. Cette fois, aucune dette royale n'était en perspective et la juridiction consulaire était accablée positivement par le poids de ses dettes antérieures et le service des rentes qu'elle avait dû créer.

Le 14 février 1746, on décida, toujours avec le conseil des Anciens, de contracter un emprunt de 20 000 livres (1) en donnant hypothèque et au besoin privilège à ceux qui prêteraient, sur tous les biens appartenant à la juridiction. Il en fut fait ainsi, et ces biens se trouvèrent hypothéqués à la limite extrême de leur valeur. Et cependant, les 20 000 livres furent insuffisantes et en 1748, Messieurs du siège, en rendant leurs comptes, durent exposer qu'il ne restait en caisse que 527 livres 7 sols, tandis qu'il fallait payer 5 718 livres de rentes arriérées et 9 290 livres aux ouvriers pour la reconstruction.

Le bel exemple de 1721 ne resta pas sans imitateurs : aussitôt, les juge et consuls en exercice offrirent d'avancer chacun par eux-mêmes une somme de 1 000 livres. Huit anciens magistrats en firent autant. On obtint assez facilement des réductions volontaires de la part des entrepreneurs qui étaient

---

(1) Environ 60 000 francs de nos jours. Le rapport de la valeur monétaire s'établit à peu près de 1 à 3.

amis de la maison, en sorte que l'honneur de la compagnie fut sauf.

Et il n'est point ici hors de propos de mentionner qu'en présence de la situation obérée du consulat, il fut procédé avec tant de sagesse et d'économie, avec tant d'esprit d'ordre et de persévérance que moins de dix ans après, en 1754, la juridiction s'était libérée de la plus grande partie de ses dettes et avait obtenu la conversion des rentes dues par elle, à un denier plus faible. On verra plus loin quelles étaient les ressources dont elle disposait.

Enfin, en 1775, on dut faire remettre l'immeuble à neuf de fond en comble et nous voyons par *l'État et montant des ouvrages conduits et réglés par le s^r Poullain, architecte pour la juridiction des consuls de Paris dans le courant de l'année 1775,* conservé aux Archives du département de la Seine (1), que la dépense s'éleva à 68 367 livres. On constate de même que tous les mémoires des entrepreneurs, également conservés, ont été acquittés dans le courant de l'année 1775. Les procès-verbaux sont muets sur les moyens financiers qui furent employés pour parer à cette lourde charge.

En 1780, l'hôtel des juge-consuls était une des

---

(1) Juridict'on consulaire, n° 3258. Voir appendice, pièce n° 2. Poullain avait été nommé le 30 septembre 1772, aux honoraires fixes de 100 livres par an.

constructions réputées de Paris : il était cité sur les almanachs et guides dans la ville.

On pénétrait dans la cour par une porte en bois ornée de panneaux en fer forgé. Comme au Palais, il y avait à droite de cette porte un banc de pierre qui servit longtemps aux magistrats pour descendre de leurs mules, alors que ce moyen de locomotion était le plus pratiqué à Paris.

La cour avait été élargie en 1630 lorsque, pour faire bâtir leur chapelle, les consuls achetèrent la propriété de la dame veuve Hallé, et firent démolir toutes les vieilles constructions qui obstruaient l'entrée de l'hôtel.

On les remplaça, à gauche, par un petit pavillon isolé servant de loge au portier de la juridiction, et par un escalier monumental abrité sous un portique et destiné à donner accès directement de la cour au palier du premier étage de l'hôtel, c'est-à-dire à la salle d'audience et à la chapelle.

Sous cet escalier se voyait une baie solidement grillée : elle éclairait la geôle ou le cachot, car les juge-consuls avaient le droit de faire incarcérer par leur ordre les perturbateurs de leurs audiences ou les délinquants pris sur le fait dans l'enceinte de l'hôtel.

La construction était élevée de deux étages carrés, d'un étage mansardé et d'un étage en greniers. La façade principale tenait du style Renaissance avec appareillage de pierre très accentué et fronton à double évolution encadrant une horloge. La construction de droite, en aile en retour sur la rue, était des plus simples : c'étaient les bâtiments du greffe et des services annexes.

La juridiction louait les boutiques donnant sur la rue de la Verrerie : de temps immémorial, l'une était occupée par un marchand de vin et l'autre par un tapissier.

Sur la cour d'honneur, laissant l'escalier monumental à gauche, s'ouvrait la grand'porte de l'hôtel, en haut d'un petit perron. Cette porte haute et cintrée, était surmontée d'une statue équestre en marbre, un peu moins grande que nature, du roi Louis XIV, dans sa jeunesse, statue surveillée par deux lions symboliques (1).

---

(1) Arch. départ., Juridiction consulaire, n° 1969 : année 1760. Sic :

Mémoire des marbreries que jay faite à l'Hotel de la jurection de Messieurs les Consuls. Ouvrages faites par Adam le jeune, Sculpteur-marbrier rue des Filles du Callevaires au coin du Rampart. Sçavoir :

Avoir fait restoré la figure du Roy sur pieds dans toutes sa hauteur et superficie en place au dessus de la porte de l'Hôtel des Juges. Lavoir netoier et reblanchy avec peine avoir employers beaucoup de savon noire et d'eau secondes et d'eaux fortes et des broces pour. Veaux.................................... 38 L.

Plus avoir raporté emplatres les queux des lions et les pates sur place aux dessus de la porte et mis des gougions de fer. Veaux pour ce.. 16 L.

Jay reçûe de Monsieur Cochin, Juges consulle enplace la somme

L'HOTEL DES JUGE-CONSULS AU CLOITRE SAINT-MERRI DE 1570 A 1826
Composition et dessin de M. Léon Chesnay, arch. D. d. g.

L'auteur de cette statue était Simon Guillain, statuaire parisien mort le 16 décembre 1658, à qui l'on doit la formation de l'Académie des Beaux-Arts.

Piganiol de la Force, dans sa *Description de la ville de Paris* (nouvelle édition parue en 1765, 10 volumes in-12. Desprez, imprimeur du Roi, rue Saint-Jacques), exprime l'avis que cette image du Roi n'était pas une des meilleures œuvres de Guillain. Comme elle a totalement disparu, il est difficile d'apprécier si Piganiol de la Force se montrait bon juge.

Le vestibule, à rez-de-chaussée, avait perdu de son importance lors de la construction de l'escalier extérieur par lequel tout le monde passait. A gauche était une pièce réservée aux agréés, puis l'ancien escalier conduisant au premier étage, beaucoup trop étroit pour un service public, mais que l'on avait conservé pour les besoins intérieurs. Ensuite un bureau affecté aux huissiers audienciers.

Au fond, à droite, s'ouvrait une porte qui, par un large couloir, donnait accès à la salle à manger des juge-consuls, située au rez-de-chaussée, dans un corps de bâtiment en aile, du côté de la rue du Renard.

En retour, un local abritait le suisse de la juridic-

---

de 54 L. pour le contenue du présant mémoire donc quittance de toutes choses jusqua ce jour. Paris, le 19e X^{bre} 1760. *Signé* : Adan LEJEUNE.

Ainsi qu'on l'a vu au commencement de ce chapitre, Germain Brice relate cette statue dans son ouvrage écrit en 1684.

tion, homme superbe et sévère qui faisait office de maréchaussée.

Enfin, à droite, près de l'entrée, un tableau posé au-dessus de la porte d'un bureau portait en grosses lettres : *Bureau des présentations.*

Là se tenait *le clerc*, ayant pour mission de recevoir les placements ou présentations et de les enregistrer sur un gros in-folio « en bonnes lettres et bien visibles ». Ce fonctionnaire devait être rendu à 8 heures du matin à son poste, une heure avant l'audience. Il devait établir son rôle en double exemplaire, car les règlements exigeaient qu'une copie en fût mise à la disposition des plaideurs.

Cependant, un peu avant 9 heures, un bruit de clefs annonçait à tout le turbulent public que les portes de la salle d'audience venaient d'être ouvertes et aussitôt c'était une course vers l'escalier, chacun désirant se placer commodément sur les bancs des justiciables.

Mais nous ne suivrons pas de suite les plaideurs hâtifs au premier étage. Il reste à visiter au rez-de-chaussée une pièce importante : la salle à manger.

Comme nous l'avons dit, cette pièce se trouvait dans le corps de bâtiment en aile au fond : un escalier intérieur la mettait en communication avec la chambre du Conseil située au-dessus.

Bien éclairée par une large croisée prenant jour

sur le jardin de l'hôtel, tapissée d'étoffes de drap et lambrissée en boiseries de chêne d'un savant travail (1), cette salle était l'une des plus belles de celles que les juges s'étaient réservées. Le sol en était formé d'un dallage en damier soigneusement entretenu; le plafond portait une décoration à poutrelles dans le goût du château de Blois.

Le chauffage était produit par un vaste poêle en terre vernissée que la compagnie avait fait venir d'Alsace vers la fin du dix-septième siècle (2).

La table, ordinairement disposée pour huit ou dix personnes, pouvait recevoir trente couverts. Mais la salle à manger était assez grande pour permettre des banquets d'une cinquantaine de convives. Les états de dépenses que l'on a conservés révèlent que l'éclairage de cette salle était assuré par six candélabres en argent de chacun cinq lumières, que la compagnie

---

(1) Arch. départ., année 1775. Mémoire de sculpture du Sieur Boulanger sculpteur des bâtiments du Roi, rue de Bondy. Savoir : (Sic) :
Salle à manger : Le panneau de laniche est orné d'un trophé compossé du'un vaze de différents ornements avec deux tresses entouré de feuilles de lierres avec couronne idem et deux festons de fruits avec leurs chuttes le tout suspendue à des clouds ornée de classes de rubans.
Le trumeau vis à vis la croissée es ornées dans le haut du'un fesions de fleurs et fruits avec c'est chuttes, ronds et rubans.
Les moulures de glaces sont taillé de feuille deau et perles.

(2) On dut changer ce poêle en 1775. Un mémoire du sieur Giot, *sculpteur poêlier* rue Saint-Antoine, nous apprend qu'on le remplaça par un poêle monumental orné de reliefs, dont le coût fut de 320 livres. (Arch. départ., 1775. Gestion de sire Richard.)

devait certainement au travail de l'un des orfèvres juge ou consul. En 1785, un luxe nouveau, inouï pour l'époque, fut introduit par l'acquisition de six lampes de la fabrique du sieur Quinquet, qui causèrent la plus vive admiration. Candélabres et lampes servaient d'ailleurs également à l'éclairage de la salle d'audience et de la salle du Conseil lorsque le tribunal veillait, c'est-à-dire très souvent.

Outre la grande table du milieu, la salle à manger renfermait : 1° deux hauts fauteuils destinés, l'un au juge en exercice, l'autre au personnage le plus important parmi les convives de la société; 2° des chaises en cuir pour le surplus des mortels; et 3° trois beaux buffets en bois de chêne sculpté dans lesquels étaient conservés l'argenterie, la vaisselle et le linge appartenant à la juridiction.

Il s'est formé, parmi les personnes s'intéressant aux choses des juge-consuls, une légende qui tend à représenter le consulat de Paris comme ayant été propriétaire d'un riche trésor d'argenterie : le lyrisme s'en mêlant, on a composé un émouvant épisode dans lequel, en 1792, les juges et consuls auraient solennellement sacrifié ce trésor sur l'autel de la patrie en danger pour assurer le ravitaillement de nos armées... Il est fâcheux pour l'historien d'avoir à remettre les choses au point. Mais les dignes magistrats l'auraient fait eux-mêmes s'ils eussent connu la légende.

Il est certain que, de tout temps, la juridiction fut l'objet de largesses de la part de ses membres : elle reçut aussi des cadeaux du Roi, des corps des marchands et de la ville de Paris.

Mais elle ne thésaurisa point.

Au moment des grandes crises budgétaires qu'elle eut à subir et que nous avons rappelées plus haut, on ne manqua pas de tirer bon profit de la vente des objets qui n'étaient pas en usage : en 1745 notamment on fut heureux de réaliser pour environ 1 800 livres d'argenterie à bon titre et poids loyal.

De sorte que si les buffets contenaient le nécessaire pour le service de la table, ils ne regorgeaient nullement de trésors comme on veut bien le dire (1). Malheureusement, nous n'avons trouvé trace d'aucun inventaire à ce sujet : ce serait une preuve de plus du peu d'importance que les juge-consuls attachaient à leur argenterie, si les indications que nous venons de donner n'étaient appuyées par les procès-verbaux mêmes de la juridiction.

Enfin il faut se souvenir que, dès 1789, le consulat perdit ses propriétés personnelles au profit de la na-

---

(1) Cela est si vrai que nous voyons en 1784 le consulat acheter de ses deniers des objets qui lui manquaient. Facture en date du 15 mars 1784, du sieur Lecain, marchand orfèvre « A la Chaine d'Or », Pont Saint-Michel : « Fourni et livré à la juridiction consulaire de Paris, sçavoir : une soupière ovale à anse plus un plat oval arrangé pour tenir sous ladite soupière, plus les armes de la juridiction. Total 677 livres 10 sols. » (Arch. départ.)

tion. Si le trésor d'argenterie eût existé, les agents du domaine national ne l'auraient pas passé sous silence.

Voilà pourquoi la belle légende du sacrifice de 1792 est apocryphe : elle était flatteuse pour le patriotisme des juge-consuls, mais on verra qu'ils ont su donner, de leur patriotisme, d'autres marques plus sérieuses et d'une certitude indiscutable.

Mais revenons au haut de cet escalier de pierre que nous n'avons pas gravi avec le public pressé de pénétrer en la salle d'audience.

On accédait à cette salle par un palier occupant toute la largeur de l'hôtel, sur la cour.

La salle d'audience était revêtue à hauteur d'épaule d'un lambris en chêne mouluré.

Le haut des murs avait reçu une décoration architecturale en imitation de pierre avec panneaux de mosaïque ornés de soleils et fleurs de lys sculptés, et entourés de festons en branches de chêne et olivier, culs-de-lampe, chiffres d'angles fleuronnés, etc... Le grand panneau au-dessus du tribunal était orné du chiffre du Roi fleuronné, surmonté d'une couronne royale avec grandes branches d'olivier. La frise du plafond et les arcs-doubleaux étaient taillés de chêne, feuilles de refend, feuilles d'eau et branches de laurier (1).

---

(1) Tous ces détails sont copiés presque textuellement sur le mémoire de Boulanger, sculpteur, travaux faits en 1775. Arch. départ., Juridiction consulaire, n° 3233.

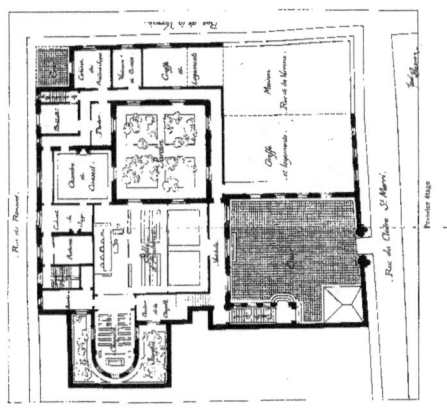
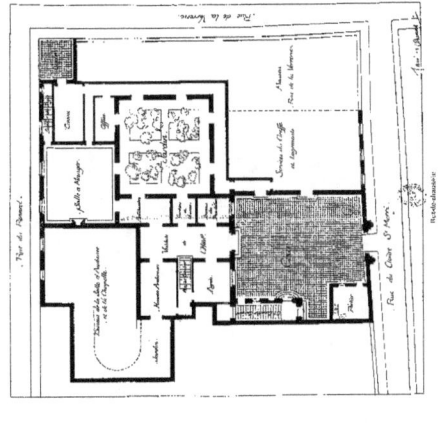

Le siège du tribunal, surexhaussé de trois marches, était composé de cinq stalles faisant partie d'un ensemble de décoration en bois sculpté. Une table fixe et fermée s'étendait devant les magistrats : elle portait, sur la face regardant le public, les armes de la juridiction : le vaisseau de la ville de Paris, en chef sur deux mains croisées.

Cette disposition nous a été conservée par la précieuse gravure que possède le musée Carnavalet et qui représente une audience des juge-consuls en 1675 (1).

La décoration de la salle était complétée en 1780 savoir :

1° Par un grand tableau représentant *le Roy Charles IX remettant aux juge-consuls l'édit de leur création*. C'était une œuvre du peintre François Pourbus le jeune, né à Anvers en 1570, mort à Paris en 1622, portraitiste du roi Henri IV et dont le musée du Louvre possède six toiles estimées;

2° Par un autre grand tableau ayant pour sujet le *Jugement de Salomon*. Les seuls renseignements que nous ayons pu recueillir sur cet ouvrage se trouvent sur un mémoire du sieur Beaumont, encadreur de la juridiction, conservé aux Archives de la Seine (juridiction consulaire, n° 1888) sur lequel on lit : « Pour

---

(1) M. Legrand, président du tribunal de commerce en 1899-1900, a fait reproduire cette gravure et en a fait don à ses collègues.

avoir fait faire un grand tableau original, sujet du jugement de Salomon... 300 livres ». Ce mémoire est du 23 juillet 1759;

3° Par un portrait en pied du roi Louis XV, offert par lui à la juridiction à la fin de l'année 1758. Nous n'aurions aucune donnée sur ce tableau sans une petite note écrite par le juge Polissard en 1759 à titre de pièce comptable et qui porte : « Donné à M. Portail, peintre, 120 livres pour gratification à cause du tableau par lui peint donné par le Roi aux juges et consuls. » (Mêmes références, n° 1890).

Ce portrait aurait donc été l'œuvre de Portail (?) (1). Ce qui est certain et prouvé par le mémoire du sieur Beaumont, c'est que les deux grands tableaux dont il vient d'être parlé étaient richement encadrés (grandes bordures à trois ornements à 6 louis chaque); le portrait du Roi portait un cartouche avec les mots : *Donné par le Roy aux Juge et Consuls en 1758* (2). L'installation en nécessita d'importants travaux non seulement dans la salle d'audience, mais aussi dans l'appartement au-dessus, car pour lui donner l'élévation nécessaire, on dut former un cintre dans la

---

(1) Ce peintre peu connu était alors garde des œuvres d'art au château de Versailles.

(2) « Mémoire de Fontaine, peintre, rue Bourg l'Abbé : Avoir fait l'inscription au bas du grand tableau de Louis XV en lettres noires : Donné par le Roy aux Juge et Consuls en 1758, vaut... 3 L. 1 s. 6 d. »

chambre sise au-dessus de la salle d'audience (1).

Comme toujours, les fonds manquaient d'abord pour payer ces travaux et déjà la compagnie préparait ses escarcelles lorsque la juridiction eut la chance d'encaisser une somme de 1 200 livres que les sieurs Théresse et Thomas, nouveaux locataires du greffe, lui offrirent « par forme de pot-de-vin » (23 septembre 1758). Empressons-nous de dire que cette forme, qui nous choquerait aujourd'hui, était alors parfaitement officielle et que les délibérations en expriment formellement la cause et l'importance : on ne fixait pas le chiffre du « pot-de-vin », mais il était de bon ton, pour les nouveaux locataires, de se montrer généreux ;

4° Par une horloge s'arrondissant au-dessus de la porte d'entrée. On paya en 1775 au peintre Fontaine 12 livres pour avoir peint le cadran en blanc, les heures en noir et redoré les aiguilles.

Enfin sous Louis XVI, le consulat reçut encore en présent, de la munificence royale, un tableau par Lagrenée le jeune, représentant le portrait du Roi

(1) « Mémoire et toisé des ouvrages de maçonnerie faicts par Le Faivre maître-maçon, rue Simon-le-Franc, aux mois de septembre et octobre 1758 :
Du 12 au 18 octobre : pour le changement d'une partie du plancher au dessus du tableau du Roy, pour la reconstruction de ladite partie de plancher en callotte et accessoires au dessus, a été employé 14 journées de maçon, autant de manœuvres, trois bottes de lattes, 3 livres de clous, 4 voyes six fois de plâtre, un quarteron de grand carreau de terre cuite, une livre et demie de chandelle. »

soutenu par la Justice. Ce cadeau fut la cause d'une grande émotion, car, malgré toutes les combinaisons et les essais possibles, on ne parvint pas à lui trouver un emplacement honorable dans la salle d'audience en raison de ses imposantes dimensions. Les juge et consuls dépêchèrent donc une députation auprès de M. le maréchal duc de Brissac, gouverneur de Paris, pour le supplier de s'enquérir si Sa Majesté, « donnant une nouvelle preuve de cette grande bonté qui lui attachait les cœurs de tous ses sujets », voudrait bien permettre que ledit tableau fût placé dans la salle du Conseil de la juridiction. Il paraît que Louis XVI ne fit pas d'objections, car nous retrouverons le tableau de Lagrenée à la place indiquée.

Il y avait certainement aussi deux ou trois tapisseries des Gobelins aux armes royales dans la salle : servaient-elles de portières ou de décoration ? Le point n'a pu être élucidé.

La salle d'audience était éclairée par deux larges croisées ouvrant sur le jardin de l'ancien hôtel Baillet, à droite : le plafond était à caissons décorés de caducées, de balances et de fleurs de lys.

La partie réservée au public, jusqu'à la barre, avait un dallage : quatre-vingts personnes y pouvaient trouver place; l'auditoire était parqueté à la française et les magistrats reposaient leurs pieds sur un tapis.

A droite du siège s'ouvrait une large baie fermée seulement par une grille en fer forgé s'élevant à hauteur d'appui : cette baie donnait accès de plain-pied dans la chapelle de la juridiction, et elle permettait aux juge et consuls d'entendre la messe de leur siège, ce qu'ils faisaient avant chaque audience.

C'est pour cette raison qu'il n'y avait pas de Christ dans la salle d'audience même (1).

La chapelle sera, plus loin, l'objet d'une description spéciale.

A gauche du siège était l'entrée de la chambre du Conseil et des diverses pièces réservées à la juridiction : c'était un sanctuaire jalousement gardé et où nul étranger n'était admis. L'huissier de service qui en ouvrait la porte et annonçait l'entrée des magistrats pouvait seul jeter un regard furtif de l'autre côté, mais il s'empressait d'observer le règlement séculaire en refermant bien vite cette porte.

Comme l'auditoire, la chambre du Conseil était tendue, partie en étoffes dites de gros grain, partie

---

(1) On peut se demander si c'est par une perpétuation de cet usage que nul emblème religieux ne figurait dans la salle d'audience du Tribunal de commerce de Paris. En 1905, lorsque le gouvernement décida la suppression des Christs dans les prétoires, le président du Tribunal reçut l'avis d'avoir à procéder à cette suppression. Il ne put que répondre : « Il n'y a pas de Christ dans la salle d'audience ». Nul ne l'avait sans doute jamais remarqué en haut lieu.

en belles tapisseries des Gobelins données par les rois : en 1780, l'état n'en était pas brillant. L'humidité des murs avait détérioré les boiseries et les tentures, si bien qu'il fallut renouveler le tout en 1784. On le fit alors sans parcimonie, sous la direction du juge Leclerc, de la corporation de la bonneterie, et du consul Douay, fabricant d'étoffes, tous deux particulièrement bien placés pour juger des travaux. Le livre des délibérations constate que la juridiction fut pleinement satisfaite du bon goût et de l'économie qui présidèrent aux travaux.

Un des côtés de cette salle était occupé par une grande cheminée Henri II au-dessus de laquelle figurait le tableau de Lagrenée dont il a été parlé plus haut, dans un cadre en bois doré (1).

En face présidait un Christ en bois sculpté, belle œuvre paraissant remonter au seizième siècle.

Du côté droit, se voyaient des cadres portant les listes des membres de la juridiction depuis sa fondation, écrites en belle calligraphie gothique et ronde, et une horloge encastrée dans la boiserie (2).

Sur l'autre face étaient accrochés plusieurs tableaux et gravures qui rappelaient aux assistants soit un point d'histoire du consulat ou de la ville de Paris,

(1) La dorure seule coûta 117 livres, 11 sous. (1775, gestion de sire Richard, Arch. départ.).
(2) Cette horloge fut posée seulement en 1775 par Charles Panier, maître horloger. Elle coûta 36 livres.

soit le nom d'un donateur ayant appartenu au siège.

La grande table du milieu provenait de l'hôtel de ville : elle avait été offerte aux juge et consuls dès 1570 par le prévôt des marchands, Claude Marcel, orfèvre, qui avait été juge en 1566. Si elle constituait par elle-même un souvenir précieux pour la compagnie, elle portait de plus deux objets entourés de tout temps de la vénération des juges et consuls : un cachet ou sceau ayant appartenu au chancelier Michel de l'Hôpital et que Jean de la Bistrate, marchand de vins et de poisson de mer, juge en 1573, avait obtenu par don des héritiers de ce grand homme, et un encrier provenant du bureau de Colbert et dans lequel on se plaisait à voir un instrument des ordonnances de 1673.

Que sont devenus ces respectables témoins de tant d'actes importants? Nulle trace ne s'en retrouve dans les pseudo-inventaires dressés en 1789 et en 1793 lors de la prise de possession par la Nation des biens appartenant aux juge-consuls. Il est probable que des mains pieuses avaient cherché à les soustraire à un pillage toujours à craindre : en tout cas, on ne les revit plus lorsque le tribunal de commerce, succédant à la juridiction de Charles IX, occupa paisiblement l'hôtel du Cloître Saint-Merri après les tourmentes de la période révolutionnaire.

Autour de la salle du Conseil existaient plusieurs

pièces employées par les services de la juridiction : pièces dont quelques-unes prenaient jour sur la rue du Renard. Un petit escalier descendait à une porte ouvrant sur cette rue, et uniquement réservée aux magistrats. Il y avait, notamment, cabinet pour le juge en exercice, cabinet pour la réception des auxiliaires de justice, parloir, vestiaire, etc... Il n'existe pas de description du cabinet particulier du juge, et il faut en conclure que ce cabinet était fort simple et n'attirait nullement l'attention.

D'ailleurs, ainsi qu'on le verra par la suite, il était de règle pour les magistrats d'observer privativement une très grande simplicité. Autant la juridiction tenait à ses prérogatives et à l'apparat extérieur qui assurait sa dignité, autant chaque juge et consul s'attachait à rester modeste et accessible à tous (1) : démocratique par ses origines, l'institution ne l'avait jamais oublié. A maintes reprises elle lutta pour

---

(1) Cette modestie ne suivait pas toujours les consuls lorsqu'ils avaient accepté des fonctions à la Ville. Nous trouvons dans une requête du bureau de la Ville du 25 janvier 1788, relative au dégagement du quartier de la Madeleine (Arch. nat. H, 1959), cet attendu qui mérite d'être rapporté : « L'usage, y est-il dit, a attribué aux officiers de la Ville le privilège de donner successivement leurs noms aux rues dont il plaît au Roy d'autoriser l'ouverture. M. le baron de Breteuil sera supplié de maintenir leur droit en cette occasion, et de faire approuver par Sa Majesté que les noms désignants sur les deux plans les quatre nouvelles rues, dont il s'agit, soient insérés dans les dites lettres patentes. » Signé : Le Peletier, Dorival, *Guyot* et *Sageret*. Ces deux derniers avaient été l'un juge, l'autre consul.

faire valoir ses droits vis-à-vis des grands et des pouvoirs publics, jamais elle n'usa de sa force contre les humbles et les simples, et c'est ce qui lui valut de tout temps le profond attachement des commerçants, et on peut dire de la population de Paris.

En 1777, une donation intéressante échut à la compagnie : le sieur Thomas, l'un de ses greffiers en chef, lui fit don par-devant notaire de tous ses livres, et ce don fut accepté par une délibération du 5 août 1777, qui rendit un juste hommage à l'homme de bien qu'avait toujours été Thomas. On transforma en conséquence une des pièces du premier étage en bibliothèque, et comme le nombre des livres était considérable, on arrêta qu'un préposé spécial serait attaché à cette bibliothèque et que l'appartement occupé par le sieur Thomas dans l'hôtel serait, après sa mort, affecté au logement de ce bibliothéthécaire. En outre il fut décidé que tous les ans la compagnie compléterait sa bibliothèque par l'acquisition des ouvrages relatifs au commerce qui viendraient à être publiés.

On passait par la bibliothèque pour atteindre l'escalier particulier qui conduisait à la salle à manger située au rez-de-chaussée. Il y avait encore un escalier public qui permettait l'accès au premier étage : c'était celui du greffe, dans la cour à droite; les magistrats n'en faisaient pas usage : il servait de passage aux personnes convoquées par eux en leur parloir ou dans le cabinet de réception.

Le deuxième et le troisième étage de tout le corps de bâtiment ainsi que l'étage des combles étaient occupés tant par les locaux du greffe que par les logements des greffiers et gens de service. Ces logements n'étaient d'ailleurs pas concédés gratuitement, non plus que ceux dont disposait la juridiction dans l'immeuble contigu à son hôtel et qui lui appartenait à l'angle de la rue de la Verrerie. On verra plus loin que les loyers entraient en ligne de compte sérieuse dans le budget annuel.

Il nous reste maintenant à revenir à la chapelle, qui mérite une attention particulière.

C'est en 1630, après en avoir obtenu l'autorisation de Jean-François de Gondi, archevêque de Paris, conseiller du Roi en ses conseils privés et grand maître de sa chapelle, que les juge-consuls firent construire une chapelle dans la maison consulaire. Ils y apportèrent le soin et le luxe que l'on donnait à cette époque aux monuments religieux.

Vers 1755, elle dut être complètement réparée, car après cent vingt ans de durée, elle menaçait, ainsi que le dit une délibération de septembre 1751, « de tomber en caducité ».

C'est dans cette chapelle que se trouvait le plus

grand nombre d'objets d'art et précieux appartenant à la compagnie, dons qui en faisaient la richesse et qui, pour la presque totalité, émanaient de magistrats de la juridiction. Et si ces dons avaient grossi le trésor proprement dit de la chapelle, ils avaient aussi contribué à son ornementation, car les murs étaient garnis de tableaux signés de noms célèbres, de triptyques des écoles flamandes et italiennes, de statues et de statuettes de toutes sortes, qui faisaient l'admiration des visiteurs. Il suffit de se remémorer à cet égard le grand nombre de magistrats consulaires qui appartinrent au corps riche et puissant de l'orfèvrerie, pour se faire une idée des chefs-d'œuvre que la plupart d'entre eux donnèrent à la chapelle de la juridiction.

Ici encore, nous devons déplorer la perte ou la disparition de ces précieux échantillons de l'art et du goût parisiens. La chapelle fut définitivement fermée en 1793, et à cette date il y avait déjà longtemps que les trésors étaient dispersés (1).

Le service de la chapelle était assuré par un prêtre de la paroisse de Saint-Merri, qui recevait des appointements de 200 livres par an, plus divers avantages

---

(1) L'église Saint-Merri paraît être entrée pourtant en possession de divers objets ayant garni la chapelle des juge-consuls. On y voit encore actuellement :

1° A droite de la porte d'entrée, un grand panneau de séparation en bois sculpté à colonnettes Renaissance, d'un travail intéressant

casuels attachés à la place suivant les usages de l'église.

Le chapelain avait à dire la messe chaque jour d'audience, c'est-à-dire trois fois par semaine (1).

Il avait aussi dans sa charge la messe du Saint-Esprit, qui se célébrait en grande pompe le jour de l'élection annuelle, et les messes de *Requiem* pour le repos des âmes des magistrats qui décédaient dans l'année.

Ainsi qu'on l'a dit plus haut, le juge et les consuls entendaient la messe d'audience étant à leur siège, avant l'appel des causes et dans leur costume journalier.

du dix-septième siècle. Les sculptures en ont été barbarement détériorées, sans doute en 1793, mais on distingue encore sur les cartouches des tympans : une ancre marine au-dessus d'un motif gratté et une épée de justice entourée de lauriers. Jointe à ce panneau se trouve une porte ancienne à colonnettes corinthiennes surmontée d'une imposte en bois sculpté à jour dans laquelle on distingue très bien encore l'épée et la main de justice entre-croisées;

2° Trois tableaux religieux dont l'un notamment est d'une grande valeur : il se voit dans une chapelle auprès de la sacristie et représente, paraît-il, sainte Geneviève gardant ses troupeaux au milieu d'une enceinte de pierres allégoriques : c'est une œuvre de premier ordre, de la fin du seizième siècle, dans un état superbe de conservation. Dans la même chapelle existe un Crucifiement de saint Pierre d'un âge plus récent. Enfin, dans le transept de droite, est pendue une Assomption, dans la manière du dix-huitième siècle. On voit encore sur le cadre, en bas, l'emplacement du cartouche qui portait la date de la donation et peut-être le nom du donateur.

Comment ces objets sont-ils venus à leur place actuelle? Nulle indication n'existe à ce sujet.

(1) Depuis la révocation de l'édit de Nantes (22 octobre 1685), tous les juges du royaume devaient être catholiques. Par un décret du 24 décembre 1789, l'Assemblée nationale abolit cette injustice et décréta que l'accès de toutes les fonctions serait ouvert à tous les citoyens sans distinction de religion.

La solennité du Saint-Esprit était suivie en grande tenue d'apparat; les messes de *Requiem* étaient écoutées en manteau et en rabat.

Indépendamment de ces services à sa chapelle, la compagnie était dans l'usage, depuis sa fondation, de faire dire une grand'messe annuelle en l'église Saint-Merri, avec voix haute, faux-bourdon et orgue « pour le remède *(sic)* des âmes des anciens juges et consuls ».

Le chapelain avait droit à un aide qui recevait 12 livres tournois par an : le consulat fournissait le luminaire, le vin pour la célébration de la messe et il donnait, au jour de la Purification de la Vierge, un cierge de cire blanche d'une livre.

En 1780 le chapelain était messire François Quesneau, prêtre habitué de la paroisse Saint-Merri : il mourut en 1788 et fut remplacé par Philippe-Louis Darsin, nommé en 1789 et qui assista à la fermeture définitive de la chapelle.

Voici quels étaient les objets qui servaient en 1780 à la célébration du culte, et qui étaient la propriété de la juridiction (inventaire de 1777 complété par celui de 1788) :

Un ornement complet violet en damas avec galons et frange d'or;
Un ornement complet en damas blanc avec fleurs d'or et orfroy rouge;

Un ornement complet en velours noir;
Un ornement complet en damas orfroy rouge et or;
Un calice de vermeil et une patène;
Deux burettes et un plat en vermeil;
Deux chandeliers et une croix en vermeil;
Six chandeliers en argent;
Trois aubes, un grand rochet, trois ceintures, onze amicts (1), quatorze tours d'étoles, vingt quatre purificatoires et lavabos, quatre corporaux, quatre nappes d'autel, « une susdite grosse » *(sic)*, trois serviettes, deux couvertures de calices, deux petits rochets, deux pales (2), une robe de drap violet pour l'enfant de chœur et une ceinture rouge.

Il faut ajouter à cet inventaire :

Un grand missel de Paris, de l'imprimerie de Robert Estienne, qui en avait fait présent à la juridiction en 1620. La reliure en était due à messire Girouard, de la corporation des pelletiers, consul en 1627, et relieur du roi : elle portait au verso du premier carton la marque parlante de ce maître ès-art : un écu avec une girouette;

Un canon et ses deux pendants, en calligraphie gothique rehaussée d'enluminures, tous trois encadrés en riches bois dorés.

Bien qu'en principe la chapelle consulaire fût exclusivement réservée au service du siège, les juges et consuls obtinrent à plusieurs reprises l'autorisation d'y faire célébrer des messes solennelles à l'occasion

---

(1) Linge que le prêtre se met sur la tête ou sur les épaules quand il commence à dire la messe.
(2) Carton garni de toile blanche servant à couvrir le calice pendant la messe.

de grands événements nationaux. Ainsi en 1744, le 16 septembre, on chanta un *Te Deum* en actions de grâce du rétablissement de la santé de Louis XV, que son peuple appelait alors le Bien-Aimé. Service mortuaire le 20 décembre 1765 pour le Dauphin mort à Fontainebleau, et le lundi 20 juin 1774, pour le repos de l'âme de Louis XV... Les autorisations pour ces cérémonies s'obtenaient facilement de l'archevêque de Paris. Il n'en était pas de même, par une étrangeté qui nous échappe un peu maintenant, pour la messe du Saint-Esprit qui se célébrait annuellement : l'archevêché se faisait toujours prier à plusieurs reprises et il n'accordait la permission qu'après des formalités compliquées, ainsi que le démontre le procès-verbal de dépôt de l'une de ces permissions que l'on conserve aux Archives nationales, renfermée dans la curieuse boîte de fer-blanc dans laquelle elle était délivrée.

Ne quittons pas la chapelle sans rappeler quelques cérémonies religieuses auxquelles prenaient part les juges et consuls.

Depuis 1668, ils rendaient le pain bénit à la paroisse de Saint-Merri, le jour de la Pentecôte. Une délibération du 23 mai 1668, qui conserva son autorité jusqu'en 1784, décida que les pains bénits seraient confectionnés avec « dessus les armes du consulat (le vaisseau et les mains croisées) et qu'on donnerait pour offrande à M. le curé 4 sous d'or (1) et 4 autres à l'œuvre ». La femme du commis au greffe du consulat était chargée de la présentation au nom de la compagnie, qui assistait en corps, mais sans uniforme, à la messe.

En 1784, le progrès des idées se manifestant partout, la compagnie décida « qu'à l'instar des autres juridictions » le consulat ne rendrait plus le pain bénit en son nom.

Longtemps aussi, les juge-consuls assistèrent à la procession paroissiale du jour de la Fête-Dieu et l'honneur lui était réservé de tenir les cordons du dais. Cet honneur entraînait d'assez grands frais pour la compagnie, qui se montrait toujours généreuse dans ses manifestations publiques. Est-ce la raison qui amena l'abolition de cet usage ou encore le triomphe de l'esprit voltairien?

Les documents sont muets à cet égard.

Toujours est-il qu'en 1780, les juge-consuls n'assistaient plus à la procession, en corps du moins.

Mais une pieuse coutume qui ne fut jamais abandonnée, même dans les derniers et sombres jours de la juridiction, ce fut la cérémonie d'enterrement des juges et consuls anciens ou en exercice (2).

---

(1) Environ 36 francs.
(2) Il est inutile de rappeler que pendant la Terreur la partie religieuse des obsèques ne put avoir lieu.

Une délibération du 31 janvier 1608 nous révèle que de tout temps, on avait observé la règle d'honorer la mémoire des défunts de la corporation « qui l'ont d'autant plus mérité qu'ils ont donné leurs peines et labeurs au public en exerçant la juridiction gratuitement et sans aucuns profits rémunératoires ni récompense que celles qu'ils attendent du ciel ».

Dès que le jour et l'heure de l'enterrement étaient connus, les jurés-crieurs (1) se rendaient à la juridiction, au moment de l'audience. Avant leur entrée, les juge-consuls se couvraient de leur toque; les crieurs, introduits dans la salle, saluaient; les juge-consuls se découvraient, puis remettaient aussitôt leurs toques. L'officier, prenant la parole, faisait l'invitation et dès qu'il avait cessé de parler, il saluait de nouveau, avant de se retirer, les juge-consuls qui lui rendaient son salut en se découvrant. Chaque salut et l'invitation étaient accompagnés d'un nombre de coups de sonnette déterminé.

Les juge-consuls en charge faisaient alors prévenir les Anciens de la compagnie, par un employé du greffe qui recevait 64 sols pour sa peine, des deniers du consulat.

Le jour de l'enterrement, la famille avait fait pré-

---

(1) Fonctionnaires créés par une ordonnance de Charles V pour fournir aux obsèques les vêtements noirs et les tentures de deuil et assurer le service des funérailles.

parer dans la maison mortuaire une chambre tendue de noir pour y recevoir les juge-consuls, accompagnés du chapelain, des huissiers et du concierge portant la livrée du roi et une hallebarde cravatée de crêpe. Les proches parents venaient saluer les magistrats qui, à leur tour, se rendaient dans la salle où la famille était assemblée ; suivant le rang du défunt, le juge ou le premier consul prononçait alors un éloge funèbre en déplorant la perte que la compagnie venait de faire.

Quand le convoi se mettait en marche, des enfants habillés de bleu et vêtus de surplis, au nombre de douze pour un juge et de six pour un consul, portaient autour du corps chacun un flambeau de 2 livres auquel était attaché un écusson aux armoiries de la juridiction. En tête marchait le concierge, puis le chapelain suivi de deux huissiers. Derrière le corps venaient les juge-consuls précédés de leurs huissiers, quatre s'il s'agissait d'un juge, deux pour un consul. A l'église, ils se plaçaient dans les stalles du chœur à gauche, laissant celles de droite à la famille.

On distribuait à cette occasion des gratifications en nature de bougies aux assistants et quelque argent aux serviteurs du consulat. La famille offrait une paire de gants blancs à chacun des juge et consuls, aux huissiers et au concierge. La coutume s'en perpétua jusqu'à la Révolution pour ces derniers, mais depuis longtemps elle n'existait plus pour les magistrats.

Si les juge-consuls n'étaient pas invités par les jurés-crieurs, mais seulement par simples billets, ils se rendaient à l'enterrement comme particuliers, sans cérémonie et en habits de ville.

Le juge assistait à l'enterrement d'un consul, décédé en exercice, mais point à celui d'un ancien consul, si ce n'est à titre privé et sans robe.

Le cérémonial était le même pour l'enterrement d'un greffier en chef, mais il n'y avait pas de chambre tendue de noir à la maison mortuaire et on ne prononçait pas de discours.

Toutes les fois que la juridiction était appelée à prendre part à une cérémonie nouvelle, de quelque ordre qu'elle fût, les juge-consuls prenaient soin d'en faire rédiger et transcrire le détail sur leurs registres pour servir à leurs successeurs dans des circonstances semblables.

C'est à cet admirable esprit d'ordre et de prévoyance que nous devons de connaître aussi exactement, non seulement pour les cérémonies funèbres, mais pour toutes celles dont il sera parlé au cours du présent ouvrage, les formes et usages adoptés par les hommes remarquables qui ont tenu la balance de la justice consulaire à Paris pendant deux cent vingt-neuf ans!

Et puisque ce premier chapitre est consacré au

cadre de la juridiction, c'est-à-dire à tout ce qui ne touche pas à la vie elle-même du consulat et des gens qui l'entouraient, il est bon de ne pas le clore sans donner au lecteur un aperçu de la situation morale des juges et consuls et de la considération dont ils jouissaient.

Nous avons rappelé que les commencements de la juridiction instituée par Charles IX avaient été difficiles : l'institution nouvelle était destinée à diminuer l'importance de celles qui connaissaient auparavant des litiges entre commerçants. La prévôté de Paris et la juridiction du Châtelet en souffrirent particulièrement non seulement dans leur amour-propre, mais encore dans leurs intérêts. On se souvient que l'un des grands arguments de Michel de l'Hôpital était précisément la longueur démesurée des procès et l'élévation des frais que les plaideurs avaient alors à supporter et qui paralysaient les transactions commerciales. Pour qu'un homme de cette valeur et de cette impartialité se révoltât contre l'état de choses existant, il fallait qu'il eût connaissance de bien des abus et de bien des exactions. Il fallait par conséquent que les détenteurs des charges judiciaires, vénales comme on le sait, tirassent de ces charges le maximum de revenus, et cela au détriment des malheureux qui tombaient sous leurs griffes.

Leur retirer les affaires commerciales équivalait

à leur couper un bras. Et encore si ce retrait avait été opéré dans le but de créer de nouvelles charges largement rémunératrices, le mal n'eût été qu'à demi : on était habitué à ces surprises qui se produisaient surtout lorsque le Roi était à court d'argent. On achetait les nouvelles charges et tout était dit.

Mais le scandale était grand à la pensée qu'il allait exister des fonctions purement gratuites remplies par de simples commerçants et dont le but serait d'empêcher les négociants d'être rançonnés à merci (1).

Il n'entre pas dans le cadre de cet ouvrage de relater les péripéties des luttes acharnées que les juges-commerçants durent soutenir. De tous côtés on leur dressa des embûches, on leur tendit des pièges. Chose curieuse, les corps des marchands ne comprirent pas de suite les avantages que l'avenir leur réservait. Les traditions avaient un tel enracinement dans l'esprit des hommes de cette époque encore si près de l'obscurantisme du moyen âge, que toute innovation leur semblait un danger et qu'ils ne comprenaient pas que le meilleur moyen de combattre les abus dont tous souffraient était de supprimer les causes qui les produisaient.

(1) DULAURE, *Histoire de Paris*, IV, 226. « Le dernier décembre 1564, le Parlement de Paris fit des remontrances au Roi » contre l'édit de création des juges et consuls des marchands. Il serait difficile de trouver une production plus ridicule par sa forme, plus absurde par ses motifs que l'est cette remontrance.

Tant que vécut Michel de l'Hôpital, les ennemis des nouveaux magistrats n'obtinrent aucun succès. On ne badinait pas avec le grave chancelier : « C'était, dit Brantôme, un autre censeur Caton que celui-là; il en avait l'apparence avec sa grande barbe blanche, son visage pâle, sa façon grave, qu'on eût dit à le voir que c'était un portrait de saint Jérôme. Il ne fallait pas se jouer avec ce grand et rude magistrat qui était doux pourtant là où il voyait de la raison. »

Mais le chancelier mourut en 1573 et les juge-consuls connurent alors les attaques les plus furieuses et les plus injustes. Henri III résista cependant autant que sa politique le lui permettait, car les ennemis des juges-élus avaient mis la Sainte-Ligue dans leurs intérêts. Avec beaucoup d'habileté les hommes du Cloître Saint-Merri surent plier devant l'orage, supporter bravement les coups les plus funestes et répondre par des arguments à toutes les calomnies. Petit à petit les commerçants avaient compris que ce n'était pas par désintéressement qu'on attaquait leurs élus et les corps des marchands s'étaient enfin rendu compte de la puissance que leur donnait le privilège d'élection conféré par l'édit de 1563.

Aussi lorsque le roi Henri IV ouvrit l'ère d'encouragement au commerce qui marqua son règne, il trouva de suite un appui considérable parmi les notables commerçants juge et consuls, qui savaient avoir derrière eux les six grandes corporations de Paris. Intervinrent alors les lettres patentes du 22 février 1599 par lesquelles le Roi prenait fait et cause pour les juge et consuls et défendait aux juges ordinaires de les « contraindre et molester » dans l'exercice de leurs fonctions.

Mais Henri IV mourut le 14 mai 1610 et aussitôt toutes les vieilles haines contenues se réveillèrent si vite que, dès le 2 octobre 1610, Marie de Médicis, régente du royaume, proclama un édit qui restreignait tellement les attributions consulaires qu'il équivalait presque à leur suppression. Grand fut l'émoi à Paris et en province. Unis, les juge-consuls et les corps des marchands de Paris, de Niort et d'Orléans portèrent leurs doléances aux pieds du trône, et les conseillers du roi, enfin éclairés, obtinrent une déclaration datée du 4 octobre 1611 par laquelle les attributions logiques étaient rendues aux consulats.

A partir de ce jour la protection des rois de France resta acquise aux magistrats populaires et c'est volontairement que nous leur donnons ici ce nom. En effet, les juge-consuls gagnaient chaque jour en considération et en autorité près du commerce parisien, c'est-à-dire près de la grande majorité de la population qui se répartissait, jusque dans les plus humbles professions, entre les corporations de la ville. Le choix des notables commerçants donnait toujours aux justiciables toutes garanties. Presque tous s'étaient trouvés à la tête de leurs corps. Beaucoup occupaient en outre des fonctions municipales, échevins ou quarteniers (c'est-à-dire chargés de veiller sur tous les besoins d'un quartier). Un d'entre eux devint même prévôt des marchands, en 1570 : il portait un nom célèbre dans les annales parisiennes : Claude Marcel. On ne compte pas tous ceux qui illustrèrent leur nom dans toutes les branches des arts et de l'activité humaine. (Voir chapitre iv.)

Aussi la juridiction consulaire recueillit-elle les fruits de sa sagesse et de son esprit d'équité. Toubeau, qui a écrit au dix-septième siècle un livre appelé : *Institutes du droit consulaire* (1), s'émerveille du respect que le petit peuple lui portait, alors que les audiences des autres tribunaux n'étaient que tumulte et confusion.

« C'est, dit-il en son style simple, que ces dignes hommes ne vont pas à leur ministère ainsi que quelques autres, comme à une moisson d'or. Leur abord est facile ; ils doivent examiner les affaires sans prétention et ne doivent point ouvrir leurs opinions. Ils sont doux et patients sans se souffrir méprisés ; ils ne souffrent pas qu'une partie opprime l'autre ; ils ne sont pas fauteurs de mauvaises causes ; ils doivent,

---

(1) Bibl. nat., fonds v.

par leur esprit et leur conduite, augmenter l'honneur et le respect dû à leur dignité ; enfin ils pratiquent cet adage que le magistrat fait connaître l'homme et l'homme le magistrat. »

Personne ne redoutait la justice consulaire, si ce n'étaient les malhonnêtes gens. Conciliateurs et paternels, les consuls étaient aimés pour eux-mêmes, pour le bien qu'ils faisaient et pour les services qu'ils rendaient et que nul ne méconnaissait.

Au dix-huitième siècle, les juge et consuls étaient universellement considérés et l'on rencontre souvent dans les écrits du temps des témoignages irrécusables de l'estime dans laquelle ils étaient tenus dans l'opinion publique.

Chacun connaît le littérateur Mercier (1) qui nous a laissé les *Tableaux de Paris*, suite de scènes prises sur le vif des mœurs et usages de Paris quelques années avant la Révolution. Mercier n'est guère enthousiaste des faits et choses de cette époque et la plupart de ses tableaux sont des satires virulentes à tel point qu'il dut s'empresser de gagner la Suisse dès que fut découvert l'anonymat sous lequel il avait publié l'ouvrage à Paris, en 1781.

Mercier ne se montre pas tendre précisément pour

(1) Louis-Sébastien, né à Paris en 1740. Député de Seine-et-Oise à la Convention. Membre du conseil des Cinq-Cents et de l'Institut en 1795. Professeur d'histoire dans les Écoles centrales. Mort en 1814.

la justice de son pays non plus que pour la myriade de représentants qu'elle comptait à Paris à la fin du dix-huitième siècle, depuis le Parlement jusqu'au dernier avocat ou procureur. Il couvre de sarcasmes tous les magistrats, officiers, huissiers, gens de robe et hommes d'affaires, hôtes habituels du Palais : « Quels groupes de sangsues autour de ces colonnes sinistres! Quel bruit! quel chaos! quel murmure!... Admirez le courage des magistrats qui passent la moitié de leur vie dans cette arène tumultueuse... La rapacité des officiers de justice est connue; ils dévorent les pierres des maisons : mais sont-ils les seuls qu'on doive accuser?... Que de lois fabriquées, changées, cassées, rétablies selon le hasard des événements et le caprice des souverains... On ne peut calculer ce que les formes judiciaires, entre les mains des procureurs, des huissiers et des greffiers, enlèvent au peuple. Comment peut-il suffire à entretenir sans cesse ce régiment dévorateur? » (1).

Tel est, en abrégé, le tableau tracé par notre auteur du monde du Palais. Or, il est à retenir que Mercier n'était qu'un littérateur et ne parlait point par expérience personnelle : il interprétait les sentiments de ses contemporains et c'est ce qui, pour l'observateur

---

(1) *Tableaux de Paris*, Amsterdam, 1782. Article : Palais.

rétrospectif, donne le plus de prix à ses tableaux.

Voyons donc maintenant ce que le même homme écrit au sujet de la juridiction consulaire de Paris (édition d'Amsterdam : tome II). Le tableau vaut non seulement comme appréciation morale, mais aussi comme peinture vivante de ce qui se passait autour des consuls. Il donne la physionomie journalière de l'hôtel du Cloître Saint-Merri :

« Cette justice, dit-il, expédie plus d'affaires litigieuses en un seul jour que le Parlement en un mois. Les parties plaident elles-mêmes. Les vaines subtilités sont bannies de ce tribunal, ainsi que la longue formalité des procédures ordinaires. Les juges, qui sont commerçants, ne cherchent qu'à découvrir la bonne foi de l'un et la mauvaise foi de l'autre. Ils ne s'assujettissent pas à des mots vides de sens; ils examinent le fait particulier et le jugent d'après l'expérience journalière qu'ils ont des fraudes dans le négoce. Ils ne connaissent que de contestations pour fait de marchandises et de procès entre marchands et gens de commerce. Toute obligation pour fait de négoce est soumise à leur juridiction. Ils connaissent des billets à ordre, des lettres de change pour remise d'argent de place en place. Pour celles-ci, ils n'accordent aucun délai et prononcent la « prise de corps ». Leurs sentences s'exécutent toujours, nonobstant et sans préjudice de l'appel.

« Sans cette juridiction dont l'utilité égale l'étendue, il n'y aurait ni ordre, ni sûreté dans le commerce, les autres tribunaux étant des mois entiers à rendre une sentence ou un arrêt, et la chicane pouvant reculer pendant plusieurs années un jugement définitif. Il serait à souhaiter qu'on multipliât ces juridictions, parce qu'elles ont l'avantage de vider un grand nombre de procès, qu'elles n'ont aucun intérêt à commettre des injustices, et que, loin du labyrinthe de la procédure, elles voient le fait dans sa clarté primitive, sans aucun de ces nuages sous lesquels on l'obscurcit ailleurs.

« Le chaos monstrueux de notre jurisprudence augmente de jour en jour, et tout semble livré à la merci du plus audacieux et du plus adroit. Il n'y a que la juridiction consulaire qui conserve dans ses travaux le front de la justice.

« Elle est extrêmement tumultueuse parce qu'il y a toujours grande affluence de plaideurs, expliquant leur cause à leurs procureurs ou plaidant eux-mêmes. Des contestations qui, au Parlement ou au Châtelet, séjourneraient plusieurs années, sont jugées en peu d'heures devant les juge et consuls. Leur justice est prompte et loyale. La nuit n'interrompt pas leurs fonctions, ils sont encore sur leurs sièges lorsque le lendemain commence. Leur zèle est infatigable et leur patience ressemble à leur zèle. Sans cette juridiction toujours debout, toujours l'oreille ouverte, le commerce serait livré à l'anarchie. Elle tient lieu des autres tribunaux quand ils sont fermés ou bien quand ils sont suspendus au milieu des rixes désastreuses de la magistrature et de la Cour. Ce tribunal populaire, en soutenant le négoce, sauve les grands désordres.

« Le peuple et même le petit peuple environne le tribunal des juge et consuls et plaide lui-même sa cause sans le secours d'avocats. On dirait les beaux jours de la justice lorsqu'elle était assise sous un chêne et non encore surchargée de formes ténébreuses et de babillards inutiles. Si la gravité du tribunal en souffre parfois, le fond de l'affaire n'est jamais immolé aux accessoires. A travers les bizarres expressions et le burlesque de la défense, les juges suivent le fait et démêlent les ruses de la friponnerie.

« Le ton de candeur et de vérité dans la bouche de l'hypocrisie ne leur en impose pas plus que ne les révoltent le ton grossier et les juremonts des hommes emportés, car il faut souvent avertir celui qui défend la cause qu'on ne jure point en présence des juge et consuls, du portrait du Roi et du Crucifix.

« J'ai souvent admiré la patience des juge et consuls lorsqu'ils interrogent les parties. Entourés des passions turbulentes du petit peuple et de ses criailleries, ils savent écouter, faire sortir l'aveu, réprimander, éclaircir et mêler quelquefois un trait de gaieté analogue à l'esprit du Parisien.

« Quand l'auditoire a ri, il est plus disposé à la confiance et au respect.

« Des procureurs auxquels on donne les titres d'avocats plaident jusqu'à soixante-douze causes dans une soirée à 24 sols la pièce. Elles n'en sont pas plus mal exposées pour cela. Quand l'avocat se trouve avoir en main l'exploit de la partie adverse, il ne fait qu'étendre le bras et le passer à son confrère. La multiplicité des affaires et la confusion des noms font que quelquefois ils se trouvent chargés du pour et du contre : le moment les éclaire et le débat se partage alors comme il convient.

« Les gens de la campagne ont leurs heures d'audience particulière : autres débats, autres tons, autres styles.

« Les détails n'en seraient pas entendus dans les autres tribunaux; quoique l'objet le plus souvent soit mince, l'attention des juges est la même. On pacifie ces cultivateurs; on leur abrège un temps précieux. La propriété d'un râteau est éclaircie et jugée comme celle d'une lettre de change.

« Sans cette juridiction, le petit peuple serait sans justice. La plus petite réclamation est admise, car c'est le pauvre qui a le plus besoin de conserver le peu qu'il a et qu'il défend avec le plus de chaleur. On l'écoute, on fait plus : on le calme. Les délais et les frais des autres tribunaux n'iraient point à ces petites causes, d'autant plus passionnées que la plaie de la partie qui souffre est récente.

« Les juge et consuls suspendent la contrainte par corps quand le Parlement a cessé ses fonctions. Comme il y a appel à ce tribunal supérieur, ces juges patriotes et indulgents ne veulent point être les incarcérateurs de leurs concitoyens. Ils s'opposent aussi à ce que l'on exécute sur l'heure leurs sentences (1). »

Tel est le tableau que nous a laissé Mercier : il a le précieux avantage d'avoir été tracé par un contemporain, entraîné à voir et à dépeindre les choses de son temps. Certes quelques touches paraissent exagérées : il ne faut pas oublier qu'on était à la veille de la Révolution, que les idées de Rousseau et des encyclopédistes sur la magistrature élective avaient flatté les esprits : on voit un reflet de ces idées dans les phrases elles-mêmes. Dix ans plus tôt, on n'eût pas écrit : « les juges patriotes... » Mais, débarrassé même de ces hors-d'œuvre, le morceau reste grande-

(1) C'est en 1772 que cette humaine décision avait été prise. Il paraît que les *officiers gardes du commerce* avaient pris la coutume d'accompagner les huissiers et qu'ils les attendaient à la porte du condamné. A peine l'huissier était-il sorti qu'ils entraient pour exécuter leur mission de captureurs. Les juge-consuls ordonnèrent que les sentences rendues par défaut ne seraient exécutoires, au-dessous de mille francs, que vingt-quatre heures après la signification. Ils voulaient que le condamné par défaut pût avoir le temps de faire valoir ses moyens d'opposition.

ment flatteur pour la juridiction consulaire parisienne et il démontre alertement la place qu'elle occupait dans la vie commerciale et dans l'esprit public.

« Plus heureux sur ce point que sur beaucoup d'autres, dit le président Legrand à la fin du quatrième chapitre de son ouvrage sur les juges et consuls (1), le législateur moderne trouva dans les sièges de juge-consuls une matière appropriée au nouvel ordre de choses et à laquelle il ne fallait qu'un perfectionnement attendu depuis longtemps. Il n'eut pas à détruire pour réédifier. Il put conserver ce qui existait et mettre ses soins à compléter un établissement qui, loin de tomber sous le poids des années, était en pleine vitalité et ne demandait qu'à fournir une longue carrière. L'histoire doit cependant tenir compte à l'ancienne monarchie de n'avoir point étouffé l'indépendance de la justice commerciale et surtout de ne l'avoir pas jetée dans le vieux moule dans lequel étaient fondues toutes les institutions. »

Le quartier de Paris où se trouvait l'hôtel des juges et consuls a relativement très peu changé de physionomie depuis la fin du dix-huitième siècle. Il ne reste aucune trace, il est vrai, de cet hôtel complètement démoli de 1826 à 1832 pour faire place à des maisons d'habitation plus ou moins confortables

---

(1) *Juges et consuls*, 1905, s. n. d'éd.

LE QUARTIER SAINT-MERRI. — LA RUE SAINT-MARTIN
LE CLOITRE SAINT-MERRI ET L'HOTEL DES CONSULS AU XVIII° SIÈCLE

(Extrait du plan Turgot.)

selon le goût de l'époque. Mais à part le quadrilatère formé par ces maisons, il reste tout autour de nombreux et curieux immeubles, vestiges des âges disparus, qui ont été certainement, pendant de longues années, les témoins de la vie consulaire. La rue des Juges-Consuls (orthographe officielle) n'est pas large actuellement : elle l'est plus que ne l'était au dix-huitième siècle l'étroit passage du Cloître Saint-Merri dont elle est formée, car l'hôtel n'était pas à l'alignement comme le sont les maisons qui l'ont remplacé.

On se rend compte facilement que les immeubles 79, 83, 68 et 70 de la rue de la Verrerie et 1 et 3 de la rue des Juges-Consuls sont contemporains de l'hôtel disparu. Ils n'ont pas changé d'aspect et l'évocation est bien aisée. Le n° 3 est construit en pierres de taille et l'architecture en est soignée : sa porte cochère s'ouvrait exactement en face de celle de l'hôtel Baillet. Il appartint longtemps au chapitre de Saint-Merri et il est contigu par derrière à cette église. La rue n'avait guère plus de 3 mètres de large : on n'y accédait pas en carrosse, encore bien que la rue de la Verrerie fût une des grandes voies du Paris ancien (1).

(1) Un arrêt du Parlement de l'année 1672 ordonnait en ces termes l'élargissement de la rue de la Verrerie : « Attendu que Sa Majesté, devant procurer la décoration de sa bonne ville de Paris et la commodité pour le passage dans les rues d'icelle, principalement en celle de la Verrerie qui est le passage ordinaire pour aller de son

Jusqu'en 1672, la rue du Cloître-Saint-Merri fut fermée à ses deux extrémités par deux portes, comme étant propriété particulière. Le peuple de Paris avait baptisé la porte ouvrant sur la rue Saint-Martin : « la Barre ou l'Archet de Saint Merri. »

On vient de démolir, au 60 rue de la Verrerie, l'hôtel Arnaud de Pomponne, renommé pour son balcon sculpté : il se trouvait à l'angle de la rue du Renard opposé aux bâtiments du consulat.

Est-il enfin nécessaire d'évoquer la physionomie des étranges rues : Brisemiche, Taillepain, Pierre-au-Lard, du Renard... dans lesquelles il est encore si facile à l'observateur de reconstituer la vie de nos pères?

Rues bien étroites et bien sombres, avec leurs maisons aux ventres arrondis et aux bizarres et inquiétants encorbellements... rues créées sans nul souci de l'ordre et de la régularité, dans lesquelles les minuscules trottoirs de l'édilité moderne ne peuvent faire oublier le ruisseau séculaire serpentant au milieu des gros pavés.

Mais aussi rues chères à la bourgeoisie parisienne dont elles ont été le berceau et le cénacle depuis les premiers jours de ses timides franchises, au sortir du moyen âge, jusqu'à l'époque contemporaine qui a

château du Louvre en celui de Vincennes et le chemin par lequel se font les entrées des ambassadeurs, des princes étrangers... »

vu l'épanouissement de ses libertés et de sa puissance.

L'antique église Saint-Merri ou Saint-Médéric, paroisse du quartier Saint-Martin, remonte au cinquième siècle; en l'an 700, on y enterra saint Médéric ou Merri, prieur du monastère d'Autun, qui lui laissa son nom. L'église actuelle, construite de 1520 à 1612, dresse toujours sa façade noircie par les âges sur cette rue Saint-Martin qui a vu passer tant de peuple, tant de rois et tant d'événements.

Ses voûtes ogivales ont maintes fois retenti des chants religieux de ces hommes de foi simple qu'étaient les ancêtres des juges au tribunal de commerce de Paris : ses lourdes portes se sont ouvertes longtemps devant le dais encadré des consuls portant leur cierge de 2 livres : c'est du haut de sa chaire que le prêtre prononçait l'oraison funèbre de tous les hommes respectables qui avaient donné sans compter leur temps, leur travail, leur expérience et leur sagesse pour le bien des marchands leurs frères.

Voilà pourquoi l'auteur de ces lignes, juge élu lui aussi par les marchands de Paris, s'est attardé quelque peu à évoquer ici des souvenirs qui sont précieux à toute âme émue par les grandeurs du passé.

Longtemps il a erré dans le vieux quartier Saint-Merri, désolé de ne plus trouver une pierre, une colonne ou un angle de vieux mur qui fixât son attention dans le but poursuivi.

Adossé à l'angle de la rue de la Verrerie il se remémorait l'extraordinaire aspect que devait présenter ce quartier de Paris en 1720, lorsque tout un monde de banquiers et d'agioteurs s'agitait fiévreusement autour de la juridiction consulaire saisie des mille procès et mille faillites occasionnés par la chute de la banque Law… La même foule qui avait assiégé les bureaux de la rue Quincampoix (1) se pressait au Cloître Saint-Merri ; ceux qui, un mois auparavant, possédaient une fortune, en étaient réduits, non pas à en sauver les restes, mais à implorer les juge-consuls pour sauvegarder tout au moins leur honneur et le pain de la famille (2).

Les écrits de l'époque relatent que le travail des magistrats fut si considérable que le juge Huet succomba à la tâche et mourut en fonctions le 18 avril 1720. Il fut remplacé par le drapier Gellain et il est honorable de rappeler les noms de ses collaborateurs en cette désastreuse année 1720 :

(1) L'étymologie de ce nom bizarre se perd dans la nuit des temps, comme l'époque de création de cette rue : elle est citée au onzième siècle sous l'orthographe : Quinquenpoit. L'origine la plus probable est : *quinque campanis*, c'est-à-dire appartenant à cinq paroisses différentes, ce qui était le cas.

(2) Des lettres patentes du 14 août 1717 avaient attribué aux juge-consuls de Paris toutes les contestations qui naîtraient à l'occasion des affaires de la Compagnie des Indes et leurs décisions étaient en dernier ressort.

ce furent les consuls de Serre, Peruchot, Gamard et Auvray.

Si ces hommes ne sauvèrent pas leurs justiciables de la ruine, ils surent du moins éviter, avec une sagesse et un sang-froid admirables, que les effets ne s'en fissent trop longtemps sentir, et par d'habiles mesures ils préparèrent la rénovation des transactions et des affaires, que tout le monde avait oubliées dans l'entraînement de la spéculation.

L'histoire prouve que ces nobles traditions ne se perdirent point parmi les juges consulaires et qu'à plusieurs reprises, par la suite, en présence des grandes crises commerciales ou nationales, ils surent imiter les magistrats de 1720 et sauvegarder l'honneur et les intérêts du commerce parisien.

CHAPITRE II

LA VIE INTÉRIEURE

L'audience. — Costumes et usages. — Les conseillers du commerce. — Hiérarchie. — Confraternité. — Autonomie. — Visite à Louis XIV. — La compagnie des anciens. — Dîners et repas de corps. — Députés du commerce.

Il est 9 heures du matin de l'un des lundis, mercredis et vendredis où les juge-consuls tiennent audience. Depuis une heure déjà il y a grande affluence dans le vestibule de l'hôtel et chacun surveille attentivement le travail du clerc des présentations, qui dresse le rôle : selon la règle les ajournements sont donnés pour « 8 heures, la neuvième sonnant ».

Arrivent les deux huissiers audienciers de service qui fendent la foule pour pénétrer dans le bureau-vestiaire qui leur est réservé au rez-de-chaussée. Affairés, les agréés cherchent leurs clients sous l'œil jaloux des agents d'affaires et des procureurs que leur petit privilège exaspère. De braves marchands sont là fort embarrassés, tournant et retournant leurs papiers, car la lecture n'est pas leur fort... ils sont la proie facile des écrivains et lecteurs publics en quête de travail, qui ne dédaignent pas d'adjoindre à leur science littéraire une teinte de droit commercial. Oh! leurs prétentions sont modestes et quelques sols leur paraissent des honoraires suffisants.

Mais l'escalier retentit des pas pressés des gens qui vont prendre place dans la salle d'audience : les plaideurs sont inquiets et cherchent à se rapprocher de la barre pour ne pas laisser passer l'appel de leur nom. Ils serrent dans leurs mains les titres dont il leur a été recommandé de se munir : grosses de jugements de défaut, copies d'assignations, lettres de change ou billets, hélas impayés, pièces destinées à faire valoir l'excellence de leur cause… Les agréés revêtus d'habits noirs à la française avec petit manteau et rabat se rangent dans les bancs qui leur sont réservés.

Cependant les juge-consuls ont entendu la messe avant l'ouverture des portes, messe basse rapidement dite d'ailleurs. Ils se sont retirés dans la salle du Conseil et donnent les derniers soins aux affaires importantes qui feront l'objet de leurs travaux du jour : ils reçoivent aussi les personnes qu'ils ont spécialement convoquées pour ce moment solennel. A la porte de la galerie se tient un commis qui a pour fonctions d'empêcher l'entrée de la chambre et aussi d'appeler les porteurs de lettres de convocations ou les agréés, souvent mandés en chambre du Conseil.

Bientôt, sur un signe de ce commis, un grave personnage se met en mouvement, en agitant méthodiquement une cloche dont les appels annoncent à tous que les juges montent au siège et que le tapage doit cesser.

En effet l'huissier de service dans la salle a ouvert la grand'porte de la chambre du Conseil, il a annoncé « Messieurs » et imposé silence au public debout, et le tribunal a pris possession de ses stalles, le juge passant le premier et chaque consul observant religieusement l'ordre immuable fixé par son rang d'élection.

Le service des audiences se faisait en petite tenue : robe de drap noir à collet avec manches pendantes et parements de velours noir, rabat plissé, toque de velours noir (1). A la fin du dix-huitième siècle, la

---

(1) Pour la grande tenue on ajoutait un rabat de dentelle et une ceinture de soie moirée bleue à larges pendants. Le costume des magistrats était payé par la juridiction, qui se chargeait aussi de l'entretien. Le prix d'une robe avec ses accessoires atteignait 60 livres. Il existe de nombreuses quittances de fournisseurs dans les comptes de gestion des juges. (Arch. départ.). Voici à titre de document, l'en-tête d'une facture datée de 1775, émanant de la maison de draperie du juge Claude Denys Cochin :

GALLET frères,
successeurs des sieurs COCHIN et LEVÉ.

A LA GRANDE PORTE SAINT-JACQUES
Rue et Porte Saint-Jacques.

tiennent magasin de toutes sortes de draperies et merceries, raz de Saint-Maur, raz de Saint-Cyr, croisé, pou-de-soie, velours de soie et de coton, et toutes sortes d'étoffes de soie noire pour habits et culottes; taffetas noirs pour robes, tabliers et mantelets et dentelles noires; piqué d'Angleterre; nanquins; toiles d'Orange et indiennes;

plupart des magistrats portaient encore perruque, mais cet ornement n'était plus obligatoire et quelques-uns s'en dispensaient : ceux-là suivaient d'ailleurs la mode de l'époque et avaient les cheveux longs, plus ou moins bouclés et la queue en cadenette.

Le greffier de service assiste le tribunal; lui et ses clercs portent cet uniforme ordonné par une délibération du consulat du 16 novembre 1635 : « le manteau à manches de telle étoffe noire ou modeste qu'ils voudront choisir, suivant la saison, doublé de telle étoffe de soie noire ou autre comme ils le trouveront bon, comme aussi la toque de gros de Naples, gros taffetas de velours raz, à leur choix et option et à leurs dépens. »

Cette même délibération édicte « que le sieur greffier comme ses clercs seront tenus de porter tout l'honneur et révérence dus aux juge et consuls et pour éviter bruit et scandale, devront être gracieux et paisibles aux parties et autres assistants au siège ou ayant affaire en ladite juridiction (1) ».

Deux des quatre huissiers attachés au tribunal étaient de service à chaque audience; l'un se

---

toiles de cretonne, de ménage et autres; toiles à matelas, et tout ce qui concerne les deuils, et l'habillement de MM. les ecclésiastiques et communautés religieuses.

(1) On voit par ces petits détails combien les juge-consuls laissaient de latitude à leurs sous-ordres et aussi quel souci ils prenaient de faire respecter les droits des justiciables.

tenant dans le parquet (1), l'autre dans la salle.

Leurs devoirs sont tracés dans la délibération du 16 novembre 1635 dont on vient de parler : « Ils doivent veiller à ce qu'il ne soit commis aucune insolence pouvant empêcher les audiences. Ils avertissent de se découvrir et de faire silence; ils font tenir le passage libre et le soin leur incombe de faire sortir les parties aussitôt que les jugements ont été prononcés. Ils ne peuvent se présenter au parquet ou même dans la chambre du Conseil sinon avec manteau, toque et baguette afin que l'ordre soit observé. » Il s'agit d'un manteau à manches de drap, serge ou camelot noir, fil retors ou Turquie; la baguette de bois noir était l'insigne de la fonction; la toque était semblable à celle des juges, mais sans velours. C'est en 1595 que la juridiction obtint la création de deux charges d'huissiers attachés au siège. Mais en 1619, un postulant évincé par les juge et consuls parvint à obtenir du Parlement la résurrection d'un vieil édit de 1587 qui décidait que, dès cette époque, deux huissiers devaient être créés auprès de toutes les juridictions.

Comme le consulat ne voulut pas se séparer des deux huissiers qu'il avait lui-même choisis, le Roi nomma deux nouveaux officiers, qui furent installés

---

(1) On appelait ainsi la partie située entre le siège des magistrats et la barre et où le public n'avait pas accès.

malgré l'opposition des juge-consuls. En 1693, le roi ayant besoin de fonds, son conseil imagina de créer et de mettre en adjudication, selon la mode du temps, une charge de premier audiencier près de la juridiction consulaire : celle-ci subit en murmurant cet accroc fait à ses droits, mais en 1711, elle parvint à racheter cette charge ainsi que diverses autres qui lui avaient été imposées (office de conseiller du Roi, garde-scel, greffier en chef, commis clerc et contrôleur du greffe, greffier des affirmations, etc...) « attendu que toutes ces charges sont fort préjudiciables pour les justiciables, d'autant plus que ceux qui les exercent les étendent au delà de la disposition des édits qui les ont établis ; qu'il faut empêcher les exactions qui se commettent dans la perception des droits et dans la suite, de les diminuer au soulagement du public ».

En outre des greffiers et huissiers et des clercs chargés de la besogne matérielle dont il sera parlé plus loin, divers personnages dont il importe de faire mention ici, pour rendre la physionomie de la salle, étaient assis, vêtus de noir et en petit manteau, sur des bancs adossés aux murs du parquet perpendiculairement aux sièges des juges : c'étaient les conseillers assistants.

Ce rouage judiciaire ayant disparu de nos jours des tribunaux de commerce, il est impossible de lui donner un équivalent; on pourrait, au mieux, dire que ces conseillers tenaient le milieu entre les juges suppléants actuels et les arbitres de commerce. Ils suivaient les discussions des causes à la barre et les juge-consuls leur confiaient soit des instructions, soit des vérifications, soit des constatations en ville; mais leur travail s'effectuait bien plus autour du prétoire que celui des arbitres existant actuellement.

Ces conseillers étaient recrutés à l'élection parmi les commerçants et souvent ils étaient candidats désignés au consulat. Leur nombre variait de 40 à 52. Dans les cas difficiles, les juges leur adjoignaient un avocat payé par le consulat (1).

L'audience est commencée : le commis aux présentations a fait monter au greffier le rôle des causes inscrites. Un commis spécial en fait l'appel : cette place n'est donnée qu'à un homme doué d'une parole claire et distincte et sachant lire exactement la procédure ; c'est aussi un homme rigide car le règlement interdit formellement que l'ordre d'inscription au rôle soit inverti, pour quelque motif que ce fût. Un autre clerc enregistre les causes appelées sur le plumitif en ayant soin de les coter : au greffier seul appartient le droit d'énoncer sur les exploits les indications utiles à l'établissement des conclusions.

(1) Voir appendice, pièce n° 3.

Les agréés, assis des deux côtés de la barre sur des bancs réservés, assistent leurs clients ou prennent la parole en leur nom : les juge-consuls écoutent et répondent aux questions que leur pose à mi-voix le juge, qui préside.

Pendant une heure l'audience se poursuit ainsi (1), le greffier recueillant religieusement tout ce qui émane du tribunal ; il lui est interdit de « discourir ou de « confabuler », avec qui que ce soit. S'il a mal entendu la prononciation du juge, « il doit le demander tout haut pour éviter les accidents et préjudice qui en pourraient arriver aux parties ».

A 10 heures le tribunal rentrait en chambre du Conseil, pour délibérer sur les affaires importantes, prendre connaissance des rapports, recevoir les mémoires ou avis et aussi se faire servir une collation.

Puis l'audience reprenait entre 2 et 3 heures et se poursuivait sans autre interruption qu'une suspension d'une demi-heure vers 5 heures après midi.

Il arrivait très fréquemment que le service du siège n'était pas terminé à l'heure du dîner, qui était 6 heures à cette époque. On suspendait alors l'audience, les magistrats descendaient en leur salle à manger et on reprenait l'audience à 7 heures.

---

(1) On appelait cette première audience « l'audience des campagnards ou maraîchère » car il était de règle d'appeler leurs causes dès le matin.

Tous les mercredis, le cas se présentait, car on y traitait en chambre du Conseil les affaires intérieures en présence des anciens consuls et l'on procédait à la vérification des opérations des faillites avec le concours des juges commissaires, toujours pris parmi les anciens magistrats du siège.

Comme la séance se prolongeait fort tard, il était de tradition que les juge-consuls en fonctions invitassent à dîner les juges et consuls des années précédentes qui les avaient assistés dans leur travail, ainsi que les conseillers.

Tel est le tableau aussi fidèle que possible d'une de ces audiences de la juridiction consulaire qui provoquaient si fort l'admiration de Mercier à la fin du dix-huitième siècle.

Tout s'y passait de la part des magistrats et des auxiliaires de justice avec calme et dignité. La discipline la plus exacte était observée dans les rapports des uns et des autres.

On peut dire que pendant plus de deux cents ans, les juge-consuls ne se départirent pas des règles de courtoisie, de respect et de circonspection qui furent l'honneur traditionnel de la compagnie : les exceptions sont tellement rares qu'il serait difficile de s'y arrêter. Encore ces exceptions furent-elles généralement causées par des excès de zèle ou par ignorance, jamais par malveillance ou mauvais esprit.

UNE AUDIENCE DES JUGE-CONSULS DE PARIS
(Reproduction d'une estampe ancienne.)

Tout ce qui touchait à la hiérarchie, à la préséance, au rang et aux privilèges du juge, des consuls ou des anciens était scrupuleusement observé. D'autre part la juridiction maintenait un ordre sévère parmi tout le personnel qui était sous sa dépendance ou qui évoluait autour d'elle.

Le plus haut personnage du consulat était « le juge », dont l'autorité n'était mitigée que par les formes courtoises qu'il mettait à l'exercer. Pour toute l'administration intérieure il disposait du pouvoir exécutif, car les décisions de quelque importance se prenaient en chambre du Conseil avec l'assistance des anciens.

Et cependant, le respect dont il était entouré ne diminuait pas la liberté de discussion dont jouissaient les consuls et les droits qu'ils tenaient de leur élection. En 1771, le juge Lebreton, homme pourtant fort considéré, crut pouvoir prononcer seul l'enregistrement d'un édit du Roi. Aussitôt les quatre consuls protestèrent vivement et firent remarquer que Lebreton avait commis une infraction à la discipline et lésé les droits de ses collègues en faisant, sans leur assistance, un acte public au nom de la juridiction. Il s'était arrogé, disaient-ils, un droit nouveau tout à fait exorbitant et son entreprise devait être réprimée pour en conjurer les suites dangereuses. Le juge déclara qu'il n'avait pas entendu accroître les prérogatives de sa place et encore moins préjudicier aux droits de ses collègues : il démontra que ce n'était point de son autorité, mais en vertu d'une lettre du procureur général, produite à ses collègues, qu'il avait cru pouvoir procéder seul à l'enregistrement de l'édit. Le consulat ordonna la transcription de cette déclaration sur ses registres et le dépôt au greffe de la lettre du procureur général « et tout fut dict pour cette fois » *(sic).*

On verra plus loin avec quel soin les corps des marchands et la juridiction elle-même procédaient à l'examen des titres des candidats aux fonctions consulaires. Outre que ces candidats ne se recrutaient que parmi les négociants les plus notoirement connus par leur instruction personnelle, par leurs services passés et par leur situation commerciale, ils étaient soumis à une enquête sévère et les éliminations étaient fréquentes.

L'honneur de chacun des magistrats faisait partie du patrimoine de la compagnie : aussi veillait-elle rigoureusement à ce que nulle tache ne pût le souiller. Et elle entendait éviter aussi bien les taches provenant « du désordre des affaires » que celles atteignant la vie privée. Une délibération du 4 juillet 1683 arrêta « que ceux à qui mauvais cas serait advenu ne figureraient plus sur les tableaux exposés en chambre du Conseil et qu'un bandeau serait mis sur leurs noms ».

Un corollaire de cette sévérité était dans l'excellent esprit de confraternité qui animait les juge-consuls. Leurs délibérations démontrent qu'à plusieurs reprises, surtout aux jours néfastes pour le commerce parisien (à la fin du règne de Louis XIV, à la suite de la faillite de la banque Law, en 1757 au moment du Pacte de famine...) les plus riches d'entre eux vinrent généreusement en aide à ceux des magistrats en exercice ou à ceux des anciens consuls frappés par le malheur des temps. L'honorabilité des uns et des autres ne pouvait être mise en doute; l'honneur de la juridiction exigeait que leur situation fût sauvée à tout prix et personne n'hésita, les uns à offrir largement, les autres à recevoir avec dignité. Tout se rétablit d'ailleurs bientôt dans l'ordre.

On verra par la suite que l'aide mutuelle ne fut pas seulement utile au point de vue pécuniaire.

Les fonctions des juge-consuls en exercice étaient de deux sortes : ils rendaient sur le siège la justice, après s'être entourés de toutes les garanties et de tous les éclaircissements nécessaires. En chambre du conseil ils délibéraient sur les solutions à donner aux affaires en cours et donnaient leurs soins à l'administration intérieure du consulat.

Les réunions pour délibérer se tenaient la veille des audiences, c'est-à-dire les mardis, jeudis et samedis. Elles étaient généralement courtes, car on réduisait au minimum le nombre des affaires qui nécessitaient cette formalité. Le juge recueillait l'opinion de ses collègues sur les affaires soumises à l'examen ; il prenait une note succincte de la solution et des motifs qui la déterminaient et il la remettait au greffier le plus tôt possible afin que celui-ci pût préparer les jugements pour le lendemain.

Il ne faut point s'étonner de ce que, contrairement à ce qui se fait maintenant au Tribunal de commerce de la Seine, les magistrats anciens n'eussent pas eux-mêmes rédigé et écrit leurs jugements. D'abord le système de la division du travail entre les juge-consuls n'était pas employé : le juge seul rendait les jugements et à son défaut le premier des consuls. Lorsque l'un des consuls avait pris charge de l'instruction d'une affaire soit seul, soit avec la collaboration des conseillers du commerce, il se bornait à présenter un rapport, très souvent oral, sur lequel ses collègues formaient leur opinion, mais il n'apportait pas de projet de jugement ainsi que l'usage s'en établit beaucoup plus tard.

Non seulement il faut se reporter, pour apprécier cette manière de faire, au temps d'avant la Révolution où les bourgeois les plus cotés ne recevaient en général qu'une instruction relativement sommaire, mais il faut se souvenir qu'à cette époque, il n'était pas à la portée de tout le monde de rédiger dans les formes et dans les termes sacramentels qui étaient l'apanage des gens de robe proprement dits. Certes les juges-consuls s'efforçaient toujours d'être simples et de se tenir à la portée de tous : mais ils n'avaient pas le pouvoir de s'opposer à ce que le style de leurs jugements fût différent de celui universellement employé et d'ailleurs fixé par le Parlement. On sait quelle importance les officiers de justice attachaient alors aux formes les plus surannées : un huissier ou un exempt n'eût point exécuté une décision dans laquelle il n'aurait pas lu et relu les phrases « qui devaient s'y trouver », quand bien même ces phrases n'eussent eu aucun sens ni aucune utilité : il n'est pas jusqu'aux mots traditionnels dont aucun synonyme ne pouvait tenir la place... Voilà pourquoi les juges et consuls laissaient à leurs greffiers, — des artistes du genre, — le soin de traduire, en quelque sorte, leurs volontés dans le seul langage sous lequel les hommes de loi pouvaient décemment les lire.

La juridiction consulaire n'était pas, dit M. Denière (1), et il faut bien s'en pénétrer, un corps de l'État comme l'est aujourd'hui le tribunal de commerce. La centralisation moderne était inconnue et la plupart des institutions érigées en corps ou corporations vivaient et s'administraient librement, en de-

---

(1) *Juridiction consulaire*, Plon, 1872.

hors de tout contrôle, dans la limite des prérogatives que les rois leur avaient accordées par lettres patentes.

On a pu voir la juridiction consulaire dictant des ordres pour l'exécution de ses jugements aux huissiers et aux officiers publics. Elle nommait ses greffiers, choisissait ses huissiers et tous ses auxiliaires en souveraine maîtresse. Quand ces fonctionnaires avaient payé au Roi les droits qu'il prélevait sur toutes les charges publiques (et rien n'est plus amusant que de lire les disputes qui s'élevaient à ce sujet, l'un tirant toujours « au liard » et l'autre pleurant misère), ils ne dépendaient plus que des juges et consuls au nom de qui ils parlaient et agissaient.

Peut-être même à un degré beaucoup plus fort que les autres compagnies judiciaires, le consulat disposait de son entière autonomie. C'est qu'en effet, il jouissait de cette prérogative d'être un corps élu, qui tenait ses pouvoirs des marchands et n'avait même pas d'investiture à recevoir du Roi.

Les juges et consuls se montrèrent toujours extrêmement jaloux de cette position privilégiée : cantonnés dans leur hôtel comme dans une forteresse, ils résistèrent victorieusement à toutes les attaques venant du dehors. Respectueux des arrêts du Parlement quand ils avaient trait à la justice proprement dite, ils n'admirent jamais l'intrusion de cette Cour souveraine dans leurs affaires intérieures, et nombreuses sont les délibérations prises à toutes les époques pour « conclure à ce que la lettre de M. le procureur général près ledit Parlement soit déposée au greffe en place honorable, sans qu'il y soit fait réponse, la juridiction n'étant point dans l'opinion d'y donner autre suite ».

De cette qualité de magistrats élus découlait aussi pour les juges et consuls le droit de « se présenter en tous lieu et état devant Sa Majesté, hors l'assistance de ses grands officiers si ce n'est Nosseigneurs de la Cour ».

Bien que cet ouvrage n'ait pas pour but de retracer toute l'histoire des magistrats consulaires, il ne semble pas hors de propos de sortir un instant du cadre tracé, pour donner le récit abrégé d'une cérémonie qui avait laissé une impression profonde parmi eux. Le lecteur pourra juger, par ce document authentique, de la part que la juridiction prenait aux affaires de l'État et de la dignité dont elle s'entourait et se faisait entourer.

Les années 1659 et 1660 furent marquées pour la France par deux événements importants qu'avait préparés la politique de Mazarin et qui apparurent aux Français comme un heureux présage pour le règne qui allait s'ouvrir : la paix avec l'Espagne par le traité des Pyrénées et le mariage de Louis XIV, alors âgé de vingt et un ans, avec l'infante Marie-Thérèse. Le Roi n'était pas encore souverain absolu : le cardinal Mazarin tenait les rênes du gouvernement qu'il ne devait abandonner qu'à sa mort survenue en 1661. Mais Louis XIV laissait déjà deviner les qualités de travail et de volonté dont il devait soutenir l'effort pendant cinquante-quatre ans. Le commerce, tant éprouvé par les interminables guerres de la minorité du Roi et par les troubles de la Fronde, fondait de grandes espérances sur le jeune souverain dont on connaissait les idées d'ordre et de réforme et les penchants en faveur de l'industrie et de l'agriculture. Nul n'ignorait parmi les intéressés l'attention que le Roi accordait aux projets économiques et financiers de ce fils d'un drapier de Reims dont il devait faire son ministre deux ans après, de ce grand Colbert auquel durent tant l'industrie et le commerce français.

C'est pourquoi les juge-consuls de Paris, représentants les plus élevés des marchands de la capitale, pensèrent qu'il était de leur devoir et de leur dignité de prendre part aux actes qui s'accomplissaient et voici en quels termes ils nous ont laissé le récit des événements :

Ordre observé en la Jurisdiction consulaire en l'annee 1660 à cause de la publication de la paix, rejouissance faicte du mariage du Roy et entrée de leurs Majestez en leur bonne Ville de Paris, et de ce qui s'est faict et passé lorsque Messieurs les juge et consulz ont esté saluer Leurs

Majestés et Son Eminence Monseigneur le Cardinal Jules Mazarini au chasteau de Louure, et pendant ceste annee estaient en charge Sire Jacques Barbier, juge, Nicolas Baudequin, Denys Beguin, Mathurin de Moncheny et Jacques Cottard, consulz.

Du samedi 14 feurier 1660.

« Ce jour, la paix d'entre les deux couronnes de France et d'Espagne a esté publiée en ceste Ville de Paris et le Te Deum chanté en l'églize Nostre-Dame le lundi seiziesme dudit mois, et en rejouissance l'audiance aurait cessé de tenir en ceste jurisdiction (1).

« Et le vendredy vingt cinquiesme Juin et lundi vingt huitiesme dudit mois audit an, les audiances auraient encores esté cessées de tenir en ladite jurisdiction à cause des rejouissances faictes en ceste Ville de Paris pour le mariage du roy Louys quatorziesme du nom, Roy de France et de Navarre, avec la serenissime princesse Marie-Therese d'Autriche, infante d'Espagne.

« Le jeudy vingt-sixiesme Aoust mil six cens soixante, fust faicte la glorieuse et triumphante entrée du Roy et de la Royne en ceste Ville de Paris.

« Est à remarquer que les sept et vingt-troisiesme aoust audit an auant l'entree, assemblée fust faicte

---

(1) « Aurait cessé » — ancienne forme souvent employée au dix-septième siècle et correspondant au *paulò-post-futurum*.

en la jurisdiction de Messieurs les anciens juges et consulz, et sur la délibération faicte en ladite compagnie fust arresté que l'on yroit voir Monseigneur le Chancelier et Monseigneur le duc de Bournonville, gouverneur de Paris, pour les prier, scauoir Monsieur le Chancelier de voulloir faire agreer au Roy que les juges et consuls fussent saluer Leurs Majestez au Louure après leur entrée et le seigneur gouverneur, de vouloir prendre la peine de les introduire, ainsy qu'il auoit esté cy deuant pratiqué en pareilles occasions, et que, pour rendre l'action plus célèbre, tous Messieurs les anciens juges et consuls y seroient mandez. . . . .

« L'ordre ayant esté receu dudit seigneur gouverneur du jour et heure, lesditz sieurs juge et consuls en charge firent aduertir tous les anciens juges et consulz de se trouuer le lundy trentieme dudict mois d'aoust, huict heures du matin en la salle de la jurisdiction consulaire ou estants les Sires...; sur l'aduis qui fust donné que les maistres et gardes du corps des marchandz estoient assemblez au bureau de la draperie et pretendoient aller saluer Leurs Majestez auec leurs robes d'entrée et toques de velours, il fust aduisé par la Compagnie que Maistre Germain Verrier, principal commis au greffe de la jurisdiction yroit de sa part audict bureau pour faire scauoir auxdicts maîtres et gardes des six corpz que, ou estoient les juge et consulz ils ne deuoient marcher qu'en leurs habillements ordinaires de gardes auec leurs chapeaux, ainsy que s'estoit de tout temps pratiqué..... à quoi fust repondu par la bouche de monsieur le Vieux, grande garde de la draperie qu'il pouuait assurer les juge et consulz de la part des six corps qu'ils se conformeroient tousjours dedans leurs intentions comme estant leurs chefs et qu'ils n'iroient qu'avec leurs habillements ordinaires. Ce faict, lesdicts sieurs juge et consulz en charge, avec lesdicts anciens susnommez sortirent de la jurisdiction, tous reuestus de leurs robes et toques, assistez de leur principal commis au greffe et des quatre huissiers audianciers de la jurisdiction, aussy reuestus de leurs robes et toques, tous furent en carosse et se rendirent à la porte du Louure, et quelque temps après arriva ledit seigneur gouverneur qui les fist entrer dans l'antichambre du Roy en laquelle le Roy passant s'arresta, fust salué par lesdicts juge et consulz en charge et anciens tous à genouils, nuez testes, le Roy debout, entouré des princes de Condé, Conty et autres grandz seigneurs du royaume. Ledict sieur Barbier, portant la parole auroit dict en ces termes :

Sire :

Ce sont les juge et consulz de vostre bonne ville de Paris qui vous rendent leurs deuoirs et tres humbles respectz qu'il doiuent à Vostre Majesté, pour supplier tres humblement Vostre Majesté de conseruer la jurisdiction consulaire, ainsy qu'ont faict les Roys vos predecesseurs d'heureuse memoire, nous prions Dieu pour l'heureuse prosperité et santé de Vostre Majesté. »

Le Roy fit reponce qu'il auoit agréable leur visite, qu'il sçauait l'integrité de leur justice, qu'ils continuassent à la rendre ainsy qu'ilz auoient faict, qu'il les protegeroit et qu'il les en assuroit.

Ce faict à l'instant lesditz juge et consulz en charge, auec lesditz anciens juges et consulz auroient esté menez et conduictz par ledict seigneur gouuerneur en l'appartement de la Royne mère et furent par lui introduictz en sa chambre, elle estant assize dans un fauteuil, lesditz juge et consulz et anciens tous un genouil en terre, ledit sieur Baudequin, portant la parole pour le sieur Barbier qui estoit incommodé, fit sa harangue à la Royne mère en substance : ......

La Royne mere leur fict responce qu'elle receuoit à gre ces complimentz et quelle les auoit toujours considerez du temps mesme de sa regence et quelle le feroit voir aux occasions.

Lesdicts juge et consulz et anciens et leurs officiers furent apres saluer la Royne, un genouil en terre et la parole portee par ledit Baudequin en ces termes et substance : ......

La Royne fict responce par la bouche dudit seigneur de Bournonville, gouuerneur, son chancelier d'honneur, quelle auoit agreable leur visite et que aux occasions elle tesmoigneroit de l'estime quelle en faisoit et les seruiroit.

Est à remarquer qu'en toute cette ceremonie les maistres et gardes des six corps des marchandz ne furent admis qu'apres que les juge et consulz et anciens furent sortis des chambres de Leurs Majestés lesquels estoient vestus de leurs habillements ordinaires de gardes auec leurs chapeaux.

Et le jeudy troisiesme jour de septembre en suiuant, les juge et consulz en charge furent remercier ledict seigneur gouuerneur en son hostel et le prierent de leur vouloir continuer sa bonne volonté et faire en sorte qu'ilz puissent voir Son Eminence Monseigneur le cardinal Mazarin.

... Et peu de temps après ledict seigneur les auroit introduicts dans la chambre de Son Eminence, lequel estoit sur son lit à cause de son indisposition; lesditz juge et consulz en charge et anciens luy firent une profonde reuerence, ledit sieur Baudequin portant la parole (pour et en l'absence du sieur Barbier, juge qui estoit aux champz) fist harangue en ces termes :

« Monseigneur, le prouerbe qui disoit autre fois qu'il n'estoit pas permis à un chacun d'aller a Corinthe, a serui en cette conjoncture de leçon aux juge et consulz des marchandz de ceste ville de Paris pour s'abstenir de parler de ces haultes et sublismes louanges que vous auez meritez pour le bien de la France et l'estonnement de la terre... ils esperent, Monseigneur, que cet auguste mariage et ce glorieux ouurage de la paix que vous nous avez procures redonneront à la justice son credit, sa splendeur et son autorité et que par consequent la jurisdiction consulaire, qui ne compose pas une moindre ny moins considerable partie de ce grand corpz de la justice, pourra reprendre sa vigueur; ce quelle ne pourra sy Vostre Eminence n'en veult entreprendre la protection, laquelle ny est dautant plus necessaire que journellement elle se voit opprimée par de plus puissantes justices qui cassent ses sentences et mulctent de grosses amendes les parties qui veulent plaider pardeuant elle, et ainsy détruisent une jurisdiction qui n'est instituëe que pour le bien et le soulagement du public. Vous scauez, MONSEIGNEUR, vous qui estes le plus sage et plus prudent ministre que la France ayt possedé jusque a present, que le commerce et les negociations sont les plus legitimes moyens par lesquels les richesses entrent et abondent en un royaume et la justice consulaire en estant la regle, la base et le fondement, il ne sera pas indigne de vos soins si Vostre Eminence en veut entreprendre la protection... »

Monseigneur le cardinal leur fict responce : ... qu'il auoit leur visite pour agreable, la recevait de bon cœur et quen toutes occasions il leur tesmoigneroit et que quand ils auroient besoin de sa protection il s'y emploieroit de bon cœur... »

Est aussy à remarquer que lorsque lesditz juge et consulz et anciens furent saluer Son Eminence, les maistres et gardes des six corps des marchands ne furent introduicts qu'après que lesditz juge et consulz furent sortis de la chambre et quelque uns des six corpz s'estantz presentez pour entrer parmy les juge et consulz, ayant esté reconnus par l'huissier de la porte de la chambre pour n'auoir pas la toque de velours, *furent repoussez rudement* et leur fut dict qu'ils n'entreroient qu'après lesditz juge et consulz.

Tout ce que dessus a esté escript de l'ordre desditz sieurs Barbier, Baudequin, Beguin, Moncheny et Cottard, juge et consulz pour seruir aux successeurs qui entreront en charge.

Comme on le voit, il n'était pas inutile de reproduire ici ce curieux document, qui fixe les coutumes et usages de l'ancienne juridiction consulaire et qui montre comment elle savait maintenir ses prérogatives et faire prévaloir ses droits, même en présence du Roi et des plus grands personnages du royaume.

Mais revenons au temps qui nous occupe et au sujet de ce chapitre.

Il a déjà été parlé, au cours des pages précédentes, des anciens juges et consuls et de la place importante qu'ils tenaient dans la vie de la juridiction.

Dépositaires des droits et des privilèges de l'institution, les juge-consuls avaient, indépendamment de leur mandat à remplir vis-à-vis des justiciables, la mission de défendre l'intérêt et de sauvegarder l'honneur du consulat. La responsabilité eût été trop lourde pour eux s'ils avaient été seuls à en supporter le poids, mais elle était partagée par la compagnie ou collège des anciens juges et consuls dont il est temps d'expliquer le caractère et le véritable rôle.

La formation de la compagnie des anciens n'eut aucun caractère officiel et nulle trace d'une organisation primitive n'existe dans les registres du consulat; mais on peut admettre comme certain qu'elle date des commencements mêmes de la juridiction (1).

Les premiers consuls nommés en 1563 eurent la charge de réglementer la juridiction en même temps qu'ils eurent à jeter les bases de l'organisation judi-

---

(1) DENIÈRE, *ouv. cité.*

ciaire : ils eurent recours à l'appui des maîtres et gardes des six corps et comme plusieurs d'entre eux avaient des fonctions à la prévôté de Paris, ils apportèrent l'aide des connaissances déjà acquises.

La difficulté provint ensuite de ce que, nommés seulement pour un an, ils durent céder la place à des successeurs à peine initiés aux nécessités des fonctions : les consuls sortants se firent donc les conseillers et les soutiens de leurs remplaçants en leur prêtant le concours de leur autorité et de leur expérience, alors surtout que l'existence de la juridiction était violemment attaquée.

Utiles dans le principe, ils devinrent indispensables par la suite : beaucoup d'entre eux, en quittant le siège, obtenaient de nouveaux emplois dans les charges publiques où ils étaient recherchés et ils mettaient toute leur influence au service de cette juridiction qui restait toujours leur chose et leur bien.

Les juge-consuls en exercice avaient une besogne considérable par la seule exécution de leur mandat : service des audiences, examen des bilans des sociétés, surveillance des comptes, administration intérieure... et ils n'étaient que cinq pour y faire face.

Petit à petit, l'usage s'établit de confier aux anciens la connaissance et la solution de toutes les questions relatives aux relations extérieures du consulat, au maintien des traditions, à l'étude des modifications à y apporter, en un mot à tout ce qui n'était pas de l'ordre judiciaire proprement dit.

Puis l'usage fut consacré par des règlements intérieurs, les juge-consuls n'ayant jamais rien laissé à l'imprévu, et ainsi se trouva constituée « la Compagnie » qui devint une puissance compacte et homogène sans laquelle le siège en arriva à ne plus rien décider.

Cette organisation présentait, d'ailleurs, en outre de la force qu'elle donnait au consulat, un précieux avantage : celui de tenir toujours en contact avec le tribunal les consuls qui paraissaient désignés pour la judicature. Il s'écoulait en effet, huit, dix et quelquefois douze ans entre l'année de magistrature consulaire et l'élection à la fonction de juge. Quelle que fût la valeur des hommes désignés à ces hautes fonctions, elle eût certainement diminué par un éloignement aussi grand : il n'en était rien, au contraire, puisque les futurs candidats ne cessaient pas de participer aux travaux de leurs collègues.

Telle était, d'ailleurs, la parfaite indépendance de la juridiction et l'étendue de ses prérogatives, qu'il était de règle que les anciens consuls remplaçassent purement et simplement au siège les magistrats absents. Aucune ordonnance royale n'avait jamais sanctionné cet usage, mais les gens de loi et le public étaient sans doute tellement habitués à voir les anciens consuls continuer leurs offices auprès de la juridiction qu'il n'y a pas trace de plaintes à ce sujet ou d'appel au Parlement dans le but d'obtenir la cassation de jugements rendus, évidemment, par des magistrats sans pouvoirs.

En 1780, le nombre des causes s'était tellement accru que les juge-consuls se trouvèrent dans l'impossibilité de suivre certaines affaires (1).

Avant 1739, et en vertu d'anciennes chartes royales, les assemblées de créanciers se faisaient chez les notaires et les créanciers affirmaient leurs droits par-devant le prévôt de Paris ou son lieutenant. Les consuls avaient depuis longtemps entrepris une lutte acharnée pour faire cesser cet état de choses qui constituait, suivant eux, une usurpation de la part du Châtelet. Ils obtinrent gain de cause en cette année 1739 et commencèrent dès lors à connaître de tout ce qui avait trait aux faillites. Seulement, il en résulta pour eux un tel surcroît de labeur qu'en 1780 de nombreuses affaires étaient en souffrance.

La compagnie se réunit, délibéra, et les juge-consuls en exercice nommèrent, de leur propre autorité, quatre commissaires, anciens juges et consuls, « à l'effet de soulager messieurs du siège dans les

---

(1) Pour les quinze dernières années du consulat le nombre moyen annuel des affaires fut de 50 000.

affaires extraordinaires, c'est-à-dire autres que celles du service journalier, de s'occuper principalement des homologations de contrats, d'atermoiements entre créanciers et faillants, conjointement avec messieurs du siège ou séparément, mais toujours avec leur concours. Il apparoit que les sortants du siège étant plus mémoratifs des procédures faictes à l'occasion des faillites, ce fut eux qui soient chargés de ce travail. »

Les commissaires aux faillites assistaient aux séances des mardis, jeudis, samedis, et à celle du mercredi, avec voix délibérative.

Leurs fonctions duraient un an, comme celles des juges et consuls : ils recevaient en rémunération de leur labeur : 25 jetons par an et 12 livres de bougie, plus 2 livres à la Chandeleur.

A la fin du dix-huitième siècle, la Compagnie exerçait une autorité absolue sur la juridiction.

Se considérant tout entière comme la plus haute représentation du commerce parisien, ayant le sentiment que le consulat était le plus précieux apanage des marchands, elle veillait en gardienne attentive à l'usage que les magistrats en exercice pouvaient faire de leur mandat et des droits dont ils avaient momentanément la garde. Elle ne voulait pas qu'une faute, qu'une défaillance, qu'une mauvaise gestion vînt diminuer le prestige ou les prérogatives de la juridiction, et dans sa défiance elle faisait dépendre de son assentiment les actes les plus ordinaires de la vie intérieure.

La Compagnie conserva ce rôle jusqu'aux derniers jours de l'existence du consulat : pour éviter d'y revenir plus loin, nous dirons ici qu'en 1790, lors des discussions sur la création des tribunaux de commerce, les anciens juges et consuls firent les plus grands efforts pour que la loi nouvelle consacrât les prérogatives de la Compagnie. Mais l'esprit n'était plus au maintien des traditions et des usages d'un passé déjà honni par les hommes de 1789. La Compagnie représentait à leurs yeux le lien qui unissait la juridiction consulaire à l'aristocratie formée par les maîtres des six corps des marchands. Tous les commerçants devaient être désormais appelés à faire partie de l'assemblée électorale : les notables cessaient d'avoir le privilège de fournir des magistrats consulaires..... Le décret-loi du 27 janvier 1791 qui créa le tribunal de commerce de Paris resta donc muet quant à la Compagnie des anciens. Pendant la période transitoire, elle continua néanmoins ses offices ; elle prit part à la défense opposée par la juridiction à l'englobement de ses propriétés dans les biens nationaux : ce fut son dernier acte.

Sans traditions à conserver, sans privilèges à défendre, sans liens à maintenir avec les corporations, sans biens à administrer, son existence ne s'expliquait plus et ne pouvait se perpétuer sous le nouveau régime. Elle s'éteignit donc avec l'ancienne juridiction consulaire, la veille du jour où se terminaient les opérations pour l'élection des juges appelés à composer le tribunal de commerce (1).

L'évocation de la vie consulaire serait incomplète si nous ne revenions pas sur les « disners et repas » qui constituaient l'un des plus anciens et des plus agréables usages de la juridiction.

On dînait bien et souvent dans l'hôtel du Cloître Saint-Merri, et on peut dire sans médisance que la table des juge-consuls jouissait d'une réputation parisienne.

Outre le sacramentel dîner du mercredi qui réunissait toujours une brillante société, il y avait des repas aux élections, des repas aux installations, des repas pour célébrer les réjouissances publiques et même des repas funèbres après l'enterrement des magistrats décédés.

Tous étaient payés par le budget de la Compagnie.

Aux élections et aux installations, il y avait dîner de cérémonie : on n'y assistait pas en robe, mais en habillement noir, bas de soie, souliers à boucles d'argent, jabot de dentelle et petit manteau. Ces

(1) DENIÈRE.

dîners « estoient à deux services et à la françoise. »

Les repas du mercredi se prenaient en petit comité.

Dans les uns et les autres, les convives étaient uniquement des membres de la Compagnie et quelques-uns de ses auxiliaires, principalement les conseillers, les greffiers et les huissiers du consulat.

La cuisine était préparée par la domestique de l'un des greffiers, dont l'habitation était dans l'hôtel comme on sait.

Les délibérations de la juridiction nous ont conservé le nom de dame Marguerite George, qui fut chargée de ce soin pendant la plus grande partie de la seconde moitié du dix-huitième siècle.

Cette digne personne avait, à n'en pas douter, un réel talent, car les juges et consuls lui témoignèrent leur reconnaissance des services qu'elle leur avait rendus en toutes circonstances « en économisant la Compagnie qui, par son bon office, n'employait pas la voie dispendieuse du traiteur. »

Ils votèrent en sa faveur, le 25 septembre 1770, une somme annuelle de 60 livres sa vie durant, « tant qu'elle sera en estat de servir, et mesme dans le cas où elle seroit hors d'estat de servir. »

En 1780, dame Françoise Levra lui succéda avec les mêmes avantages pécuniaires (1).

---

(1) 1780. Gestion de sire Guyot. (Arch. départ.)

A différentes reprises, dans les moments de grands embarras financiers, la Compagnie fit momentanément le sacrifice de ses dîners de cérémonie, ainsi que le fait a été rapporté plus haut. Jamais le dîner du mercredi ne fut supprimé.

On voit par les comptes que la dépense des repas se montait annuellement à une somme d'environ 1 200 livres, dont 360 étaient consacrées aux repas des élections.

Il reste à parler des *députés du commerce*, qui formaient le lien entre la juridiction consulaire et la haute administration. Créés par arrêt du Conseil d'État du Roi du 29 juin 1700, ils étaient appelés à discuter les propositions et mémoires présentés aux conseils ou chambres de commerce dont ils faisaient partie. La principale chambre de commerce, siégeant à Paris, était composée de plusieurs conseillers d'État et de douze négociants du royaume, dont deux de la ville de Paris. Ces négociants devaient être nommés à l'élection, pour un an, par les corps de ville et les marchands.

A Paris, le corps de ville ne s'occupa jamais des élections, qui furent toujours laissées aux soins de la juridiction consulaire. Celle-ci recueillait les propositions de candidatures des six corps des marchands; la Compagnie dressait elle-même une liste. On réunissait ensuite un comité composé des délégués des corporations et de toute la compagnie consulaire. L'assemblée écoutait une messe basse, puis elle déjeunait aux frais du consulat (cérémonie jamais oubliée, comme on voit). Le tribunal ouvrait son audience dans la forme accoutumée, chacun prêtait serment de voter en son âme et conscience, puis on procédait au vote par bulletin secret, non pas sur un seul nom, mais sur six candidats.

Aussitôt, une délégation portait au Contrôleur général des finances le résultat du vote; à son retour le consulat dînait avec ses invités, ce qui occasionnait une journée chargée pour dame Marguerite George.

Quelques jours après, le Roi faisait connaître aux juge-consuls le candidat sur lequel il avait fixé son choix. L'assemblée électorale se réunissait à nouveau « et sur la proposition faite par le juge de choisir pour député la personne que le Roi avait désignée, l'assemblée donnait son suffrage unanimement. »

Procès-verbal étant dressé, les électeurs allaient visiter le nouvel élu; les juge-consuls se rendaient également auprès de lui pour le féliciter et le présenter en cérémonie au Contrôleur général. Après quoi le député, ainsi devenu un des hommes importants du royaume, revenait avec les magistrats au consulat et l'on dînait joyeusement pour honorer le nouvel élu. Il n'y avait pas d'élection tous les ans, parce que le Roi prolongeait fréquemment le mandat des députés du commerce, souvent plusieurs années de suite.

Quelques députés du commerce furent pris parmi les consuls. A partir de 1762, il n'y eut plus d'élections, et l'emploi devint presque inamovible. Sire Marion, de la corporation des merciers, resta en fonctions jusqu'en 1790, date de la suppression.

Les députés du commerce ne furent pas de simples personnages de parade : on les voit jouer un rôle très marqué notamment sous le ministère Turgot, alors que les besoins du commerce accaparaient l'attention de ce grand homme d'affaires. Plus tard Necker eut d'honnêtes velléités de travailler avec eux pour le bien du royaume : mais la politique absorbait trop le père de Mme de Staël pour qu'il pût longtemps se consacrer au commerce et après lui le cyclone de 1789 ne tarda pas à entraîner dans son tourbillon les chambres de commerce avec bien d'autres institutions du passé : elles furent abolies par un décret de l'Assemblée constituante du 27 septembre 1791.

Comme le phénix, elles devaient renaître de leurs cendres, car le Premier Consul les rétablit par arrêté du 3 nivôse an XI (24 décembre 1802) et l'on sait que, cette fois, elles survécurent. Toutefois leur mode de recrutement fut différent et il n'y eut plus de députés du commerce.

CHAPITRE III

LES FONCTIONS

Les élections. — Corps des marchands. — Mode d'élection. — Gratuité des fonctions. — Chandelles, bougies et jetons. — Munificence de la juridiction. — Difficultés avec le Roi. — Budget.

De l'année 1563 à l'époque qui nous occupe, le mode d'élection des juges et consuls subit plusieurs modifications plutôt dans la forme que dans le fond. Elles furent presque toutes nécessitées par les querelles incessantes des corps des marchands. Ceux-ci étaient en 1563 au nombre de six, et il en fut si longtemps ainsi qu'en 1776, lorsque les marchands de vins obtinrent de former un corps spécial, on préféra remanier la composition des corps que d'en ajouter un septième. Les imprimeurs-libraires n'eurent pas la même satisfaction d'amour-propre, bien qu'ils fussent une corporation puissante et qu'ils eussent fourni depuis longtemps des consuls à la juridiction et des échevins au bureau de la ville.

Voici comment étaient constitués en 1780 les six corps des marchands, dans leur ordre intangible :

1° Drapiers et merciers. Ce corps était de beaucoup le plus important. Il renfermait tous les commerces qui n'avaient pas de corps spécial. Leur patron était saint Louis, roi de France, leur devise : *Te toto orbe sequemur;*

2° Épiciers. Ils comprenaient les épiciers, les apothicaires, les droguistes, confituriers et ciriers ou ciergiers. Leur devise était : *Lances et pondera servant,* par allusion à leur droit à la conservation des poids et balances. En 1777 les apothicaires parvinrent à se séparer des épiciers et obtinrent d'être érigés en collège de pharmacie. Ils avaient pour devise spéciale : *Versantur his tribus,* par rapport aux trois règnes de la nature;

3° Bonnetiers, pelletiers et chapeliers. Ils prenaient pour patron saint Fiacre;

4° Orfèvres, batteurs d'or et tireurs d'or. Ils faisaient remonter leur origine à saint Éloi, leur patron, et avaient élevé une chapelle qui était l'une des plus riches de Paris, pour y conserver ses ossements que leur avait donnés le pape Innocent VI. Leur grand titre de gloire était le droit de faire figurer la bannière de France en chef de leurs armes, droit que leur avait concédé Philippe de Valois en 1330;

5° Fabricants d'étoffes et de gazes, tissutiers-rubanniers. Corps relativement nouveau qui pâlissait devant les titres des précédents;

6° Enfin les marchands de vins, auxquels étaient joints les marchands de poisson de mer et d'eau douce, les marchands de bois et par un bizarre accouplement les imprimeurs-libraires avec qui ils avaient toujours fait bon ménage : *rara avis!*

Les six corps des marchands possédaient une armoirie commune : un homme assis tenant entre ses mains un faisceau de baguettes qu'il s'efforçait de rompre sur son genou, avec ces mots : *Vincit concordia fratrum.*

Les maîtres et gardes des six corps portaient le dais sur les rois de France. Anciennement vêtus d'un costume des plus riches, ils avaient, au dix-huitième siècle, adopté à peu près la robe consulaire, au grand déplaisir des juges et consuls.

En 1780, les corps des marchands désignaient parmi chaque corporation cinq notables qui devenaient électeurs consulaires. Comme l'édit de 1563 fixait à soixante le nombre de ces électeurs, les trente élus des six corps se réunissaient aux juge-consuls en exercice et désignaient les trente autres électeurs parmi les marchands ou négociants ou notables bourgeois de Paris versés au fait du commerce; de cette façon, on pouvait donner satisfaction aux corporations qui ne jouissaient pas de leur autonomie, comme les imprimeurs notamment. Ce fut aussi l'origine des notables commerçants dont l'existence s'est prolongée jusqu'en l'année 1908.

Ces soixante électeurs, réunis aux cinq juge-consuls en exercice, avaient pour mission d'élire trente d'entre eux afin de procéder, à l'instant et à peine de nullité, à l'élection d'un juge et de quatre consuls pour l'année suivante.

Les candidatures émanaient soit des corporations, soit du consulat lui-même, qui avait sous la main ses conseillers du commerce. Quoi qu'il en fût, jamais une candidature n'était agréée sans qu'il eût été procédé à une sévère enquête sur le postulant. On se souvenait des instructions du premier des juges, sire Aubry, qui, en quittant ses fonctions en 1564, recommanda aux électeurs « de regarder si ceulx qu'ils éliroient estoient gens de bien, catholiques, bien vivans et de bonne conscience, non vindicatifs ni favourables à personne, ayants moyen de vaquer une année auxdicts fait et charge, sans que telle charge fust cause de leur ruine; aussi qu'ils ne pussent estre ajournés à payer leurs debtes, aultant que ce seroit un scandale ».

Nul n'était admis à la fonction de juge s'il n'avait été consul et s'il n'avait quarante ans d'âge. Pour être consul il fallait avoir vingt-sept ans accomplis : le Roi refusa toujours d'accorder des dispenses à ce sujet.

Lorsque les candidats étaient connus, les gardes

des corps en prévenaient les magistrats en charge, qui pouvaient refuser les sujets présentés; mais ils n'eurent presque jamais à exercer ce droit tant les choix se portaient sur des hommes de mérite.

Le jour de l'élection il y avait à la juridiction messe en musique précédée d'un déjeuner.

Aussitôt l'élection terminée, les juge-consuls en charge allaient rendre visite au premier Président pour lui faire connaître les noms des élus et prendre jour pour la prestation de serment. Ils faisaient de même chez le procureur général. Le concierge de la juridiction les précédait en son grand costume, et avant l'arrivée des magistrats, il distribuait des largesses aux concierges et aux laquais du Parlement. A midi, il y avait grand dîner au consulat, après quoi les juge-consuls escortés d'un greffier et de deux audienciers se rendaient en visite chez les nouveaux élus, qui devaient les attendre avec une collation dressée dans la salle où chacun d'eux recevait.

La prestation de serment avait lieu « le jour d'audience consulaire qui suivait l'élection » et il y avait encore force visites aux hauts magistrats du Parlement.

De retour à la juridiction, les consuls sortants procédaient à l'installation des nouveaux élus et remettaient aux juge et consuls les pièces et titres concernant le greffe avec l'inventaire, le tout renfermé dans le coffre-fort dont ils leur donnaient la clef.

Un juge n'était pas admis à remplir deux fois cette charge et un consul n'était jamais réélu si ce n'est comme juge. Par exception, en 1754 et en 1771, le Roi prorogea de son autorité, pour un an, les pouvoirs des juge-consuls en exercice. Pour rémunérer ceux qui avaient ainsi accepté cette charge, le Roi accorda en 1754, au juge une pension de 1 200 livres et à chacun des trois consuls alors en exercice une pension de 600 livres. Ayant remarqué que, malgré ses services extraordinaires, son zèle et son assiduité, messire Denys Cochin, qui avait consenti à remplacer le consul Bellet, décédé en 1753, n'était pas compris dans les grâces du Roi, les juge-consuls présentèrent un mémoire de réclamation et quelques jours après la pension fut accordée à Denys Cochin. (Procès-verbal du 12 janvier 1754) (1).

Le juge nouvellement nommé entrait de suite en charge. Des quatre consuls élus, deux seulement prenaient immédiatement leurs fonctions avec deux consuls de la précédente élection et les deux autres ne prenaient rang que six mois après, au moment où les deux anciens sortaient d'exercice. De cette façon, l'instruction des nouveaux était toujours assurée.

Voici, à titre de document, le procès-verbal de

(1) En 1772, le Roi alloua une autre pension globale de 8 000 livres dont les magistrats reportèrent le bénéfice à la juridiction.

l'élection de 1752, tel qu'il figure au registre de la juridiction; tous sont semblables :

Pour l'élection d'un juge et de quatre consuls a été procédé le samedi 29 janvier 1752. Et ont été scrutateurs le sieur Antoine Nau, du corps de la draperie et le sieur François Dodin, du corps de la bonneterie, qui ont trouvé par le scrutin être demeuré pour :

Juge : sire Jacques-Estienne Lesour, ancien consul et marchand bonnetier.

Premier consul : sire Jean-Baptiste Véron, marchand drapier.

Deuxième consul : sire Jacques Hennique, marchand apothicaire-épicier.

Troisième consul : sire Richard Jarry, marchand orfèvre.

Quatrième consul : noble homme Claude-Denys Cochin, ancien échevin et marchand mercier.

« Et le jeudy 3 février 1753, MM. Nau, juge, Bellot, Rousselot, Polissard et Guymonneau, consuls, conduits par M. le procureur général et MM. d'Ormesson et Joly de Fleury, avocats généraux, les ont présentés à la Cour où ils ont presté serment.

« Et le vendredy 4 février ont été installés au siège et ont tenu l'audience conjointement.

« Est à observer que, suivant la déclaration du Roy, du 18 mars 1728, MM. Rousselot et Polissard sont restés pour, conjointement avec MM. Lesour, juge,

Véron et Hennique, consuls, exercer jusqu'au premier aoust prochain, et qu'audit jour, MM. Jarry et Cochin entreront en exercice au lieu et place de MM. Rousselot et Polissard. »

Il arriva souvent que d'anciens consuls déclinèrent les fonctions de juge. On n'admit généralement leurs excuses que dans les cas de grand âge ou de maladie « ou incommodités du corps ». Dans ces cas et par un sentiment de délicatesse, il fut décidé que les excusés jouiraient néanmoins des prérogatives accordées par la Compagnie aux anciens juges. Au contraire, ceux qui refusaient pour des motifs personnels jugés insuffisants, ne recevaient plus qu'un cierge à la Chandeleur et six flambeaux au lieu de douze à leur enterrement. Le dernier excusé fut, en 1770, Thomas Hérissant, qui motiva son refus sur les occupations multipliées que lui donnait journellement sa place d'imprimeur du cabinet du Roi et de la maison de Sa Majesté et sur les fréquents voyages qu'il était dans la nécessité de faire en la Cour pour satisfaire à son service.

La fonction de juge constituait une lourde charge en ce qu'elle prenait à peu près tout le temps du titulaire; mais elle n'était que peu onéreuse par elle-même. Il n'était pas dans les usages, en effet, que le juge modifiât son genre d'existence et se crût obligé, par exemple, de donner chez lui des dîners et des réceptions en sa qualité. Le consulat aurait même vu d'un mauvais œil un semblable empiétement sur ses prérogatives. Nous l'avons déjà rappelé : la juridiction était tout; aucun de ses membres ne tirait avantage de son titre en dehors de la compagnie.

De tout temps les fonctions des juges et consuls ont été gratuites. L'article 7 de l'ordonnance de 1563 en a proclamé le principe et trois cent quarante-cinq ans après, cette règle est toujours observée : article 632 du Code de commerce : « les fonctions des juges de commerce sont seulement honorifiques. »

A notre avis, dit M. Legrand (1), elles sont la plus belle récompense qu'un commerçant puisse recevoir de ses concitoyens. C'est un brevet d'honneur et de capacité que l'on doit être fier d'obtenir; car s'il est beau de juger ses semblables, il est encore plus flatteur d'exercer un si grand pouvoir en vertu de l'élection, d'être choisi parmi ses pairs pour être l'arbitre de leur honneur et de leur fortune.

De nos jours la gratuité est absolue. Les juges ne reçoivent de rémunération sous aucune forme : honoraires, jetons ou cadeaux. Il serait injuste de ne pas parler ici de la belle médaille de grand module en argent que remet à ses collègues le président du Tribunal de commerce de la Seine, le jour de leur pres-

---

(1) Ouv. cité.

tation de serment, et qui est une munificence du Conseil général de la Seine. Sur la face est frappée la calme figure de la Justice par le graveur Borrel : le revers porte le nom du magistrat, sa fonction et la date de son élection.

En descendant du siège, les juges reçoivent une médaille non moins belle du graveur Charaud, au revers de laquelle figurent leur nom, leur titre et les mots : « Hommage du Conseil général de la Seine. »

Mais si les juges sont justement flattés de ces marques de haute gratitude de l'assemblée départementale, elles ne constituent pour eux que de précieux témoignages des services rendus et ne peuvent en rien être comparées à des jetons d'une valeur quelconque.

Il n'en a pas toujours été ainsi.

La juridiction, comme on l'a déjà vu, avait son entière autonomie; elle s'administrait elle-même, elle avait ses ressources et son budget dont il sera parlé plus loin.

Certes il ne fut jamais question de rémunérer les services des magistrats; mais dès le début de la juridiction, on s'aperçut bien vite qu'il était difficile de ne pas faire pour les consuls ce que faisaient alors toutes les compagnies du royaume pour leurs membres : leur donner tout au moins des facilités pour l'exercice de leur mandat.

A une époque où Paris n'avait point encore de réverbères et où la circulation à nuit close était un dangereux problème, la coutume était d'offrir des chandelles à ceux qui devaient affronter, le soir, les ruelles et carrefours.

La juridiction mit donc d'abord de simples chandelles à la disposition de ses membres ; elle ne s'éclairait point d'ailleurs autrement et, chose curieuse, en 1746, il en était encore ainsi, par raison d'économie. Dès que la nuit tombait, on allumait en outre (jusqu'en 1748) une torche résineuse dans l'escalier et une autre dans la cour de l'hôtel.

Nous avons peine à comprendre maintenant comment nos pères pouvaient travailler dans de telles conditions... surtout si l'on ajoute que la salle d'audience n'était pas chauffée !

Il est vrai qu'avant le dix-neuvième siècle tout l'éclairage des salles de spectacle était constitué par une rangée de chandelles tenant lieu de rampe et aussi sans doute de brûle-parfums, et qu'on voit Mme de Sévigné déclarer, en 1660, « qu'elle a pensé mourir de froid » en assistant, au Palais-Royal, à une représentation des *Précieuses ridicules !*

La chandelle à titre de présent fut assez vite remplacée au consulat par des bougies ou cierges, luxe remarquable pour l'époque, et nous voyons la juridiction décider, dès 1608, « qu'il serait baillé pendant leur vie et pour les distinguer, à chacun des juges et consuls, tous les ans, au jour et feste de la Chandeleur, un cierge de cire blanche d'une livre pour les juges et d'une demi-livre pour les consuls ». Dans les moments de prospérité, le chapelain, le greffier, les huissiers, les clercs et commis au greffe participaient à ces libéralités chacun suivant son rang. Tout cela indépendamment bien entendu des torches et cierges que le consulat fournissait lors de l'enterrement des juges et consuls.

Les usages, quant aux quantités distribuées et aux modes de répartition, varièrent fort souvent.

Vers le milieu du dix-septième siècle, se conformant encore à une coutume générale, notamment dans les corporations, les juge-consuls instituèrent des jetons que l'on distribua aux magistrats selon des proportions variables.

On possède divers modèles de ces jetons, tous en argent, et on les voit figurer dans la précieuse collection numismatique réunie par M. le président Legrand (1). Les premiers, frappés en 1697, sont à l'effigie de Louis XIV, et portent au revers les armes de la juridiction et l'exergue : « Les juge et consuls des marchands à Paris. » D'autres, émis en 1705, ont le même revers, mais la face porte la devise :

---

(1) Voir les reproductions dans l'ouv. cité : *Juges et Consuls*.

Consulibus confert Iustitiam. Mais ceux qui furent le plus longtemps en usage montrent sur la face l'effigie des rois Louis XV ou Louis XVI et à l'avers une fort gracieuse figure de la Justice marchant légèrement, les yeux bandés et à peine couverte d'un voile transparent. Elle porte de la main droite l'épée de justice et de la main gauche une balance. A cette figure on a ajouté des ailes pour rendre sensible son alliance avec le commerce et la rapidité que les consuls apportaient à la solution des litiges, ce qu'explique la devise latine : *Insuper alas addidimus.* Au-dessous est écrit : « Les juge et consuls. »

Selon l'état de fortune de la juridiction, la valeur donnée au jeton, c'est-à-dire le prix moyennant lequel on le rachetait, augmentait ou diminuait : il arriva plusieurs fois que, pour les magistrats, la gratuité entière fut même décidée. Généralement cette valeur était de 4 livres.

En 1746, à la suite des grandes dépenses de réparation exécutées en l'hôtel consulaire, il fallut faire des économies importantes. On diminua à la fois le nombre des livres de bougie distribué, le nombre et la valeur des jetons.

Puis on supprima totalement les honoraires qui se donnaient en bougies et en jetons aux juge et consuls sortant de charge sous le titre d'*année de grâce,* c'est-à-dire pour l'année qui suivait leur descente du siège.

Mais le 14 janvier 1754, le juge sire Vignon (le père) exposa à la compagnie « que si, dans un temps de nécessité, les juge-consuls alors en place avaient, du consentement de la Compagnie, fait avec prudence une réduction des honoraires quoique très modiques, les finances s'étaient améliorées et qu'il convenait d'examiner s'il n'y avait pas lieu de rétablir, non pas les années de grâce ou autres présents supprimés, mais seulement les honoraires en jetons et bougies sur le pied où ils étaient avant la réduction ».

Cette proposition fut adoptée et voici en fin de compte quelle fut la distribution faite à partir du 28 janvier 1757 :

Honoraires en jetons :

A messieurs en place pour leur entrée, chacun 24 jetons, lesquels se donnent par le juge	24
A mesdicts sieurs pour leur année d'exercice, chacun 48 jetons	48
A chacun de messieurs les anciens juges la veille de l'élection, 12 jetons	12
A messieurs les anciens consuls, non compris le doyen, chacun 8 jetons	8
A monsieur le doyen des anciens consuls, 12 jetons	12
A monsieur le chapelain, 4 jetons	4
A monsieur le greffier, ainsi qu'à un de messieurs en place, comme il est porté ci-dessus, 72 jetons	72
A messieurs les juge-consuls sortants comme commissaires aux faillites, pour leur année, 25 jetons	25

Messieurs les juges en place, s'ils étaient obligés, dans leur année, d'aller à Versailles ou à Fontainebleau, étaient remboursés de leurs frais et avaient 6 jetons.

Honoraires en bougies :

A chacun de messieurs entrant, 13 livres de bougie, savoir une livre pour leur tenir lieu de cierge de la Chandeleur et 12 livres pour leur tenir lieu de flambeau pendant l'année....................	13
A messieurs les scrutateurs, lors de l'élection, chacun 2 livres...	2
A messieurs les anciens juges pour la Chandeleur, chacun 2 livres......................................	2
Elles se portent chez eux.	
A messieurs les anciens consuls chacun une livre (elle se porte chez eux).......................	1
A messieurs du siège pour chacune des quatre séances du Parlement, chacun 2 livres..........	2
A messieurs du siège, pour chaque sortie pour affaire de la juridiction, chacun 2 livres.........	2
A messieurs du siège, pour chaque service, chacun 2 livres...	2
A messieurs les commissaires aux faillites au nombre de cinq (les magistrats descendant du siège), même distribution qu'à messieurs du siège, à l'exception des 12 livres pour flambeaux.	
A messieurs les anciens juges, à chaque assemblée ou service, lorsqu'ils s'y trouvent chacun une livre...	1
A messieurs les anciens consuls pour même cas, chacun 1/2 livre.......................................	1/2

A messieurs les doyens des juges et consuls présents ou absents, à chaque assemblée ou service, chacun une livre... 1
A monsieur le greffier, même quantité qu'à un de messieurs en place à l'exception des 12 livres pour flambeaux.
A chaque huissier audiencier et à chaque clerc d'audience : à la Chandeleur une livre, à chaque service ou enterrement 1/2 livre.
Dito à monsieur le chapelain.
A monsieur le député du commerce pour l'élection, 6 livres.................................. 6
Au même à la Chandeleur 2 livres............... 2
Enfin au marchand chez lequel on va s'habiller le jour de la séance du Parlement, 4 livres par an, lesquelles se donnent à la Chandeleur.......... 4

Ces distributions en jetons et bougies furent régulièrement faites jusqu'en 1788. A cette date, à la suite du rapport du juge en exercice Vée, sur la pénurie des ressources du siège, on fut obligé de faire une nouvelle réduction importante. Chaque livre de bougie, dont le prix atteignait alors près de 6 francs, fut convertie en un jeton fixé à 45 sols, et les juge-consuls ne durent plus recevoir que 50 jetons au lieu de 72. Mais ce régime dura peu. L'année suivante devait apporter en toutes choses tant de modifications que le règlement de 1788 n'eut point à s'appliquer.

M. Guibert, dans sa *Notice historique sur la Compa-*

gnie des agréés (1), relate qu'il était d'usage de haute courtoisie de la part du consulat d'offrir aux nouveaux magistrats deux ouvrages utiles à leurs fonctions : *Le Parfait négociant* de Savary, 2 volumes in-4°, et *le Livre de la juridiction consulaire*, 1 volume, le second relié en maroquin rouge semé de fleurs de lys, le premier relié en veau. Parfois on y adjoignait un ouvrage de Bornier intitulé : *Conférences des ordonnances*, 2 volumes in-4° (2).

Dans ses dernières années, la juridiction faisait imprimer son « almanach ». Ce n'était en réalité que le tableau de ses services.

On peut se faire une idée de la valeur des volumes au dix-huitième siècle, quand on voit que les juge-consuls étaient libres de recevoir, à la place de ces ouvrages, leur valeur, soit : 270 livres!

Ces dons cessèrent en 1746, l'année terrible, et depuis lors on ne distribua plus qu'un exemplaire de l'Almanach royal, au jour de l'an.

Pour faire face à l'achat de ces bougies, au remboursement de ces jetons, au paiement des repas, puis encore à toutes les dépenses nécessitées par l'organisation intérieure de la juridiction, quelles étaient donc les ressources du consulat?

On a vu que si l'édit d'institution proclamait la gra-

---

(1) Paris, Locquin, 1841.
(2) La Bibl. nat. possède ces volumes. Fds fr.

tuité des fonctions de juges et consuls, il avait aussi laissé aux nouveaux magistrats le soin de procéder comme ils l'entendraient en vue de leur fonctionnement, sans qu'il en coutât rien au Trésor royal.

Pendant longtemps, on eut recours, soit à des emprunts transformés en rentes perpétuelles selon l'usage du temps, soit à des libéralités de la part de membres de la juridiction, soit enfin à des cotisations fournies par les six corps des marchands.

Ces formes onéreuses ou précaires déplaisaient fort aux juges et consuls. Ils avaient sans cesse sous les yeux des sources de revenus bien tentantes, mais le Roi vendait, revendait, créait, augmentait toutes les charges de greffier, commis, garde-scel, etc… dont les titulaires s'enrichissaient sans que le moindre sol parvînt dans la caisse de la juridiction.

Les membres de la compagnie se mirent donc à l'œuvre et ils firent tant et si bien, avec sagesse et patience, qu'ils parvinrent petit à petit à racheter toutes les charges dépendantes du consulat. Ces rachats furent extrêmement onéreux, car il fallut non seulement indemniser les titulaires, mais aussi verser de fortes sommes à « l'épargne du Roi » comme droit de rachat. Néanmoins les juges furent constamment troublés dans leur possession, soit par les exigences exorbitantes du fisc, soit par les actes mêmes du Roi.

Voici ce qui se passait : tout d'abord le commis de

l'épargne du Roi, qui se dénommait « commis à la recette du droit de marc d'or », procédait à une estimation des produits des charges, basée sur les perceptions que les titulaires prélevaient en vertu des édits et règlements du Parlement. Puis on fixait le montant de la contribution à payer par la juridiction. Quelque temps après, un édit ordonnait l'augmentation de certains droits, parce que Sa Majesté voyait son Trésor s'épuiser. Aussitôt le commis du marc d'or réclamait un supplément de contribution au consulat et ainsi de suite. De là des luttes sans fin, des requêtes innombrables au Roi et au Parlement. Il est juste de dire que dans la majorité des cas, la juridiction obtint gain de cause.

S'il entrait dans le cadre de cet ouvrage de retracer toute l'existence des juges et consuls de Paris, il faudrait consacrer de nombreuses pages à rapporter l'historique des difficultés extraordinaires qu'ils rencontrèrent à sauvegarder les biens qu'ils avaient pourtant acquis à beaux deniers et payés en blancs écus et testons.

A quatre reprises, malgré tous les droits possibles, le Roi ordonna une revente des charges : on devait verser aux compagnies ce qu'elles avaient déboursé et payer le surplus au Trésor. Les juge-consuls ne s'en tirèrent qu'en rachetant eux-mêmes ces charges. Puis, notamment en 1707 et en 1710, au moment de la ruine de Louis XIV, le monarque multiplia la mise en adjudication de nouvelles charges complètement inutiles et créa des droits destinés à rémunérer les acquéreurs. En moins de deux ans la compagnie dut débourser 36 000 livres, somme énorme pour le temps, afin de ne point laisser écraser ses justiciables sous des frais inconnus jusqu'alors au Cloître Saint-Merri.

Mais chaque fois que les bons magistrats avaient payé, le Roi en tirait cet argument qu'ils ne s'arrêteraient pas en si bon chemin. On inventa vers le commencement du dix-huitième siècle le merveilleux système des gages et augmentations de gages. Voici en quoi il consistait : le Roi démontrait d'abord en un fort beau langage qu'il n'était pas digne que les fonctionnaires du royaume vécussent uniquement des produits de leurs charges, « ce qui les incitait souventes fois à la cupidité ». Le Roi annonçait donc qu'à l'avenir tous les propriétaires d'offices recevraient sur les fonds de l'État des gages en proportion de l'importance de leurs fonctions.

Mais en même temps le Roi faisait savoir que pour jouir de ces gages, chaque ayant-droit aurait à verser de suite, par ordre d'ailleurs, une taxe calculée au denier seize, soit 16 000 livres pour 1 000 livres de gages. Toutefois le Roi voulait bien permettre à chacun d'emprunter les deniers nécessaires au paiement de cette taxe. Les gages purent même être possédés par d'autres que par le titulaire de l'office.

Lorsque la pénurie du Trésor devint extrême, comme à la fin des guerres de Louis XIV, le Roi « accorda » des augmentations de gages et chaque fonctionnaire fut tenu de verser immédiatement le capital en rapport.

On peut juger de l'importance des taxes ainsi prélevées quand on compte qu'en quinze années, à peu près, le seul consulat de Paris dut payer de ce chef, pour les fonctions dont il disposait, plus de la somme énorme de 400 000 livres! Il s'en récupéra par la vente des charges utiles qui lui appartenaient et par la perception à laquelle il avait droit privativement de 2 sols 6 deniers par présentation. Mais néanmoins, il lui resta de lourdes rentes à acquitter et c'est ce qui explique que, tout en ayant près de 30 000 livres de revenus, il ne parvint toujours que difficilement à équilibrer ses recettes et ses dépenses.

Quant aux « gages » qu'il aurait dû toucher, la rentrée en était tout à fait aléatoire. En 1721, le Roi devait à la juridiction la somme de 95 459 livres dont il a été parlé plus haut. Dans l'impossibilité de payer, on constitua sur la généralité de Paris une rente amortissable dite « sur les tailles » dont nous retrouverons les vestiges en 1780.

Enfin, bien que les juges et consuls ne nous eussent

pas laissé de comptes précis pour les dernières années de leur existence, voici, d'après un manuscrit de l'agréé Gorneau (1), cité dans l'ouvrage de Guibert, quel était le budget du consulat à la fin du dix-huitième siècle :

Recettes :

1° L'affermage du greffe, fait à forfait, et qui avait été successivement réduit en raison de la diminution considérable des produits. Les taxes sur la charge progressaient d'année en année et cependant les juge-consuls ne voulaient pas augmenter les frais, déjà importants d'après eux.................................... 14 400 l.

2° Le droit de 2 sols 6 deniers sur les présentations............................. 7 500

3° Les loyers des maisons appartenant à la juridiction au Cloître Saint-Merri............ 3 450

4° Le solde de la rente sur les tailles constituée en 1723............................ 1 900

5° Et le produit de divers petits offices affermés dans l'hôtel......................... 650

TOTAL........ 27 900 l.

Dépenses :

1° L'impôt du vingtième sur les maisons et sur la propriété du greffe................. 1 242 l.

2° L'entretien de la chapelle............ 276

3° Les honoraires des huissiers pour les actes d'élection.............................. 178

A reporter.... 1 696 l.

(1) Écrit en 1762.

Report.....	1 696 l.
4° Les appointements du secrétaire et garde des archives...........................	600
5° Les appointements du commis à la perception du droit de présentation, du concierge, du suisse............................	1 162
6° Les frais de repas pour l'élection........	360
7° Diverses étrennes au consulat et aux laquais du Parlement.....................	100
8° Divers travaux d'entretien à l'entreprise..	245
9° Éclairage, impressions (1), procès, menus frais................................	400
10° Rentes à payer pour emprunts........	8 000
11° Dépenses des jetons et bougies (2).....	8 580
12° Somme consacrée aux dépenses de réparation de l'hôtel et aux imprévus............	6 757
Total égal........	27 900 l.

En 1772, le Roi récompensa le zèle des juge-consuls dont les fonctions avaient été prorogées en 1771, pendant l'exil du Parlement, par l'allocation de pensions montant au total à 8.000 livres. Les bénéficiaires remercièrent Sa Majesté et la prièrent d'appliquer sa munificence à la juridiction, dont les membres étaient alors obligés de se cotiser pour subvenir à certaines dépenses intérieures. Le Roi accueillit cette demande et donna des lettres patentes en conséquence.

---

(1) Le consulat faisait imprimer tous les ans 400 tableaux de son service intérieur destinés à l'affichage chez tous les auxiliaires de justice, et 200 almanachs de la juridiction.

(2) Bougies, 5 000, jetons, 3 580.

Tout porte à croire que le service de cette rente ne fut pas continué longtemps, car, dès 1777, la gêne reparut chez les consuls qui durent, une fois de plus, réduire leurs dépenses.

C'est dans cette situation difficile que les trouva le décret du 13 novembre 1789 qui assimila leur hôtel à une propriété nationale, ainsi qu'on le verra plus loin.

CHAPITRE IV

LES HOMMES

Marchands et bourgeois. — Compositions professionnelles. — Fonctions municipales. — Noblesse. — Postes honorifiques. — Hommes remarquables. — Boulduc, Ballin, les quatre Pocquelin, les quatre Lescot. — Professions et enseignes. — Vie des notables commerçants de Paris. — Esprit sédentaire. — La compagnie en 1774. — Figures de premier plan. — Cochin. — Vignou. — Leclerc. — L'empreinte.

Pendant toute la durée de la juridiction consulaire créée par le chancelier Michel de l'Hôpital, de 1563 à 1791, les hommes les plus remarquables à tous égards parmi les marchands et bourgeois de Paris tinrent à honneur d'occuper un siège au Cloître Saint-Merri.

Chacune des six corporations se réservait jalousement le droit traditionnel de présenter un candidat à tour de rôle : petit à petit, quelques grandes communautés non classées parmi les corps des marchands obtinrent la même faveur : la puissante compagnie des marchands de vins et poisson de mer, la communauté des imprimeurs-libraires, qui compta de si grandes illustrations, les fabricants de tissus, etc...

Les juges et consuls étaient presque toujours choisis parmi les maîtres, gardes ou syndics des corporations; ils arrivaient au siège avec une expérience déjà appréciée par leurs pairs; tous étaient des hommes considérables dans la bourgeoisie; leur pratique des affaires répondait de leur aptitude à remplir la mission qui leur était confiée. Ceux qui n'avaient point ces hauts titres n'en étaient pas moins estimés, car ils avaient alors été au moins conseillers du commerce. Nous avons déjà dit que la Compagnie était dans l'usage d'intercaler de temps en temps un de ces auxiliaires parmi les candidats proposés aux corps des marchands : c'était la récompense de leur bonne volonté à remplir des fonctions si peu rétribuées (1) qu'elles devenaient onéreuses pour les commerçants qui les acceptaient.

Les statistiques ayant leur éloquence, surtout en matière documentaire, il n'est pas sans intérêt de donner ici un tableau sommaire de la composition professionnelle du consulat pendant son existence.

Sur 930 marchands investis, de 1563 à 1790, de la fonction consulaire on compte :

256 merciers dont 56 sont devenus juges. Il est utile de rappeler, en présence de ces gros chiffres, que le corps

---

(1) Par quelques honoraires d'arbitrages.

des merciers se subdivisait en plus de vingt classes depuis la mercerie prise en son acception la plus étendue, jusqu'à l'horlogerie, aux bronzes, à la miroiterie, la quincaillerie, la papeterie, etc... La grande vengeance des autres corps était de les appeler : « vendeurs de tout et faiseurs de rien »; ils s'en glorifiaient. En fait, la suprématie entière dans la corporation appartenait à trois classes : les merciers-grossiers, c'est-à-dire ceux faisant le grand commerce (tout le négoce d'exportation et la compagnie des Indes étaient entre leurs mains); les merciers-joailliers, qui détenaient le commerce des pierres précieuses, et les merciers d'art dont l'habileté s'exerçait à la fabrication des draps d'or, d'argent et de soie. Ce sont ces trois branches qui, sauf deux exceptions, fournirent tous les magistrats du métier pendant deux cent vingt-huit ans.

191 drapiers dont 27 devinrent juges.

204 apothicaires-épiciers, dont 49 juges.

42 pelletiers dont 10 juges.

59 bonnetiers dont 12 juges.

67 orfèvres dont 13 juges.

64 marchands de vins et poisson de mer dont 20 furent juges.

30 imprimeurs-libraires dont 10 juges.

6 fabricants de tissus (corporation créée seulement en 1776).

3 teinturiers dont 1 juge.

3 marchands de bois.

2 marchands de laine.

2 marchands de grains devenus tous deux juges.

Enfin 1 consul désigné comme banquier mais qui devait appartenir à quelque communauté, car les banquiers n'étaient pas considérés par eux-mêmes comme commerçants.

Beaucoup de juges ou de consuls parvenaient au siège après avoir passé déjà par des fonctions municipales.

L'administration de la Ville avait à sa tête, comme l'on sait, le prévôt des marchands, assisté de quatre échevins : ils étaient élus pour deux ans par les notables bourgeois réunis en corps de ville et étaient renouvelés chaque année par moitié. Auprès d'eux existaient les conseillers de ville, au nombre de trente, dont les fonctions, toujours mal définies, étaient simplement consultatives, bien que très recherchées. En troisième ordre venaient les quarteniers ou quartiniers, officiers de ville chargés de veiller sur un quartier et chefs de la garde bourgeoise qui maintenait l'ordre dans ce quartier.

Généralement, les marchands briguaient la robe consulaire après avoir été quarteniers ou conseillers de ville; ils devenaient échevins à leur sortie du consulat et rentraient plus tard comme juges avec le bénéfice de la haute fonction qu'ils avaient remplie. Il convient d'ajouter que beaucoup de consuls sont devenus échevins sans avoir été quarteniers ni conseillers, mais par la seule considération qu'ils s'étaient acquise au Cloître Saint-Merri (1). Un seul juge, Claude Marcel, orfèvre, fut prévôt des mar-

---

(1) Denière, *ouv. cité.*

chands en 1570 après avoir été deux fois échevin, puis garde général des monnaies, intendant des finances et receveur des décimes : comme son trisaïeul Étienne Marcel, en 1355, il joua un rôle important dans la politique et fut célèbre en son temps par ses boutades et sa familiarité avec le Roi et la Reine mère Catherine de Médicis. Paul Lacroix, dans l'*Histoire de l'orfèvrerie*, raconte qu'un jour, se trouvant au conseil, deux de ses collègues des finances se prirent à le railler devant le Roi, sur ce qu'il aurait eu la bouche malpropre : « Je ne sais si j'ai la bouche sale, répondit-il, mais du moins, j'ai les mains nettes. » Le Roi, se tournant vers l'un des railleurs, lui dit : « Cela s'adresse à vous, Chenaille. »

Mais si un seul juge devint prévôt, par contre 123 juges ou consuls furent échevins, conseillers ou quarteniers.

Leur présence au tribunal rehaussait vivement l'éclat de la compagnie. Les fonctions supérieures à la Ville emportaient en effet la noblesse depuis un édit rendu par Henri III en 1577, avec survivance pour les enfants nés ou à naître en légitime mariage. La coutume s'établit pour les anciens échevins, vers la fin du dix-septième siècle, de prendre le titre d'*écuyer*, équivalent du mot *noble*.

C'est pour cette raison que, dans les registres du

consulat, les juges et consuls qui ont passé par l'échevinage portent le titre de *noble homme* tandis que les autres sont simplement appelés *sire*, qualification qui se donnait indistinctement à tous les personnages chargés de fonctions « honorables ». On a pu remarquer cette distinction à propos de Denys Cochin dans le procès-verbal rapporté plus haut *in extenso*.

A la fin du dix-septième siècle, quelques consuls adjoignirent à leur qualité le titre de conseiller du Roi : cela prouve simplement qu'ils avaient assez d'argent pour acheter cette dénomination, dont le prix une fois payé exemptait de diverses charges.

Enfin, les juges et consuls étaient fort recherchés, à la fin de leur mandat, pour remplir d'importants postes honorifiques où la capacité et l'honorabilité étaient indispensables : administrateurs des revenus des pauvres, des hospices, directeurs même de l'Hôtel-Dieu ou de l'hôpital général, etc... Plusieurs furent directeurs de la compagnie des Indes.

D'autres, pris parmi les apothicaires, furent des savants distingués : sire Simon Boulduc, juge en 1707, personnage des plus notables, est ainsi qualifié dans les registres de la juridiction : « Apothicaire du corps de Son Altesse Royale Mme la duchesse d'Orléans, l'un des académiciens pensionnaires de l'Académie royale des Sciences, professeur royal en chimie pratique au Jardin royal des Plantes et marchand du corps de l'apothicairerie-épicerie de la ville de Paris ».

Ballin, consul en 1672, et en même temps directeur du balancier des médailles du cabinet du Roi, fondit pour le palais de Versailles des vases, des candélabres, des guéridons... dont les dessins nous ont été conservés par Launay. Le consul Alexis Loir grava les planches des tableaux de son frère Nicolas Loir, peintre du Roi et membre de l'Académie royale.

Un des consuls de l'année 1743, Pierre Le Roy, se signala dans les lettres en écrivant en tête de l'*Histoire de Paris*, par les bénédictins Félibien et Lobineau, une dissertation sur l'hôtel de ville de Paris, qui est un des meilleurs morceaux du genre et en publiant, en 1752, un *Historique du Corps de l'Orfèvrerie*.

Vitré, consul en 1664, émule des Estienne et directeur de l'imprimerie royale, enrichit cette institution de caractères nouveaux pour les langues orientales et consacra sa réputation par l'impression de la première Bible polyglotte, qui lui demanda dix-sept ans de travail. Il avait pour devise un hercule avec ces mots : *Virtus non territa monstris* (1).

Denis Thierry, Jean-Baptiste Coignard, Hérissant, de Saugrain et Le Prieur furent encore des impri-

---

(1) Voir Aug. BERNARD, *Vitré et les caractères orientaux de la Bible polyglotte de Paris*, 1857. (Bibl. nat.).

meurs de grand renom dont les éditions sont toujours recherchées par les bibliophiles.

La compagnie compta quatre Pocquelin, merciers, juges et consuls au dix-septième siècle, qui tenaient par parenté à ce tapissier du Roi dont le fils a immortalisé le nom de Molière. Robert Pocquelin fut juge en 1663.

Un drapier, consul en 1592, s'appelait Nicolas Gobelin. Sa famille avait créé au faubourg Saint-Marcel une teinturerie que racheta Louis XIV pour fonder la célèbre manufacture de tapis à laquelle il laissa le nom des Gobelins.

René La Haye, juge en 1649, était orfèvre du cardinal Mazarin. Guy Patin, dans une de ses lettres, dit « que c'est chez le bonhomme de la Haye, orfèvre, que se faict la vaisselle de bel argent destinée à l'ameublement du mariage de Mgr le duc de Mercœur ». Ce même Guy Patin eut un frère élu au consulat en 1650 : Claude Patin, marchand drapier *au bout du Pont Saint-Michel*.

Les années 1688 et 1756 virent les judicatures de Paul et Charles Brochant. Ils furent les ancêtres du célèbre minéralogiste Brochant dont une rue de Paris conserve la mémoire. Un de leurs descendants fut juge en 1808.

Quatre frères furent successivement juges et consuls en 1651, 1654, 1656 et 1663 : Nicolas, François, Raimond et Pierre Lescot; ils faisaient partie de la famille de bourgeois de Paris illustrée par Pierre Lescot, architecte de la façade du vieux Louvre, à gauche du pavillon de l'Horloge. Le premier était drapier au bout du Pont Notre-Dame, près Saint-Denis de la Chartre, le second également drapier rue des Lombards, le troisième orfèvre (voici comment il est désigné dans le procès-verbal d'élection du samedi 29 janvier 1656 : Noble homme Raimond Lescot, conseiller et ancien échevin de ceste ville de Paris, bourgeois de Paris, demeurant en l'Isle du Palais sur le quai qui regarde les Augustins), et le quatrième bonnetier rue Saint-Denis.

Enfin, les procès-verbaux nous ont conservé non seulement les noms et adresses des magistrats, mais aussi, parfois, les enseignes de leurs maisons de commerce. A titre documentaire et plaisant, rappelons-en quelques-unes :

Sire Jacques Planson, consul en 1659, était épicier rue de la Cossonnerie : *Au Griffon d'Or*.

Sire Jacques Barbier, juge en 1660, exerçait la même profession, rue Saint-Denis : *Au Petit Cerf*.

Sire Louis Pocquelin, un des quatre magistrats de la famille de Molière, consul en 1661, était mercier-grossier et joaillier, rue Quincampoix : *A la Perle des Indes*.

La même année, sire Antoine Musnier, marchand

de vins, avait le privilège de fournir la maison du Roi. Sur sa porte, rue Jean-Painmollet, on lisait : *Aux crûs de tous crus.*

En 1675, sire Jean Cossart, consul, tenait mercerie-grosserie et joaillerie, rue Saint-Denis, près la porte de Paris : *A l'Écu de France.*

Maître Denys Thierry, imprimait et vendait des livres, en 1676, rue Saint-Honoré : *Au Château de Vincennes.*

Sire Héron, juge en 1677, était drapier rue Saint-Honoré : *Au Château couronné.* Cette enseigne porta bonheur : son successeur, sire Louis Bignicourt, devint juge en 1693.

En même temps que lui était nommé consul sire Boyelleau, épicier rue des Lavandières. Il avait sur sa porte une peinture représentant trois femmes lavant une même serviette avec le rébus : *aux lave-en-tiers.*

Noble homme Charles Clérembault, juge en 1691, exerçait son commerce au coin de la rue Saint-Honoré et de la rue des Étuves, *au Pavillon des Singes*, curieux spécimen d'un art très ancien, ainsi nommé de ce que l'angle de la maison était formé d'un arbre en bois sculpté chargé de fruits que de nombreux singes cherchaient à atteindre (1).

(1) Cette vieille maison subsista jusqu'en 1802. (*Décade philosophique*, 10 nivôse an X).

En 1681, sire Jacques Raguienne, consul, exploitait le fonds de commerce de mercerie qu'il tenait de ses aïeux, rue Trousse-Vaches, petite rue ou ruelle allant de la rue Saint-Martin à la rue Trousse-Nonain (aujourd'hui rue Beaubourg). Les noms de ces rues où l'on troussait tant de choses démontrent suffisamment quelles pouvaient être les mœurs d'une grande partie des habitants et habitantes du lieu. Aussi maitre Raguienne avait-il à souffrir jour et nuit de mille vexations. Ayant fait un jour repeindre à neuf et bellement redorer et enjoliver son enseigne : *Au Saint-Jean-Baptiste*, quelle ne fut pas sa stupéfaction quand, le lendemain matin, il s'aperçut que sa belle peinture était remplacée par un affreux tableau représentant *un singe habillé d'une robe de batiste*. Maître Raguienne maudit incontinent la troupe d'estudiants et truands qui avait « bruyanté » toute la nuit dans sadite rue Trousse-Vaches. Le vieux chroniqueur qui conte le fait ne dit pas si Raguienne en profita pour émigrer vers des quartiers moins « chauds » *(sic)*.

Cette digression rétrospective nous a éloigné de notre sujet et surtout de notre époque. Mais elle n'était pas sans intérêt, car il est à retenir que la plupart des vieilles enseignes de Paris sous lesquelles les plus notables commerçants avaient leur pas de porte, subsistèrent même après la Révolution : de 1792 à 1800 on couvrit d'un barbouillage les mots de

Saint ou *Sainte* ou *Royal* qui y figuraient, comme on le faisait pour les voies publiques. Puis les choses reprirent petit à petit l'ancienne mode : le *Tigre royal*, enseigne du maître-pelletier, qui s'était mué en *Tigre national*, devint bientôt *Tigre impérial* pour reprendre plus tard sa vieille dénomination. La ribambelle des saints repeupla le calendrier et chacun d'eux se réinstalla à sa place sur les devantures, au grand profit des artistes peintres de lettres, braves gens plus férus, comme on sait, sur les fioritures et les fantaisies que sur l'orthographe.

Mais ce qui n'avait pas changé à la fin du dix-huitième siècle, c'étaient le logis et l'installation commerciale des marchands.

Il faut réellement un effort de l'esprit pour évoquer l'aspect de la boutique sur rue d'un des plus importants négociants du temps de Louis XV.

Il faut surtout repousser la vision de ces jolis magasins Pompadour dans lesquels nos dessinateurs font entrer les fines marquises sortant de leurs chaises à porteurs, appuyées sur la main d'un galant abbé.

Les maisons étaient alors fort étroites; la boutique se tassait comme elle pouvait en laissant bien juste place au long et sombre couloir qui, invariablement, régnait à gauche ou à droite. Nous voyons encore de nombreux exemples de cette disposition dans les très vieilles rues du centre de Paris. Mais la disposition seule est restée et la boutique, qui nous semble aujourd'hui un recoin ténébreux, a peut-être abrité, il y a cent cinquante ans, un mercier-grossier en relations d'affaires avec toute l'Europe.

Par une étrangeté qui nous échappe, alors que l'étroitesse des rues et l'ignorance des moyens d'éclairage faisaient de chaque magasin une sorte de caverne, il était d'usage de faire avancer, au-dessus des devantures, un auvent ou abat-jour généralement en plâtre recouvert de tuiles ou d'ardoises.

Peut-être avait-on la bonne intention de protéger un peu le passant contre la pluie et de l'encourager à jeter un coup d'œil sur les merveilles entassées derrière les petits carreaux verdâtres sertis de grosses moulures de bois?

Toujours est-il que, par ce moyen, on enlevait le peu de jour qui pouvait tamiser au travers des marchandises exposées. Ce résultat n'était pas apprécié par la clientèle, qui y voyait, il faut le dire, un moyen de dissimuler aisément les défauts de la marchandise.

On lit dans les *Tableaux de Paris*, chapitre CCCLXVII :

« Que des fripiers aient des ressources mensongères pour en imposer à la crédulité du passant, qui entre et se laisse tromper par un abat-jour inventé pour cacher les défauts de l'habit qu'il marchande, on doit s'y attendre. L'avilissement où est tombée cette race judaïque à raison de ses friponneries journalières, avertit assez l'acheteur pour qu'il ne soit pas dupe. Mais que des marchands, futurs échevins, sous prétexte d'avoir un jour « plus vrai » se servent de ces moyens trompeurs, qu'en penser et qu'en dire?

« Quoi ! *chez un juge-consul,* bientôt chevalier et membre de l'hôtel de ville, un abat-jour comme chez le fripier des Piliers des Halles! Non, cela ne durera point, j'en réponds. Je vois *l'ennobli en herbe* faire enlever de son magasin cette fenêtre perfide qui laissait entrer un faux jour trop favorable au débit de ses marchandises; il songe à la gloire de l'échevinage et laisse au quartenier obscur cette croisée insidieuse qui désormais ne déshonorera plus le quartier Saint-Honoré. »

Si nous pénétrons dans la boutique d'un drapier, quel est le spectacle, toujours d'après Mercier ? « Les magasins sont comblés; on ne sait où couche toute la maison. Les cloisons sont formées de marchandises qui montent jusqu'aux plafonds. Il faut de la chandelle pour y voir en plein midi et quand on veut vérifier la couleur d'un chiffon, on le porte à la croisée... »

Les marchands parisiens habitaient pour la presque totalité la maison où ils exploitaient leur commerce. L'entresol était destiné à cet usage. Dans beaucoup de vieilles demeures du quartier Saint-Martin, on voit encore le « judas » percé dans le carrelage de l'entresol, pour permettre de voir ce qui se passait dans la boutique.

Pendant de longs siècles, les plus riches négociants bornèrent leurs besoins à la jouissance de cet entresol. On y entrait par la cuisine dont les fumées tourbillonnaient dans l'escalier ouvert à tous les vents. Le logement se composait généralement de trois pièces carrelées, deux sur la rue et une en retour. La salle à manger est un luxe très moderne relativement. Nous avons vu, par les formes usitées lors des élections, que le nouveau consul devait tenir une collation à la disposition de ses collègues « dans la pièce où il les recevait ».

Vers le milieu du dix-huitième siècle, la mode étant venue des « folies » ou lieux de plaisance, la riche bourgeoisie en profita pour se donner un peu d'air et quelques notables marchands osèrent déroger aux coutumes en prenant logis hors de leur maison de commerce; on vit alors se peupler de maisons d'agrément : Montmartre, les Porcherons, le faubourg Saint-Honoré, Passy et Chaillot, le faubourg Saint-Jacques, le quartier Saint-Victor, le faubourg Saint-Antoine, Popincourt, Belleville et la Courtille...

Mais, nous le répétons, il fallut des siècles pour que le bourgeois de Paris se décidât à quitter sa rue Saint-Denis : né et élevé dans l'arrière-boutique paternelle, il ne concevait pas d'autre horizon, et lorsqu'il prenait à son tour l'aune ou la balance familiale, il ne lui venait même pas à l'idée qu'on pût être mieux ailleurs ou qu'on pût apporter des améliorations à l'état de choses existant. Il attachait d'ailleurs au *confortable* beaucoup moins d'importance qu'on ne fait maintenant : ce qui n'était pas dans les usages ne lui apparaissait point comme utile ni nécessaire et il ne changeait pas son genre d'existence parce que sa situation prospérait ou parce qu'il acquérait des honneurs ou des fonctions. Bourgeois il était, bourgeois il restait : dès qu'il cherchait d'ailleurs à sortir de son rang, — à l'exception bien entendu de quelques hommes de premier ordre, — il s'attirait les satires des uns et les moqueries hautaines des autres. M. Jourdain ne faisait pas école.

Nous possédons une amusante raillerie des mœurs casanières des bourgeois de Paris dans le *Voyage de Paris à Saint-Cloud par terre et par mer* écrit par Néel en 1748.

Quatre-vingt-dix ans devaient s'écouler avant qu'ils pussent faire le voyage en chemin de fer...

Voici quelle était, en l'année 1774, date de l'avènement de Louis XVI, la composition de la compagnie entière des juges et consuls de Paris :

Composition de la compagnie sous le règne de Louis XVI

I. *Anciens juges existants au 1er janvier 1774 :*

BELLOT, Pierre, bonneterie, 1757. (Date de la judicature.)
BRALLET, Jean-François, draperie, 1768.
BRIASSON, Antoine-Claude, imprimerie, 1765.
BROCHANT, Charles, draperie, 1756.
COCHIN, Claude-Denys, draperie, 1760.
DARLU, Pierre-Julie, draperie, 1764.
DE LENS, Jean-Baptiste, orfèvrerie (Doyen), 1750.
DEVARENNE, Pierre, mercerie, 1772.
FLORÉE, Pierre-Thomas, pelleterie, 1763.
JUDDE, Claude-Robert, mercerie, 1758.
LE BRETON, librairie, 1770, 1771.
LE SOUR, Jacques-Étienne, bonneterie, 1752.
MAGIMEL, Philippe-Antoine, orfèvrerie, 1767.
POLLISSARD, Jacques, marchand de vin, 1759.
VIGNON, père, marchand de vin, 1753-1754.

II. *Anciens consuls existants au 1er janvier 1774* (1) :

ABRAHAM, Charles, draperie, 1753-1754.
ARSON, Remy, pelleterie, 1759.
AUTRAN, orfèvrerie, 1766.
BAROCHE, père, vins, 1772.
BAYARD, François, draperie, 1767.

(1) Il peut y avoir quelques lacunes dans cette liste par suite de la difficulté de trouver trace de certains décès.

Benoist, Louis, draperie, 1763.
Boisseau, librairie, 1768.
Boivin, draperie, 1765.
Bougier, orfèvrerie, 1773.
Boullenger, père, bonneterie, 1748.
Boullenger, fils, libraire, 1773.
Brugnon, Charles-Sébastien, pelleterie, 1762.

Cessac, Claude-François, apothicaire, 1759.
Chachignon, Michel-Éléonor, apothicaire, 1755.
Chrestien, Jean, draperie, 1749.

Daudin, François, bonneterie, 1760.
De Bierne, Jean-Laurent, pelleterie, 1749.
De Bussy, Jacob, bonneterie, 1763.
Dehaynault, Nicolas, orfèvrerie, 1764.
Delamotte, mercerie, 1769.
Delapierre, Michel, orfèvrerie, 1769.
De Lavoiepierre, père, épicerie, 1764.
Demoret, épicerie, 1769.
De Nully, Jean-Jacques, imprimerie, 1755.
De Saint-Julien, Armand, orfèvrerie (Doyen), 1747.
Devin, Jacques-René, draperie, 1758.
Dutremblay, épicerie, 1767.

Ferry, Jacques, épicerie, 1758.

Ganeau, Louis-Étienne, librairie, 1761.
Gautier, bonneterie, 1772.
Gogois, vins, 1765.
Gourdin-Delorme, orfèvrerie, 1772.
Guérin, Pierre, draperie, 1760.
Guichon, Jacques, mercerie, 1762.
Guymonneau, Louis, épicerie, 1751.

Havart, draperie, 1766.
Hudde, Louis, draperie, 1765.

Jarry, Richard, orfèvrerie, 1752.
Julien, Adrien, mercerie, 1766.

Le Bel, Pierre, apothicaire, 1763.
Le Mercier, Pierre-Gilles, librairie, 1750.
Leroy, Jean-Pierre, orfèvrerie, 1749.
Louvet-Devilliers, Louis, orfèvrerie, 1756.

Martine, mercerie, 1773.
Michelet, Claude, mercerie, 1768.
Millot, Pierre, bonneterie, 1770-1771.
Musnier, Jacques-Claude, draperie, 1750.

Nau, fils, bonneterie, 1767.

Odiot, Jean-Baptiste-Gaspard, orfèvre, 1761.

Petit, Louis-Charlemagne, épicerie, 1753-1754.
Pia, Claude, apothicaire, 1750.
Picéard, Jean, mercerie, 1761.

Quatremère, père, draperie 1757.
Quatremère, fils, draperie, 1770-1771.

Rousseau, Louis, bonneterie, 1758.
Rousselot, Jean-Baptiste, mercerie, 1751.

Stocart, Jean, mercerie, 1748.

Vaudichon, pelleterie, 1764.
Vieillard, Clément, épicerie, 1762.

III. *Liste du consulat sous le règne de Louis XVI (1774-1791) :*

1774. VANQUETIN, vins.
Jard, épicerie. — Incelin, Balthazar, mercerie. — Léger, pelleterie.

1775. RICHARD, apothicaire.
Bellot, pelleterie. — Barré, mercerie. — Gondoin, draperie. — Gros, vins.

1776. NOEL, Antoine, pelleterie.
Demoret Louis, draperie. — Pochet, épicerie. — Le Prieur, Pierre-Alexandre, imprimerie. — Spire, orfèvrerie.

1777. COTTIN, épicerie et apothicairerie.
Bourgeois, pelleteries. — Chrétien des Ruflais, draperie. — Breton, orfèvrerie. — Lorin, épicerie.

1778. DE LA MOTTE, mercerie.
Laurent de Mésière, vins. — Cahours, bonneterie. — Delavoiepierre fils, apothicairerie. — Santilly, étoffes.

1779. SAILLANT, librairie et imprimerie.
Gibert, draperie. — Chastelain, pelleterie-chapellerie. — Debourge, Antoine-Marie, épicerie. — Morel, orfèvrerie.

1780. GUYOT, Jean-Baptiste, pelleterie.
Estienne, imprimeur. — Morice, draperie. — Séjourné, épicerie. — Vée, vins.

1781. BILLARD, bonneterie.
Boucher, mercerie. — Chenet, orfèvrerie. — Leconte, Pierre-Louis, épicerie. — Hélie, étoffes.

1782. DE SAINCT-JEAN, draperie.
Jobert, vins. — Lottin, aîné, imprimerie. — Morlet, bonneterie. — Pluvinel, le père, épicerie.

1783. LAURENT DE MÉZIÈRE, vins.
Hibon, draperie. — Grouvelle, orfèvrerie. — Petit, épicerie. — Rousseau, pelleterie.

1784. LECLERC, bonneterie.
  Poirier, mercerie. — Douay, étoffes. — Prévost, épicerie. — Onfroy, pelleterie.

1785. SPIRE, orfèvrerie.
  Grugnelu, draperie. — d'Houry, librairie. — Amblard, pelleterie. — Vignon, le fils, vins (1).

1786. SÉJOURNÉ, épicerie et apothicairerie.
  Sageret, orfèvrerie. — Boullenger, draperie. — Boullenger, pelleterie. — Chateau, étoffes.

1787. GIBERT, draperie.
  Baroche, fils, vins. — Testard, épicerie. — Dumelle, orfèvrerie. — Knapen, imprimerie-librairie.

1788. VÉE, vins.
  Caron, draperie. — Renouard le jeune, étoffes. — Gillet l'aîné, épicerie. — Charier, bonneterie.

1789. ESTIENNE, imprimeur.
  Servé, vins. — Lecamus, draperie. — Magimel, orfèvrerie. — Maillard, pelleterie-bonneterie.

1790. LECOMTE, épicerie-apothicairerie.
  Robert, draperie. — Leclerc, imprimerie. — Janin, pelleterie. — Renouard, l'aîné, étoffes.

1791. Mêmes juge et consuls qu'en 1790.

La Compagnie comprenait une moyenne annuelle de quatre-vingts personnes y compris les magistrats en exercice.

A aucune époque, elle ne compta autant d'hommes de valeur qu'à la fin du dix-huitième siècle et il suffit de jeter un coup d'œil sur les listes qui précèdent

(1) Le futur président du tribunal de commerce.

pour s'en convaincre. Presque à chaque ligne, l'attention est retenue par un nom familier à nos oreilles, soit par sa propre illustration, soit par sa descendance qui s'est perpétuée parmi nous.

Et cependant, M. Denière dit avec raison qu'on ne doit pas s'étonner si la grande notoriété dont jouissaient de leur temps la plupart des juges et consuls ne s'est pas transmise jusqu'à nous. La postérité conserve seulement le souvenir des hommes qui ont été mêlés aux événements politiques ou qui ont attaché leur nom à des œuvres individuelles. Or, avant 1789, les commerçants avaient rarement l'occasion de prendre part aux affaires publiques, et les anciens juges et consuls pouvaient tout au plus, en leur qualité d'échevins, se trouver en passe de jouer quelques rôles dans les troubles qui agitaient, à certains moments, la cour et la ville. C'est pourquoi l'historien, tout en recueillant de lointains échos des illustrations du consulat de Paris, arrive avec la plus grande peine à faire surgir de l'ombre quelques figures de premier plan.

Le nombre des familles bourgeoises qui ont conservé des archives est extrêmement restreint. Encore, parfois, ces archives sont-elles insignifiantes ou inexactes.

Dans son désir de se documenter aux meilleures sources possibles, l'auteur de ces lignes a frappé à la porte d'un certain nombre de descendants irréfutables des juges ou consuls du siècle dernier. S'il a eu une fois ou deux le plaisir d'avoir sous les yeux des dossiers d'un rare intérêt, il lui est arrivé souvent d'évoquer devant d'aimables vivants le nom d'un ancêtre à la quatrième génération (deuxième arrière-grand-père) parfaitement inconnu de ses descendants et digne cependant d'un meilleur sort.

Voici l'état des membres de la Compagnie qui occupèrent des fonctions à la Ville à la fin du dix-huitième siècle et figurent dans les listes rapportées plus haut :

NOMS	PROFESSION	CONSUL	JUGE	ÉCHEVIN	CONSEILLER DU ROI
Darlu, Pierre-Julie....	Mercier	1750	1764	1757	
Cochin, Claude-Denys..	Drapier	1752	1760	1748	
Brallet, Jean-François.	Mercier	1755	1768	1757	1739
Balthazar, Incelin.....	Mercier	1774		1778	d°
Pochet, André.........	Epicier	1776		1779	
Delavoiepierre, Denis.	d°	1778		1785	d°
Chéret, J.-B.-François.	Orfèvre	1781			Quartenier 1777
Pluvinet, J.-Charles...	Epicier	1782			1780
Sageret, Claude-Barnabé...............	Orfèvre	1786		1787	
Guyot, J.-B...........	Pelleterie	1770	1780	1788	
Magimel, Ant.-Ed.....	d°	1789		1781	

Nous n'avons pas fait suivre chaque nom de l'épithète « écuyer », mais on sait déjà que c'était le titre de noblesse des fonctions à la Ville.

Parmi tous les membres de la compagnie dont la liste vient de passer sous les yeux, il y aurait matière à d'intéressantes biographies, certainement.

Odiot, J.-B.-Gaspard, orfèvre, fondateur de la

célèbre maison que son fils Jean-Baptiste-Claude devait illustrer autant comme orfèvre que comme patriote (1). Cette maison, dit M. Bachelet, a relevé, après la Révolution, l'art de l'orfèvrerie qui semblait avoir perdu la tradition des Ballin (plus haut nommé), des Launay et des Germain. Les œuvres qui sortirent de ses ateliers se distinguent par la pureté et l'élégance de leurs formes, le savant ajustage des pièces et le fini du travail. On sait qu'Odiot faisait en bronze, et de grandeur d'exécution, les modèles de ses œuvres les plus remarquables et qu'il a donné cette collection au musée du Luxembourg.

Estienne, imprimeur, rejeton de la famille des Estienne, qui, de noble origine, ne craignit pas de déroger et s'acquit un renom immortel par les services qu'elle a rendus aux lettres, pendant quatre siècles. C'est aux Estienne que nous devons les impressions primitives des auteurs grecs et latins.

Claude-Denys Cochin, drapier-mercier au faubourg Saint-Jacques, à l'enseigne de la *Grande Porte Saint-Jacques*. Si l'illustration pouvait venir seulement de l'honorabilité et des services rendus, aucune famille ne serait plus notoire que celle de Claude-Denys Cochin. Ses membres figurent parmi les plus

---

(1) Lieutenant de grenadiers à Jemmapes. En 1814 l'un des chefs de la garde nationale qui combattirent à la barrière de Clichy sous les ordres du maréchal Moncey.

vieux bourgeois de Paris, dont ils sont tous originaires et les titres authentiques relatés dans l'*Histoire de la Ville de Paris*, par Félibien (en collaboration avec Lobineau : 1713), mentionnent un Cochin, échevin de Paris sous saint Louis, en 1268. Depuis lors la lignée traversa le cours des siècles sans cesser de prendre une part active aux affaires publiques de la ville de Paris et d'occuper des fonctions pour lesquelles il fallait, rigoureusement, être d'origine parisienne et de réputation sans tache. Claude-Denys Cochin mourut en 1786, à l'âge de quatre-vingt-huit ans, comblé de tous les honneurs réservés à la bourgeoisie et dont il était grandement digne. Parmi les titres énumérés sur la lettre de faire-part de son décès, on relève : « Doyen des anciens juge-consuls, doyen des anciens échevins de Paris, doyen des grands messagers jurés de l'Université, doyen des quarante porteurs de la châsse de sainte Geneviève, doyen des commissaires des pauvres, doyen des marguilliers de la paroisse Saint-Benoît, etc... (1). »

Cet homme de bien était en même temps un homme simple, qui se plaisait au milieu des fleurs et des plantes. Piganiol de la Force (tome IX), parlant du village de Châtillon, cite la maison de Cochin. « Elle

---

(1) Il avait épousé Anne-Gabrielle Levé, fille de Joseph Levé, consul en 1747, également échevin de Paris et ancien associé de Cochin dans son commerce de draperie du faubourg Saint-Jacques. (Voir la facture copiée plus haut.)

n'a rien de remarquable pour les bâtiments ; les jardins sont très propres et bien tenus : en entrant dans le second, on voit sur la gauche une très belle perspective qui forme une illusion charmante ; sur la droite est une *botanie* très ample, que le propriétaire, qui est amateur distingué, a soin d'entretenir de tout ce qu'il y a de plus curieux en arbustes étrangers, en plantes et en fleurs qu'il conserve en toutes saisons, au moyen de plusieurs serres chaudes et de toutes les précautions qu'il croit nécessaires pour satisfaire son goût. Tous les honnêtes gens y sont reçus avec ces manières polies et aimables qui caractérisent un citoyen bienfaisant qui ne cherche qu'à obliger. »

Dans la compagnie des juge-consuls, Cochin jouissait de la plus haute considération et ses avis étaient continuellement sollicités. Le corps entier du consulat assista à ses obsèques et sire Séjourné, juge, prononça un discours des plus apologétiques (1).

---

(1) L'un des fils de Claude-Denys Cochin fut Jacques-Denys Cochin, curé de Saint-Jacques du Haut-Pas, qui fonda de ses deniers l'hôpital Cochin, en 1780, et lui légua sa fortune.

La famille Cochin a continué les traditions ancestrales. Le second fils du juge fut payeur des rentes de l'Hôtel de Ville et administrateur des hôpitaux. Jacques-Denys Cochin fut maire et député du XII° arrondissement de Paris (1757-1837). Jean-Denys-Marie Cochin, maire, député et conseiller municipal de Paris, avocat au conseil d'État et à la Cour de cassation, juriste éminent (1789-1841). Pierre-Suzanne-Augustin Cochin, maire du X° arrondissement de Paris, membre de l'Institut, préfet de Seine-et-Oise (1823-1872). Enfin, de nos jours, les arrière-petits-fils du consul de 1752 sont l'un, M. Denys Cochin, député de Paris pour le quartier de la Madeleine, ancien

Citons encore les noms de : Vanquetin, Richard de La Motte, Laurent de Mézière, Billard, Le Bel, de Bussy, Quatremère (de la famille dont sont issus les littérateurs Quatremère de Quincy, Quatremère de Roissy, etc...), Baroche, grand-père du ministre du second Empire, le libraire Leclerc, que nous retrouverons plus loin, député à l'Assemblée constituante, puis juge au tribunal de commerce à l'installation et enfin, celui dont le nom ne peut être cité sans éveiller un souvenir de gratitude chez tous les marchands de Paris : Pierre Vignon, négociant en vins à Paris, dont le père avait lui-même été juge en 1753.

Né à Neuilly, le 10 novembre 1736, il succéda à son père vers 1775 et fut nommé consul en 1785, sous la judicature de sire Spire. Vignon ne cessa jamais de prendre une part active aux actes du consulat, pour lequel il professait le plus grand attachement. Lorsque survinrent les événements politiques de 1789, il fut nommé député de Paris à l'Assemblée nationale, dans les conditions qui seront rapportées plus loin, à la partie historique du présent ouvrage. Mais Vignon délaissa bien vite la politique pour se consacrer au tribunal de commerce de Paris à la fon-

conseiller municipal, l'un des hommes les plus affables et les meilleurs dont puissent s'honorer les bourgeois de Paris, le second M. Henry Cochin, député du Nord, et le troisième M. Pierre Cochin, colonel de cavalerie.

dation duquel il prit une grande part. Nommé président de ce tribunal à l'installation, en 1792, puis renommé en 1798, il exerça ensuite ces hautes fonctions sans interruption jusqu'en 1811. Il avait alors soixante-quinze ans. Napoléon récompensa son dévouement en lui donnant le titre de chevalier, qu'il porta toujours ensuite. Il était de plus officier de la Légion d'honneur. Rallié aux Bourbons après la Restauration, il se vit, en 1819, l'objet d'un hommage unique en son genre dans les annales des tribunaux de commerce : avec l'approbation du Roi, les notables commerçants de Paris, sur la proposition du tribunal, nommèrent Vignon président honoraire à vie, avec voix délibérative. Depuis lors, jusqu'au 7 février 1823, date de sa mort, il figura sur les tableaux de la juridiction, immédiatement après le président en exercice. Un trait de sa vie à noter : il mourut en 1823 dans la maison où son père exerçait son commerce et où il lui avait succédé : rue de Grenelle-Saint-Germain, n°ˢ 20 et 22. Le seul changement qui se soit produit, c'est que, de 1793 à 1805, la maison porta le n° 1175. On sait qu'on avait adopté alors l'étrange système de numéroter les maisons par quartier ou section. On partait d'un point quelconque de la section (un monument par exemple) et on suivait le numérotage en développant les rues, pour ainsi dire, jusqu'à ce qu'on soit revenu au point de départ.

La Révolution n'a point supprimé l'institution des juges consulaires : elle en a seulement modifié la forme.

Le Tribunal de commerce de Paris, héritier direct et immédiat des juges et consuls, peut donc s'enorgueillir de ses ancêtres.

L'empreinte qu'ils ont laissée a été telle qu'aujourd'hui encore le Tribunal de commerce de la Seine observe avec respect les règles de dignité et de discipline volontaire qu'ils ont établies. Il n'existe plus de compagnie des anciens juges, mais l'esprit de cohésion n'a pas cessé de se manifester entre les magistrats en exercice et ceux qui les ont précédés. L'ancien juge n'est jamais un étranger dans la maison et s'il éprouve toujours un vif plaisir à revoir les locaux où se sont écoulées de belles années pour lui, ce plaisir est avivé par la cordialité de l'accueil qu'on ne manque point de lui réserver.

Les juges consulaires en exercice ne sont pas des fonctionnaires publics et par suite ne sauraient être assujettis à des règlements autres que ceux nécessités par la bonne administration de la justice. Importants négociants pour la plupart, habitués à commander et à diriger les hommes et les affaires, souvent sans contrôle, toujours avec indépendance, on pourrait croire qu'ils se soumettent difficilement aux exigences des fonctions électives qu'ils ont acceptées. Il n'en est rien cependant et nulle part les règles de hiérarchie et de discipline volontaire (nous le répétons) ne sont observées avec autant de soin et d'empressement. Certes la courtoisie et le bon ton y sont pour beaucoup ; mais il faut savoir quelle somme de travail personnel et matériel est demandée aux nouveaux juges pour apprécier à sa valeur l'abnégation dont ils font preuve. Quelles que soient les idées avec lesquelles ils entrent au tribunal, et l'on peut dire qu'elles sont généralement inexactes, quels que soient les premiers étonnements devant les obligations journalières, l'affection pour l'œuvre accomplie vient vite et vite également s'oublient les petites difficultés des premiers jours.

C'est que le travail est partagé ; que nul ne se repose sur son voisin ni ne songe à se décharger sur lui ; c'est que le plus ancien tend toujours une main secourable au nouveau, n'oubliant pas la leçon inscrite dans les armes de la juridiction.

Alors se forment naturellement, entre ces hommes que ne guide aucune préoccupation d'avancement ni de salaire, des sentiments de bonne confraternité d'abord, de réelle amitié ensuite, et bientôt.

Ce n'est pas parce qu'un règlement l'y oblige que le nouveau juge observe avec soin ces formes de hiérarchie et de respect que remarquent tous ceux qui connaissent le Tribunal de commerce de la Seine ;

c'est parce qu'il sent de lui-même la force et la dignité que la juridiction en retire. C'est aussi parce qu'il s'aperçoit bien vite que malgré tout, son indépendance et sa liberté de discusssion n'ont point à en souffrir.

Consulté le premier lors de toute délibération, il n'a pas à subir d'influences prédominantes ; et si son opinion ne prévaut pas, il apprendra, grâce aux conseils de ses anciens, comment et pourquoi il a pu se tromper.

Nous avons écrit déjà qu'il était de règle absolue au Tribunal de commerce de la Seine, pour chaque juge, ancien ou nouveau, de rédiger lui-même ses jugements, non point par de simples notes, mais *in extenso*. C'est une des grandes difficultés pour les débutants. Mais c'est aussi une excellente méthode de travail, propre à former complètement leur esprit et à leur assurer la possession de leur pleine indépendance de jugement.

Le temps passe vite pour les juges : la première année, la plus ardue, s'écoule au milieu d'un bourdonnement auquel les oreilles se font petit à petit. A la fin de la seconde, l'apprentissage est à peu près complet et l'on peut rechercher le perfectionnement. Arrive pour le suppléant le moment de passer à la judicature. Il commence alors à connaître les responsabilités personnelles ; il franchit un beau jour le pas émotionnant de la présidence d'une audience publique. Le cœur bat un peu. Ne va-t-on point se tromper? Comment va-t-on parler dans cette enceinte où le président est le maître? Trop haut? Trop bas? Que de soucis!... Tout se passe à merveille...

Il ne reste plus qu'à laisser fuir les années et elles marchent rapidement.

Mais la loi inexorable rappelle au juge consulaire qu'il n'est pas inamovible. Quatre ans de judicature se sont écoulés : il faut laisser la place aux jeunes, et c'est justice (1).

La pauvre robe, bien râpée et lustrée par ses sept ou huit ans de service, est donc mise de côté, avec l'espoir toutefois pour son propriétaire de revenir l'user tout à fait.

Et le magistrat d'hier redevient un simple justiciable, tout surpris d'avoir maintenant tant d'heures de la journée et du soir à dépenser...

Alors, il prend sa plume encore humide et, l'esprit rempli des gestes du monde qu'il vient de quitter, il est heureux, s'il le peut, de penser encore à lui, et de lui dédier un tout petit monument de souvenir et de gratitude... C'est du moins ce que cherche à faire ici l'auteur de ces lignes.

(1) Ces lignes ont été écrites avant la loi du 17 juillet 1908 qui permet maintenant six ans de judicature.

CHAPITRE V

LE PERSONNEL

Le greffe et les greffiers. — Troubles de possession. — Augmentation des frais. — Luttes avec le fisc. — La famille Verrier. — Le terrible Chauvin. — Thérèsse et Thomas. — Simplification du style juridique. — Boutard. — Les clercs d'audience. — Le seigneur de Saint-Fargeau. — Les agréés. — Transmission des charges. — Règlement. — Le clerc aux présentations. — L'archiviste. — Le suisse et le concierge.

Michel de l'Hôpital, en créant la juridiction consulaire en 1563, avait permis aux juge et consuls de choisir et nommer « pour leur scribe et greffier telle personne d'expérience qu'ils aviseraient; lequel ferait toutes expéditions en bon papier sans user de parchemin (par raison d'économie) ».

Il avait aussi prudemment songé à l'intérêt des justiciables et fait défense au greffier de prendre « pour ses salaires et vacations autre chose qu'un sol tournois par feuillet à peine de punition corporelle, dont répondaient les juge et consuls en leurs propres noms en cas de dissimulation et de connivence ».

Mais il avait compté sans les besoins du Trésor

royal. Dès 1571, les juge-consuls furent dépossédés de la propriété de leur greffe que l'on réunit au domaine, tandis que la charge de greffier, érigée en office, fut vendue au prix de 3 360 écus.

Comme le droit d'un sol était insuffisant pour dédommager le greffier de l'avance d'une somme aussi forte, le Roi modifia de son autorité les sages dispositions de l'Hôpital et accorda au greffier : un sol pour la présentation de chaque exploit, 2 sols pour chaque feuillet de papier et 10 sols par jugement.

L'augmentation était considérable et fit naître les plus vives protestations de la part du consulat. On n'en tint aucun compte en haut lieu et au contraire, le système de la mise en adjudication ayant été pratiqué en 1594, le fisc ne trouva rien de mieux, pour allécher les amateurs, que d'ajouter des droits nouveaux à percevoir par le greffier, afin de faire monter les enchères.

Ce n'était pas assez. Nous avons déjà dit que lorsque les finances royales furent appauvries, on décida une revente des greffes, sur des bases nouvelles, c'est-à-dire en augmentant encore le chiffre des droits à percevoir.

Puis, à côté du greffe, et toujours dans le but de tirer le plus d'argent possible de l'escarcelle des justiciables, le Roi créa successivement auprès du consulat des charges absolument inutiles de : garde-scel, contrôleur des taxes des dépens, garde et dépositaire des archives, etc...

On était bien loin, comme on voit, des pensées d'économie du bon chancelier de Charles IX.

Nous avons rappelé, en un précédent chapitre, quels efforts les juges et consuls firent pour débarrasser la juridiction de cette masse de parasites et les luttes extraordinaires qu'ils durent engager pour y parvenir. Il fallut racheter à beaux et nombreux deniers chacunes des charges existantes et de plus payer au Trésor des droits de rachat considérables.

En 1711, enfin, il ne resta plus debout que le greffe, rentré définitivement en la possession des juge-consuls, avec droit d'en disposer à leur volonté.

Certes le premier acte de la Compagnie fut de réduire les frais au minimum pour les justiciables : elle s'y employa en portant son attention jusqu'aux plus petits détails.

Cependant il est certain que, malgré toute leur autorité, malgré même le désintéressement des greffiers qui acceptèrent le maximum de diminution dans leurs droits, les juge-consuls ne purent jamais dégrever, autant qu'ils l'eussent voulu, les justiciables des frais beaucoup trop considérables qu'ils supportaient. Aussitôt qu'une réduction s'opérait par les soins du consulat, de nouvelles taxes étaient frappées par le

Roi et détruisaient l'œuvre entreprise avec tant de persévérance. Il n'est pas exagéré de dire que pendant le dix-huitième siècle, cinq années ne s'écoulèrent pas sans que de nouvelles impositions fussent créées sur les litiges commerciaux. Le découragement finit par gagner les magistrats devant l'inutilité de leurs efforts et de leurs protestations. Tandis que leurs délibérations de 1710 à 1725 relatent minutieusement le détail de ces luttes, celles qui suivent, jusqu'en 1789, se bornent à enregistrer les faits sans commentaires. A peine trouve-t-on trace de quelques difficultés avec le fermier général du Roi lorsque ce personnage, nouvellement institué, voulut élever des prétentions tout à fait exorbitantes.

Bref, en 1780, l'on voit par les tableaux mêmes apposés dans la salle d'audience et dont les originaux ont été conservés, qu'un procès des plus simples, suivi jusqu'au bout, c'est-à-dire jusqu'au moment où la grosse du jugement était remise par le greffier à l'huissier chargé de l'exécution, entraînait une dépense totale supérieure à 20 livres.... environ 50 francs de notre époque!

Bien entendu, il ne s'agit que des dépens proprement dits, auxquels le justiciable devait ajouter les pouvoirs, les honoraires d'agréé s'il y avait lieu, les frais d'exécution, etc...

On comprend combien les juge-consuls devaient

souffrir d'une semblable situation : ils n'en avaient point la responsabilité, car la partie des droits prélevée par la juridiction se montait à peine au tiers des dépens.

D'ailleurs, les effets des exigences fiscales se firent sentir durement à plusieurs reprises par une diminution extraordinaire du nombre des litiges soumis au tribunal : les marchands préféraient passer les mauvais comptes par profits et pertes plutôt que d'assigner leurs débiteurs devant les juge-consuls.

En 1693, les délibérations constatent « qu'au lieu de quatre à cinq cents causes qu'il y avait auparavant par audience, il s'était trouvé peu de jours qui eussent été jusqu'à deux cent cinquante et beaucoup qui n'étaient pas allés jusqu'à deux cents. »

Mêmes situations en 1712, en 1718 et en 1742 (1).

Cette pénurie d'affaires causait au greffier un tel tort que la juridiction dut voter en sa faveur « par gratification », 400, 500 et jusqu'à 800 livres de dégrèvement sur ses baux annuels.

Les juge-consuls eurent non seulement toutes les peines du monde à jouir paisiblement de la propriété de leur greffe, mais ils eurent encore à subir des pressions auxquelles ils ne purent échapper pour le choix du titulaire. Pendant trois générations, de

---

(1) Voir le *Praticien consulaire*, 1 vol. in-4°, sans nom d'auteur. Saugrain, imprimeur, 1742. (Bibl. nat.).

1637 à 1736, le greffe fut « baillé » à la famille Verrier, qui justifia toujours la haute considération dont elle fut l'objet. A la mort de Jean Verrier, le 17 juillet 1736, les consuls se disposaient à céder le greffe à un membre de sa famille à défaut de fils, lorsque le premier président du Parlement, qui s'intéressait à la personne du sieur Chauvin, avocat au Parlement et greffier de la Chambre du domaine et trésor du Palais, leur « donna ordre de se transporter en son hôtel et leur dit de ne rien faire *jusqu'à ce qu'il les eût honorés d'une réponse*, le sujet qui avait fait sa soumission (Chauvin) étant une personne de mérite et dont il s'était fait informer ».

Certes la compagnie pouvait user de son droit et passer outre : mais le premier président de la Cour était un très haut et très puissant seigneur dont il n'était pas bon de s'attirer l'inimitié. La juridiction céda donc, pour son plus grand malheur, car on va voir quel homme était Chauvin et par quelles tribulations il fit passer ses maîtres : ces faits sont d'ailleurs contemporains de l'époque qui nous occupe.

Installé en 1736, Chauvin se tint à peu près coi jusqu'en 1742. A ce moment il souleva une première difficulté basée sur ce qu'un arrêt du Parlement lui ayant enlevé en 1736 la jouissance des émoluments de trois clercs d'audience au profit des héritiers Verrier, il réclamait du siège une indemnité proportionnée à la perte qu'il prétendait avoir subie. Comme il oubliait de dire qu'on lui avait déjà accordé en remplacement un droit de réassignation, ses prétentions furent repoussées.

Il ne se tint pas pour battu et, à force d'intrigues, il parvint à arracher au consulat une délibération lui accordant une indemnité de 16 000 livres et le renouvellement de son bail à partir du 1er février 1748 : il accepta, remercia chaudement même la Compagnie et apposa sa signature au bas de la délibération, au-dessous de celle de sire Ballard, juge.

La confiance que les juge-consuls avaient en leur greffier était telle qu'on le laissait dépositaire du livre des délibérations.

Cependant, lorsqu'en 1748 on voulut se rapporter à la délibération susdite pour étudier les conditions promises, on fut étonné de voir que Chauvin avait écrit au-dessus de sa signature, dans l'intervalle qui la séparait de celle du juge, les mots *comme contraint et forcé*.

Les juge-consuls entrèrent en grande colère et menacèrent Chauvin de révocation immédiate comme ayant abusé de leur confiance. Mais leur bonhomie céda devant ses excuses et ils se bornèrent à exiger de lui un désistement écrit de la protestation et de tout ce qu'elle pouvait contenir.

Chauvin conserva donc son greffe jusqu'en 1758,

époque à laquelle il annonça son intention de se retirer. Il est à croire que la Compagnie n'avait pas eu à se louer de lui, car elle le prit au mot avec satisfaction et s'empressa d'accepter les propositions des sieurs Théresse et Thomas, qui furent agréés comme greffiers à partir du 1ᵉʳ février 1760 et dont il sera reparlé.

Le consulat se croyait enfin débarrassé du terrible Chauvin, sa bête noire, lorsque chaque membre de la Compagnie reçut sous enveloppe un long mémoire imprimé, signé Chauvin et daté du 29 janvier 1760.

Sire Claude-Denys Cochin, juge, s'adressant à la compagnie assemblée en hâte par ses soins, lui dit : « que la lecture de ce mémoire ne pouvait en donner d'autre idée que celle d'un libelle diffamatoire ; que l'auteur y parlait des premiers magistrats du Parlement avec une indécence répréhensible ; que le corps du consulat y était traité avec indignité. Qu'il était représenté comme ayant agi avec le sieur Chauvin de la manière la plus dure et la plus tyrannique et taxé de l'avoir contraint de signer des actes ruineux, etc... »

Et à cette occasion sire Cochin raconta l'anecdote de l'intercalation des mots *comme contraint et forcé*.

« L'on en doit conclure, ajouta-t-il, que dès lors il avait dessein de se ménager un recours contre des actes qu'il a lui-même sollicités, et cela montre qu'il n'a ni capacité ni droiture... »

Le procès-verbal rapporte que l'étonnement et l'indignation provoqués par la lecture de ce mémoire duraient encore et l'on songeait au moyen de tirer réparation d'une pareille insulte, lorsque sire Cochin informa Messieurs du siège qu'il venait de recevoir par la poste une lettre en date du 4 mars 1760, écrite et signée du sieur Chauvin, contenant le désaveu formel de son libelle avec ses très-humbles excuses, le tout terminé par ce post-scriptum : *Humanum est errare, criminosum perseverare.* (Sic).

La Compagnie entra néanmoins en délibération pour juger si elle devait recourir à des voies sévères. Mais elle opta pour la clémence en raison des vingt-quatre années de services de Chauvin et il lui fut pardonné. Toutefois on décida, le 20 mars 1760, que son libelle serait paraphé par les juge-consuls en exercice sur toutes les feuilles et signé par eux « ne varietur » puis déposé en un paquet scellé chez le notaire de la juridiction, Me Jourdain, rue de la Verrerie.

Ce fut la seule difficulté que le consulat ait eue avec ses greffiers.

En 1760 donc, Chauvin s'étant retiré, et le chiffre des affaires ayant sensiblement augmenté, les juge-consuls accueillirent les propositions que leur firent deux parents du regretté greffier Verrier, de prendre le greffe à bail, conjointement et solidairement : Théresse de la Fossée et Thomas.

Tous deux étaient « reconnus par une longue suite d'années et de services en la juridiction pour gens remplis d'honneur et de probité ».

Ils s'obligeaient par leur soumission à se conformer aux conditions contenues au bail de Chauvin; ils se prêtaient à toutes les réformes que le consulat voulait établir et qu'ils connaissaient bien puisque Théresse était clerc d'audience et Thomas, ancien employé au greffe, était agréé. De plus, ils faisaient un présent de 1 200 livres à la Compagnie pour servir à la réparation de ses locaux. Nous avons dit, dans le premier chapitre de cet ouvrage à quel usage « ce pot-de-vin » avait été employé.

Théresse et Thomas devinrent donc greffiers en chef le 1ᵉʳ février 1760, pour une durée de six années.

Les délibérations des juge-consuls ne tarissent pas d'éloges sur ces deux hommes de bien et sur la manière pleine de probité et de désintéressement avec laquelle ils accomplirent leurs fonctions.

Thomas était fort avancé en âge et il était entouré de l'affection de tous les magistrats qui ne manquaient aucune occasion publique de la lui témoigner : c'est lui qui, pour reconnaître ces bons procédés, fit don à la juridiction de son importante bibliothèque, ainsi qu'il a été rapporté plus haut (1).

(1) Thomas avait entrepris en 1758 un ouvrage important sur la juridiction consulaire. Il y travailla quatre années, mais il ne le fit

Les greffiers étaient logés dans l'hôtel du Cloître Saint-Merri : ils étaient à la fois locataires du greffe, suivant le terme de l'époque, et locataires de la juridiction tant pour les locaux de ce greffe que pour leurs appartements.

En 1766 les baux furent renouvelés pour six années avec faculté pour Thomas de s'associer son fils, l'un des clercs au plumitif, et ce aux mêmes conditions qu'en 1760, sauf le pot-de-vin qui n'avait plus de raison d'être.

En 1767, le greffe se trouva donc avoir trois greffiers en chef : Théresse de la Fossée, Thomas père et son fils qui prenait le nom plus pompeux de : marquis François-Thomas d'Aulnay.

L'année 1772 arriva, et la juridiction reçut les propositions de prorogation des baux de la part des titulaires.

Mais on se trouvait au temps où les réformes étaient partout à l'ordre du jour. Il en était une à laquelle les juge-consuls pensaient depuis longtemps et qui, sous des apparences très simples, était de nature à soulever de gros orages, car elle s'attaquait à des traditions antiques : la réforme du style des sentences.

Comme nous l'avons dit, les greffiers avaient la

sans doute pas imprimer car il est impossible d'en retrouver trace. (Voir délibération du 23 septembre 1758.)

charge de la rédaction des jugements. Le juge leur donnait seulement le dispositif et l'indication des motifs.

Or il fallait être de longue date versé dans la phraséologie spéciale des tribunaux pour être capable d'établir un jugement à l'abri des critiques des procureurs retors et chicaniers qui s'en emparaient et qui en épluchaient tous les mots un à un.

N'écrivait pas qui voulait en style de Palais : emphase pédantesque, longueurs interminables, citations latines, subtilités scholastiques, tout devait s'y rencontrer.

Il en résultait qu'à la fin du dix-huitième siècle les sentences étaient remplies de formules datant au moins du seizième siècle, qui avaient perdu toute signification précise et n'aboutissaient qu'à rendre les pensées des juges incompréhensibles pour le simple public.

Seulement, ces formules avaient l'avantage de faire de la copie. Les greffiers percevaient leurs émoluments principaux sur les rôles d'expédition, et après eux les officiers ministériels avaient également tout avantage à ce que leurs significations fussent longues.

Un règlement de 1715 avait déterminé expressément le nombre de lignes et de mots que devait contenir chaque page. Petit à petit on avait laissé tomber ce règlement dans l'oubli, car les juge-consuls avaient peu le temps de s'occuper des détails du greffe et l'irascible Chauvin, principalement, en avait profité largement.

Sire Cagniard, juge en 1769, proposa à la Compagnie de mettre fin à l'ordre de choses qui était si contraire à l'esprit du tribunal.

On stipula donc, en renouvelant le bail du greffe pour 1772, que les greffiers auraient à se conformer au règlement de 1715 pour leurs expéditions et on ajouta, chose plus grave, qu'ils auraient aussi à se conformer aux intentions des juge-consuls en place pour le style des sentences.

Les trois greffiers étaient trop respectueux du siège pour ne pas accepter ces conditions. Une commission d'anciens juges et consuls fut désignée pour, de concert avec les membres en exercice, reviser les formules séculaires et élaguer largement. Dès 1772 cette commission avait terminé son travail et on vit aussitôt apparaître des jugements rédigés clairement et simplement.

Ce fut un beau tapage dans le monde des hommes de loi. On cria au scandale. On annonça la fin de l'esprit vraiment juridique. On fit paraître des libelles remplis d'esprit contre ces gens de robe qui prétendaient parler comme tout le monde.

En d'autres temps, l'affaire eût été loin. Le Parlement eût reçu requête et rien ne dit que l'audace des juge-consuls n'eût pas tourné à leur honte. Mais, en 1772, le Parlement avait bien d'autres soucis que ceux du style des jugements : il était en lutte ouverte avec le pouvoir royal et rentrait à peine de son exil à Troyes. La réforme fut donc maintenue et bientôt personne n'y pensa plus.

En 1773, Thomas père s'étant retiré complètement, la Compagnie autorisa François Thomas à s'associer son beau-frère Jean-Baptiste-Quentin Boutard, ci-devant greffier de la chambre du Conseil du Châtelet. Il fut entendu que Boutard serait obligé solidairement au bail qui restait à courir sans que les intérêts de Théresse de la Fossée pussent en souffrir.

De 1772 à 1778, le nombre des affaires de la juridiction augmenta considérablement (1). Lorsqu'il s'agit de renouveler le bail, les juge-consuls en exercice se firent représenter des états des produits du greffe et constatèrent la marche ascendante de ses revenus. On décida donc d'accorder aux trois greffiers en chef : Théresse, Thomas fils et Boutard, le renouvellement sollicité pour six ans ; par considération pour le vieux et fidèle Théresse, on ne voulut pas augmenter le prix de la ferme, soit 16 000 livres, mais on stipula que s'il venait à mourir avant la fin

---

(1) Cinquante mille par an en moyenne.

du bail, le prix serait porté à 18 000 livres et que moyennant cette somme les survivants pourraient disposer de la place de clerc d'audience en faveur des deux frères de Thomas, sans que pour cela ces derniers pussent prendre le titre de greffiers en chef.

Théresse de la Fossée mourut le 21 mars 1783.

Aussitôt on réalisa les conditions qui viennent d'être rappelées. Thomas et Boutard s'engagèrent de plus à entretenir toutes les lumières et les chauffages pour quelque occasion que ce fût, à fournir le papier, les plumes et l'encre, à faire relier les minutes, à payer tous les ports de lettres et à supporter une augmentation de 50 livres par an sur les loyers de l'appartement occupé par Théresse de la Fossée.

En même temps le frère de Thomas, Maximilien-Bon Thomas de Saint-Bon, fut reçu comme adjoint à son frère, sans titre de greffier.

Le bail, fait pour six ans, expirait en 1790.

Que se passa-t-il exactement dans le greffe de 1784 à 1790? Les documents sont muets à cet égard. En tout cas, Boutard avait dû ou se retirer ou décéder.

Toujours est-il que nous voyons, en novembre 1789, les deux seuls frères Thomas, dénommés greffiers en chef, solliciter pour 1790 le renouvellement du bail.

Mais alors, les circonstances étaient telles que la Compagnie entière, réunie, arrêta qu'il y avait lieu de ne rien décider pour le moment et que les deux greffiers jouiraient de leur bail par tacite reconduction jusqu'à ce qu'une autre résolution fût prise.

Le consulat faisait en cela preuve de perspicacité, car peu de temps après, en 1792, il n'y avait plus ni juge-consuls, ni hôtel appartenant à la juridiction, ni charges à donner à bail... Le Tribunal de commerce était créé et devenait institution d'État, perdant ainsi toute son autonomie.

Immédiatement après les greffiers venaient, dans l'ordre hiérarchique, les clercs d'audience. Ils étaient en réalité des commis greffiers ou, si l'on veut, des chefs des bureaux du greffe.

Ils assistaient toujours au nombre de deux à l'audience : l'un appelant les causes et l'autre faisant le travail matériel d'enregistrement des exploits et requêtes pendant que le greffier dressait le plumitif.

Ils étaient vêtus en noir, avec petit manteau et rabat.

Bien qu'étant sous la direction supérieure des greffiers, ils avaient une autonomie particulière : n'ayant pas d'appointements fixes, leurs émoluments leur provenaient de certains droits qui leur étaient alloués, selon leurs fonctions.

Ainsi touchaient-ils exclusivement les revenus des

actes qui se passaient volontairement au greffe : réceptions et soumissions de caution, délivrances d'ordonnances sur requêtes, sentences de provisions, etc... Le clerc d'appel recevait en outre un léger droit pour chaque cause appelée, et le clerc « de plume » une redevance sur chaque article du rôle.

Le nombre des clercs d'audience fut officiellement de quatre, mais à diverses reprises on leur adjoignit des surnuméraires et on en compta parfois jusqu'à sept. Mais comme les juge-consuls remarquèrent que ces employés trouvaient le moyen de se créer des ressources particulières au détriment des plaideurs, ils décidèrent en 1736 que le nombre des clercs d'audience serait invariablement de quatre et ils remercièrent deux de ces fonctionnaires, sur la désignation et les instances du greffier Chauvin, alors bien en cour, qui leur démontra qu'en dehors des clercs d'audience, un seul chef de bureaux lui suffisait.

Mal leur en prit de ne pas connaître suffisamment le caractère jaloux et vindicatif de Chauvin. Celui-ci n'avait d'autre but que de se débarrasser de deux membres de la famille Verrier qui lui paraissaient gênants et en même temps de frapper cette famille qu'il détestait.

Mais Marquis Verrier et Thérèsse de la Fossée, ainsi atteints, n'acceptèrent pas leur congédiement. Ils saisirent le Parlement d'une réclamation contre leur éviction et le procureur général ordonna une instruction sur les faits reprochés.

Il est vrai qu'aussitôt les juge-consuls se réunirent et décidèrent de faire des remontrances à ce haut magistrat en raison de ce qu'il empiétait sur ses droits en s'occupant des affaires intérieures de la juridiction : « le consulat, disaient-ils, ayant toujours été le maître de commettre à son greffe telle personne qu'il voulait. »

Cependant, tout en reconnaissant ce principe, le Parlement ne voulut pas se désintéresser de l'affaire et les juge-consuls furent dans l'obligation de faire des concessions : une transaction intervint alors par les soins des avocats et notamment de celui de la Compagnie que le premier Président, protecteur de Chauvin, avait vivement engagé à travailler à cet effet avec un avocat au Parlement qu'il avait désigné.

Il faut croire que les évincés Théresse et Verrier n'en furent pas plus mal vus du consulat puisqu'ayant repris leurs fonctions, ils ne quittèrent plus le Cloître Saint-Merri et que Théresse fut nommé greffier en chef, ainsi qu'on l'a vu plus haut.

La bonne harmonie fut loin de régner toujours entre ces auxiliaires des greffiers, et bien souvent la Compagnie dut mettre bon ordre à leurs querelles et à leurs disputes.

Si le greffe eut son terrible Chauvin, la cléricature posséda un non moins terrible homme en la personne d'un sieur Lambert, s'intitulant *seigneur de Saint-Fargeau*, qui entretint la plus vive agitation de 1649 à 1688. On peut dire qu'il occupa sans cesse les juge-consuls pendant cette longue période. Trois fois on le suspendit de ses fonctions. Trois fois il fit amende honorable, mais pour recommencer ses plaintes, ses délations, ses inconséquences et même ses injures aussitôt qu'il avait repris son tabouret, « s'élevant en paroles, se mettant en colère contre les plaideurs, les traitant d'ivrognes, de vilains et autres injures que la bienséance ne permet pas de réciter. Mocquant les juges, hochant et branlant la teste avec audace et plein de feu aurait dict que celui qui le ferait payer serait bien mallin. A quoi on lui respondit qu'il ait à se contenir et à porter honneur et respect à la justice et au siège. Aurait aussitost réitéré les hochements de teste et dict qu'il ne rendrait point les quarante sols... » Il s'agissait de 40 sous qu'il s'était fait remettre par la femme d'un marchand de Pontoise à titre d'arrhes et qu'il ne voulait point restituer.

Cette fois la coupe était pleine : on convoqua l'aréopage et après enquête et délibérations, il fut décidé qu'on passerait outre aux très humbles excuses de Lambert, puis on lui notifia sa destitution.

Pendant de longues années, les juge-consuls avaient supporté l'humeur difficile du seigneur de Saint-Fargeau : ce fait suffit à montrer quelle était leur bonté d'âme...

En 1780, le personnel du greffe comptait quatre clercs d'audience ayant chacun la charge d'un bureau. Ils étaient secondés par dix commis environ parmi lesquels plusieurs postulaient la cléricature : quelques noms nous ont été conservés : Pierre-Reine Petit-Jean, Jean-Baptiste Rainfroy, Jean Lobjois, Pierre-Joseph Bourdin, Jean Jacquet...

Vers 1789, de nouveaux abus furent signalés et deux juges reçurent mission de faire un rapport au siège : mais les graves événements qui survinrent rendirent leur enquête inutile.

Nous ne reparlerons pas ici des huissiers attachés au siège, qui étaient au nombre de quatre et dont le rôle a été défini plus haut. Ces dignes officiers remplirent leurs fonctions à la pleine satisfaction du consulat et, comme les gens heureux, ils n'auraient pas eu d'histoire sans l'incartade de maître Jean Raimbaut, huissier en 1661, et sergent à verge au Châtelet, qui s'oublia jusqu'à proférer des menaces et injures pendant l'audience : la Cour, saisie d'une plainte par le consulat, ordonna que Raimbaut serait tenu de faire des excuses aux juge-consuls, de ne point récidiver et de payer les dépens montant à 48 livres parisis.

De 1785 à 1791 furent huissiers du consulat M⁰⁵ Mange, Landais, Dubloc et Bedel (1).

Auprès de la juridiction et sous sa haute autorité travaillaient les avocats *agréés* par elle pour conseiller les justiciables, les représenter et plaider leurs causes.

L'édit de 1563 avait ordonné que les parties seraient tenues de comparaître en personne devant les juges consulaires, ou, en cas de maladie, de se faire représenter par une personne munie d'un pouvoir spécial.

Mais on reconnut bien vite que l'inexpérience des justiciables nécessitait un rouage particulier si l'on voulait éviter l'invasion de la barre par les avocats et procureurs (2).

Après diverses vicissitudes et procès au Parlement, les juges et consuls prirent une délibération le 4 mars 1659, qui conclut ainsi :

« Sur ce qui a été proposé qu'autrefois il aurait été souffert en cette juridiction quelques particuliers, *pauvres marchands*, au nombre de six, pour soulager les justiciables destitués de conseil; que, depuis lors,

---

(1) Arch. départ., juridiction consulaire, quittance des huissiers en charge.

(2) En 1658 un particulier avait *acheté* du Roi, *le droit de « nommer »* sept procureurs près la juridiction consulaire de Paris. Il vendit ces sept charges moyennant 200 livres chacune, mais ne put s'en faire payer car les juge-consuls refusèrent de recevoir les nouveaux procureurs et obtinrent un arrêt de suppression du conseil d'État, en date du 31 décembre 1658.

il en aurait été encore souffert quelques-uns au nombre de neuf, et que journellement il s'en présentait pour faire les mêmes fonctions; que si l'on en souffrait un plus grand nombre, il serait à craindre que cela ne fût préjudiciable. La Compagnie a été d'avis que lesdits particuliers qui composent le nombre de neuf seront soufferts et demeureront tant qu'il plaira à Messieurs. »

Telle fut l'origine des agréés près la juridiction consulaire et près le tribunal de commerce ensuite : les *pauvres marchands* de 1659 ont su faire leur chemin et les postulants du siècle de Louis XIV ont tracé à leurs successeurs des règles d'honorabilité et de talent professionnel qui se continuent de nos jours au barreau consulaire de Paris (1).

L'historique très complet de la compagnie des agréés a été écrit par M. Guibert (ouvrage cité). Il déclare d'ailleurs, lui-même, qu'il a puisé la plus grande partie de ses renseignements dans les registres de la juridiction, où sont mentionnés, en effet, d'importants procès-verbaux des débats relatifs aux auxiliaires du tribunal.

Bornons-nous donc à rappeler que, petit à petit, les charges devinrent fixes et transmissibles. Les juges et consuls autorisèrent d'abord les pères à présenter

(1) Le nom d'*agréé* ne devint définitif qu'au dix-huitième siècle. On hésita longtemps entre *postulant*, *défenseur*, *avoué* ou *procureur*.

leurs fils à leur lieu et place, puis les neveux, puis les parents, puis les gendres...

Des abus se produisirent à diverses reprises et le consulat dut sévir contre les empiétements de ses agréés, notamment pour restreindre les émoluments qu'ils réclamaient en dehors de ceux taxés par le siège.

En outre, malgré les plus sévères délibérations, il fallut transgresser le règlement et admettre jusqu'à onze et douze postulants (ce qui veut dire « agréés »).

L'emploi étant recherché, des amateurs faisaient agir toutes les influences possibles pour être admis au barreau : des hommes tels que de Nesmond, Lamoignon, Séguier, etc... amenèrent les juge-consuls à agréer des candidats qui n'avaient ni la compétence ni les qualités voulues.

D'autre part, au contraire, la Compagnie décida souvent elle-même de donner une place à quelqu'un dont elle voulait récompenser les services : c'est ainsi que plusieurs clercs d'audience quittèrent le « parquet » pour passer au banc des agréés.

Enfin, depuis 1737, le consulat autorisa la transmission directe des charges à un successeur désigné par le titulaire, même étranger à sa famille.

En 1771, néanmoins, les juge-consuls voulurent de nouveau lutter contre l'envahissement de leur barreau par des étrangers et, sur la requête qui leur fut présentée par les agréés, ils arrêtèrent « qu'à l'avenir, dans le cas où quelque place d'agréé viendrait à vaquer par la mort de ceux existants ou autrement, le choix en serait fait, de préférence parmi les fils desdits agréés qui se trouveraient instruits de la jurisprudence et de la pratique consulaires et qui l'auraient fait connaître par leur conduite et leur amour du travail, de manière qu'à mérite égal, ils seraient toujours préférés aux personnes étrangères ».

Depuis lors la plupart des titulaires furent des fils d'agréés, et l'on prit soin, lorsqu'il y eût dérogation à la règle, de le consigner dans les procès-verbaux « afin que la chose ne tirât point à conséquence ».

Une délibération de 1789, prise à propos de l'admission de Michel Luce en remplacement de son père, rappelle « que les agréés sont plus que personne en état de former des sujets capables de remplir les vues du consulat et qu'enfin les leçons dictées par l'amour paternel sont toujours et mieux données et plus efficacement reçues que toutes autres ».

Il est vrai qu'à aucune époque le barreau consulaire n'avait été aussi brillant que de 1780 à 1791 : personne ne pouvait former de meilleurs élèves que Benoit, Gorneau (1), Gosse, Luce, etc... tous hommes

(1) Joseph-Philippe Gorneau est l'auteur du manuscrit dont il a été parlé plusieurs fois au cours de cet ouvrage. Ce fut un homme

qui donnèrent la mesure de leur savoir dans les cours du commerce institués par le consulat.

Voici quel était le règlement qui déterminait le rôle des agréés depuis 1772 :

« Nos agréés ne paraîtront à nos audiences qu'avec leurs clients et porteurs de titres autant que faire se pourra : ils avertiront leurs clients de se trouver à leurs causes.

« Ils ne différeront sous aucun prétexte de lire les rapports des conseillers pour renvoyer les parties.

« Les agréés, après avoir établi sur le plumitif les causes qu'ils connaissent être de nature à examen sérieux ou de longue discussion, en demanderont la remise à la chambre du Conseil et avertiront leurs clients de s'y trouver pour ne pas rendre vain et inutile le zèle de Messieurs pour l'expédition.

« Pour quoi il sera fait, à 8 heures précises, publication du rôle des affaires remises à la chambre et les agréés appelés nommément.

« Il est très expressément défendu et interdit à nos agréés d'insérer dans leurs plaidoyers aucune personnalité ni histoire qui n'ont rapport aux causes et peuvent offenser et insulter les parties, sous peine de

---

de la plus haute valeur. Un de ses fils lui succéda au barreau consulaire. Le second mourut juge au tribunal de première instance de la Seine. Leur sœur épousa Berryer père et de ce mariage naquit l'illustre avocat Berryer.

6 livres d'amende sans déport et d'interdiction en cas de récidive.

« Leur enjoignons de ne pas parler trop haut et d'être modérés en plaidant.

« Défendons aux agréés d'appeler aucun de Messieurs nommément lors des opinions (délibéré) et feront retirer leurs clients sans insister dès que le juge aura prononcé ; mais leur permettons de nous présenter les réflexions nécessaires après l'audience.

« Ils feront attention à répondre lorsqu'on appelle les causes, afin de ne pas multiplier les reprises et, se tenant chacun de leur côté respectif avec leurs clients, à qui ils recommanderont un maintien respectueux, ils observeront de laisser vide le milieu du barreau.

« Leur probité scrupuleuse et reconnue leur interdit assez suffisamment d'occuper pour les parties contraires.

« Les agréés ne présenteront absolument aucune requête pour lever une seconde grosse de sentence, qu'elle ne soit signée pour pouvoir de la partie requérante ou de quelqu'un pour elle.

« Ils feront une observation spéciale aux juges des exploits ou demandes à fin d'élargissement ou de nullité de procédures. »

En 1737 les juge-consuls décidèrent d'exiger le

serment de leurs agréés : ce fut une consécration depuis longtemps désirée.

Dès 1750, les agréés étaient organisés en compagnie, et à plusieurs reprises on voit leur doyen intervenir avec autorité soit lors de discussions entre eux, soit dans les rapports avec le consulat.

En résumé, dit M. Guibert, la Révolution trouva la compagnie des agréés tout organisée : elle ne lui porta aucun préjudice. Les procureurs disparurent, l'ordre des avocats lui-même fut renversé, les agréés restèrent parce que leur ministère n'était point légalement obligé et que la confiance de leurs clients était le résultat d'un acte libre de la volonté... »

En suivant à peu près l'ordre d'importance des auxiliaires des juge-consuls, nous trouvons deux employés qui avaient une autonomie complète, c'est-à-dire qui étaient sous la direction des magistrats : le clerc aux présentations et l'archiviste.

Le premier travaillait dans le bureau à rez-de-chaussée décrit au premier chapitre de cet ouvrage : il avait un emploi ingrat. Toujours arrivé le premier, il devait recevoir les exploits dès 8 heures du matin et établir son rôle en deux exemplaires, l'un restant sous sa main et l'autre étant monté au clerc d'appel à l'ouverture de l'audience.

Les juge-consuls n'ignoraient pas la difficulté de cette tâche et toujours ils se montrèrent très paternels et généreux envers leur clerc des présentations. D'abord rémunéré par un droit de 2 deniers par cause, il obtint plus tard, en 1712, une gratification annuelle de 150 livres qui fut toujours continuée. En 1780 le titulaire était Gaspard Chapelain, digne homme un peu âgé et un peu sourd, victime perpétuelle des petits clercs d'agréés ou d'huissiers, mais aimé de tout le monde et surtout des juges, qui lui conservaient sa place par estime et par bienveillance.

La fonction d'archiviste avait été créée en 1757, le 14 décembre, alors que la Compagnie s'était aperçue qu'un extrême désordre régnait dans ses titres et documents. Sire Brochand, étant juge, avait obtenu que l'on commençât un inventaire des papiers de la juridiction. Cet inventaire ne paraît pas avoir été mené à bien, en présence de l'impossibilité où l'on se trouva de reconstituer les anciens titres de propriété et de rentes de la Compagnie.

Mais le sieur Lagrenée, nommé archiviste, reçut la mission de mettre de l'ordre dans ce qui existait et d'en maintenir sévèrement pour l'avenir. En résumé, il cumulait les fonctions d'archiviste, de secrétaire général et de comptable particulier du consulat.

Lorsque Thomas fit don de sa bibliothèque, en 1777, Louis-François Godinot, alors archiviste, se vit adjoindre le titre de bibliothécaire : il y gagna d'être logé au Cloître Saint-Merri, dans l'appartement laissé vacant par le greffier donateur, et de voir ses appointements portés de 300 à 600 livres.

On trouve trace sur les registres de la juridiction, au 30 décembre 1772, d'un « sous-secrétaire » appelé Broutier, sans plus d'indications. Nous sommes enclins à voir dans ce personnage au titre flatteur un simple garçon de bureau, car quelques années plus tard, son successeur brigua le poste de concierge de la juridiction.

Enfin la compagnie avait à sa disposition :

1° Trois domestiques qui, en dehors du travail d'entretien de l'hôtel et du service des magistrats, aidaient à assurer l'ordre dans le bâtiment et les annexes;

2° Depuis 1770, un suisse appartenant à la comgnie des Cent-Suisses des appartements du Roi, le sieur Boucard, homme superbe de 6 pieds de haut. C'était le gendarme de l'endroit et la terreur des saute-ruisseaux, à qui il ne se gênait nullement pour tirer les oreilles. La Compagnie lui allouait 240 livres par an pour assurer l'ordre aux après-midi des trois audiences publiques (1);

---

(1) Le consulat avait charge d'habiller son suisse. On voit, par une facture du 14 juin 1786, que son uniforme était de baracan bleu de roi bordé de velours cramoisi, culotte écarlate avec jarretières d'or, boutons, boucles de ceinture et aiguillettes d'or, bas de soie blancs, souliers à boucles dorées. Le prix de revient de cet uni-

3° Enfin un concierge logé dans un pavillon sur cour. Il est à penser que ce logement cachait quelque fontaine de Jouvence, car tous les concierges de la juridiction moururent à un âge avancé, ainsi qu'en font foi les procès-verbaux rares parlant de leur remplacement. Le concierge du consulat portait la livrée du roi de France avec hallebarde, épée et canne. Il accompagnait les magistrats dans toutes leurs sorties officielles. Sa plus haute attribution consistait à pointer soigneusement la présence des consuls, en vue des jetons et bougies qui leur étaient alloués.

En 1789, il y avait cinquante-deux ans qu'Antoine Dupuis jouissait du titre de « concierge de l'hôtel de la juridiction » qui lui avait été spécialement conféré par une délibération de 1754. En 1777, se trouvant déjà fatigué, il présenta à la Compagnie une requête dans laquelle il exposa : « qu'il était essentiel à la juridiction qu'Antoine Dupuis forme un sujet capable de lui succéder », et qu'en conséquence il priait Messieurs d'agréer le sieur Avril, employé du consulat, pour l'aider et lui succéder à son décès. Les juge-consuls accédèrent à cette requête, mais Avril dut attendre douze ans pour revêtir le bel uniforme bleu et rouge. Il ne devait le porter que pendant un an.

forme, non compris les armes et la canne, atteignait 80 livres. (Arch. départ.).

Dupuis ayant laissé sa femme sans ressources à sa mort, la Compagnie, « en reconnaissance des services que le défunt lui avait rendus pendant cinquante-deux ans et du zèle qu'il avait toujours apporté à ses fonctions », donna 72 livres à sa veuve et autorisa Avril à lui remettre annuellement la même somme, à prendre sur les 300 livres de gages qui lui étaient alloués.

Tous les exemples déjà cités au cours du présent ouvrage font voir combien les juge-consuls, dont les finances n'étaient pourtant pas brillantes, étaient bons et généreux envers les gens appartenant à la juridiction.

En rappelant la récompense qu'ils avaient allouée à Marguerite George, leur cuisinière, nous avons omis de parler de Marie Métivier, autre fille à leur service pendant dix-huit ans, à laquelle ils donnèrent, en 1717, une rente de 150 livres « pour l'aider à vivre doucement sur la fin de sa carrière ».

Enfin, nous les voyons, en 1790, la veille de la suppression du consulat, alors que mille préoccupations devaient les assaillir, voter une pension de 600 livres en faveur du sieur Gourier, vieillard de quatre-vingts ans, attaché depuis quarante-cinq ans au greffe pour l'expédition des sentences.

Dans un ouvrage comme celui-ci, où l'auteur cherche surtout à évoquer « l'esprit » des hommes disparus dont il s'occupe, il était nécessaire de rapporter ces petits actes, si peu importants qu'ils apparussent, chacun d'eux ajoutant une touche de couleur au tableau d'ensemble.

CHAPITRE VI

HISTORIQUE

(1780-1786)

La bourgeoisie. — Ses aspirations. — Esprit des juge-consuls et de la Compagnie. — Le Parlement. — L'année 1774. — Visites à Louis XVI. — Derniers hommages aux juge-consuls par les corps des marchands. — Difficultés de compétence avec la prévôté. — Projet de réunion du consulat et des bureaux de la Ville. — Affaires intérieures. — Création des cours de commerce. — Discours pompeux. — Les agréés conférenciers.

L'histoire des dernières années du consulat de Paris et de la création du Tribunal de commerce serait dénuée de toute portée si l'on devait se borner à relater les faits et actes de la juridiction pendant la période révolutionnaire.

Par l'importance même des choses et des événements, cette période domine certainement de cent coudées le plan sur lequel s'agitait auparavant et où s'est agitée ensuite l'activité française.

Mais la Révolution n'est pas sortie fortuitement du cerveau du peuple français; un seul coup de marteau n'a point suffi pour faire jaillir un tel colosse du vieux crâne gaulois.

Ce qu'il faut donc faire revivre, lorsque l'on veut aborder, même succinctement, l'historique d'une institution quelconque à la fin du dix-huitième siècle, c'est l'esprit qui animait les hommes composant cette institution, c'est la direction donnée par eux à leur intelligence et à leurs facultés.

Et si, comme dans le cas qui nous occupe, l'institution et les hommes ont franchi sans périr la barre dangereuse qui les séparait du nouveau rivage, il n'en est que plus attachant de pouvoir mesurer le chemin parcouru et étudier l'état du navire et de l'équipage avant et après la tempête.

La révolution de 1789 fut l'œuvre de la bourgeoisie française, dont les juge-consuls étaient une des représentations les plus caractérisées. A cette œuvre, chaque génération du dix-huitième siècle avait apporté son contingent. Une oreille attentive aurait pu distinguer les premiers et timides coups de marteau frappés sur le clou réformateur dès la fin du règne de Louis XIV. Les écrivains et les philosophes du temps de Louis XV apprirent aux bourgeois attentifs à frapper mieux et plus fort et l'on perçut alors des craquements significatifs. Il ne fallut pas longtemps ensuite pour que les forgerons s'aperçussent de la vétusté du corps qu'ils attaquaient et dont « le creux » résonnait de plus en plus sous leurs coups redoublés.

Pourtant la vieille machine n'était point tout d'abord considérée, par ceux-là mêmes qui la frappaient, comme irréparable.

Soit sincérité dans le respect, soit crainte instinctive de détruire sans pouvoir rebâtir, la bourgeoisie de 1774 conservait de l'attachement pour le pouvoir royal, malgré les fautes et les crimes de Louis XV. Le Roi est mort, disait-on, vive le Roi, mettant dans cette formule de droit divin toute l'espérance du règne désiré, qui devait ramener l'âge d'or.

Les aspirations les plus avancées allaient jusqu'à la conception d'un bon prince constitutionnel à la mode anglaise (1); les cœurs sursautaient à la pensée que Louis XVI, sans doute un peu poussé, un peu pressé, pourrait devenir ce prince. Nul ne mettait en doute l'abolition nécessaire des abus et des privilèges. Tout le monde voyait poindre l'aurore des temps d'égalité et de liberté, mais personne ne prévoyait ni la soudaineté des événements, ni leur grandeur, ni leurs conséquences, ni leur horreur!

Les bourgeois de Paris connaissaient de réputation le nouveau Roi. On savait que, par sa conduite privée, à Versailles, il avait toujours été comme un reproche vivant pour la cour dépravée de son aïeul.

---

(1) MONTESQUIEU, *Esprit des lois*, chapitre sur la *constitution anglaise* donnant la théorie de la séparation des pouvoirs, du régime parlementaire et de la concurrence des partis.

VOLTAIRE, *Dédicace de Zaïre* à M. Falkener, « marchand anglais ».

Le peuple n'avait point de griefs particuliers contre sa jeune femme, Marie-Antoinette d'Autriche, qu'il avait épousée en 1770.

Aussi lorsque mourut Louis XV, le 10 mai 1774, l'avènement de son petit-fils fut-il accueilli avec sympathie.

Les juge-consuls de Paris et la Compagnie tout entière étaient imbus au plus haut point des idées de la bourgeoisie dont ils se considéraient avec raison comme une émanation supérieure.

Ne tenant leurs fonctions d'aucun acte royal, ne ressortissant pour leurs affaires intérieures d'aucune autorité supérieure, fiers de leur qualité de magistrats élus par leurs pairs, jaloux de ce titre de *consuls* qui rappelait l'ancienne Rome dont les vertus étaient partout célébrées, ils avaient pris résolument la tête des cohortes intelligentes qui s'avançaient, compactes, à la conquête des libertés publiques.

Nous n'allons pas tarder à voir la Compagnie prendre une part active aux événements qui vont se succéder avec rapidité maintenant.

Mais nous n'avons l'intention d'en suivre l'enchaînement que dans la limite nécessaire à la clarté du sujet qui nous occupe.

C'est volontairement que vient d'être employée l'expression « la Compagnie ». En effet, dès 1774, à l'apparition évidente des premiers symptômes de luttes pour les réformes tant désirées, les liens se resserrèrent étroitement entre les juge-consuls en exercice et les anciens. On voit par les procès-verbaux combien les magistrats du siège étaient heureux de l'aide et du concours que lui prêtaient les membres de la Compagnie. Le nombre des affaires du rôle avait considérablement augmenté : des préoccupations de toutes sortes hantaient le cerveau de chacun, parallèlement aux obligations personnelles et aux exigences du consulat. La France entière commençait à s'agiter et, selon la mode du temps, cette agitation se manifestait sous forme de mémoires, de cahiers, de remontrances, etc., qui s'échangeaient continuellement d'un bout à l'autre du pays, entre gens de mêmes aspirations.

Les juge-consuls de Paris ne laissaient point dans l'ombre la primauté qui leur appartenait comme élus de la capitale du royaume. Non seulement ils prenaient l'initiative de certaines propositions, mais ils avaient à répondre aux questions, aux mémoires, aux demandes d'avis que leurs collègues de province leur adressaient perpétuellement.

Les consuls en exercice n'auraient point suffi à la besogne, d'autant plus que nous voyons avec quel soin, avec quel sérieux, avec quelle conscience, toutes les propositions étaient examinées.

On chargeait donc les anciens juges et consuls de

ce travail dont ils s'acquittaient avec tout le dévouement et toute l'ardeur d'hommes qui avaient la foi.

Nous avons dit que la plupart d'entre eux occupaient, à leur descente du siège, d'importantes fonctions dans la ville de Paris : ils se trouvaient donc à même de connaître l'esprit public beaucoup mieux que leurs collègues adonnés au travail absorbant du tribunal. Ils disposaient aussi du temps nécessaire aux recherches et à la documentation.

Et si, connaissant maintenant le labeur à effectuer, on jette un coup d'œil sur les noms des membres de la Compagnie, de 1774 à 1790, on est frappé de la haute valeur intellectuelle et morale, et de l'indéniable compétence des hommes que le commerce parisien avait alors mis à sa tête. Certes, le recrutement des juge-consuls fut toujours heureux et, pourrait-on dire, excellent. Mais, à aucune époque, il ne fut aussi brillant qu'à la fin du dix-huitième siècle, comme si, dans la prescience des événements qui se préparaient, les marchands avaient voulu proportionner les forces de leurs élus aux efforts qu'ils allaient avoir à accomplir et à la grandeur des actes auxquels ils allaient participer.

La préoccupation première de la Compagnie fut de conserver jalousement sa place et son rang au milieu du trouble et de la désorganisation dont les effets se faisaient partout sentir.

Tandis que les plus vieilles institutions de la monarchie française sentaient le terrain osciller sous leurs pieds, au fur et à mesure que la puissance autocratique entrait dans son crépuscule, les juge-consuls, au contraire, qui tenaient leurs pouvoirs des libres votes des marchands, s'affermissaient sur leurs sièges et ne redoutaient nullement les suites des orages dont l'horizon se noircissait.

Tous les cahiers des consulats de France écrits avant la réunion des États généraux démontrent à quel point la magistrature élective avait le sentiment de sa force et de son utilité. Les juge-consuls de Paris ont soigneusement conservé tous ces cahiers qui leur étaient adressés (1) et dont nous reparlerons en temps voulu.

Certainement, il faut faire, à cet égard, la part de l'esprit du siècle et il est facile de retrouver l'influence des écrits de Rousseau, de Diderot, de Voltaire et des encyclopédistes dans les aspirations et dans le style de ces cahiers. Mais ce qui est à retenir, c'est la confiance générale dans la vitalité des juridictions consulaires, basée sur la connaissance des services rendus et sur la volonté unanime d'en rendre de plus grands encore.

Tout le monde était d'accord pour remédier à

---

(1) Arch. départ. Juridiction consulaire.

diverses lacunes, voire même à certaines erreurs ou à des abus signalés dans l'organisation consulaire.

Il n'existait aucune cohésion dans la jurisprudence commerciale. Chaque tribunal disposait de son autonomie, sans que des lois ou des règlements eussent mis de l'unité, même dans les questions les plus générales et les plus importantes. La compétence des juge-consuls était des plus mal définies. Là encore de profondes divergences de ville à ville, de bailliage à bailliage compliquaient la procédure pour les plaideurs. Il était souvent extrêmement difficile d'obtenir l'exécution d'un jugement en dehors du siège qui l'avait rendu : les magistrats civils ou officiers ministériels étrangers à ce siège feignaient volontiers d'en ignorer l'existence.

En un mot, l'ensemble des consulats réclamait des lois fixant principalement la procédure et applicables à tout le royaume.

Quelques critiques commençaient aussi à se faire jour sur la constitution du corps électoral, sur la mainmise absolue des maîtres des corps des marchands sur les candidatures et sur le rigoureux ostracisme dont certains commerces étaient frappés, sans autre raison qu'un respect servile des traditions.

De part et d'autre surgissaient donc des propositions de modifications ou transformations et l'on peut dire que le consulat de Paris était le crible par lequel passaient les rapports et les mémoires.

Il est vrai d'ajouter que les juges et consuls de la capitale étaient en relations constantes avec les magistrats du Parlement, relations amenées non seulement par l'administration de la justice, mais encore, mais surtout, sommes-nous tenté d'écrire, par une très grande communauté de vues et d'opinions.

On sait que, pendant tout le dix-huitième siècle, l'esprit janséniste des membres du Parlement de Paris engagea ce grand corps dans une lutte sans fin contre le clergé au sujet des billets de confession et contre le Roi au sujet de la bulle *Unigenitus* lancée en 1713 par le pape Clément XI contre les doctrines de Port-Royal. Exilé une première fois à Pontoise par le Régent en 1720, il ne céda pas et il fallut un lit de justice, tenu en 1732, pour l'obliger à enregistrer les décisions du Roi. Plus tard, le Parlement défendit, le 18 avril 1752, de refuser les sacrements à ceux qui n'avaient pas accepté la bulle; le Roi interdit, le 22 février 1753, les poursuites contre les contrevenants, donna des lettres de jussion, le 5 mai, pour l'enregistrement de cette interdiction, et sur le refus du Parlement (7 mai), transféra d'abord la Grand'-Chambre à Pontoise (11 mai), et à Soissons (8 novembre), et fit installer au Palais une Chambre royale pour remplacer le Parlement.

C'est en raison de cet exil de la haute assemblée

qu'en 1754 les juge-consuls reçurent de M. Berryer, conseiller d'État et lieutenant général de police, de la part de monseigneur de Machault, garde des sceaux, la lettre suivante :

De par le Roi :

Sa Majesté, désirant que les juge et consuls de sa bonne ville de Paris, qui sont actuellement en exercice, continuent leurs fonctions sans qu'il soit procédé, quant à présent, à une nouvelle élection, a ordonné et ordonne, sans tirer à conséquence, que les juge et consuls qui sont actuellement en place, continueront d'en faire les fonctions jusqu'à ce qu'il en ait été autrement décidé par Sa Majesté.

Fait à Versailles, le 10 janvier 1754. *Signé :* Louis *et plus bas :* de Voyer d'Argenson. »

Cet ordre était accompagné des brevets de pensions de 1 200 et 600 livres dont il a été parlé plus haut.

Le Roi se trouvait obligé d'en user ainsi vis-à-vis des juge-consuls, car le serment des nouveaux élus ne pouvait être reçu en l'absence du Parlement.

Rentré à Paris le 17 août 1754, le Parlement recommença la guerre et, après un nouveau lit de justice tenu par le Roi en faveur de la bulle, il interrompit le cours de la justice en donnant sa démission en masse le 18 décembre 1756.

Toutes les juridictions qui dépendaient de lui en furent profondément atteintes : les juge-consuls s'empressèrent de suspendre la contrainte par corps pour leurs jugements, ne voulant pas qu'ils fussent exécutés sans recours possible.

Réinstallé en 1757, le Parlement ne cessa plus d'être en luttes constantes avec les divers ministres de Louis XV, souvent pour des causes justes, parfois aussi pour satisfaire ses passions politiques ou religieuses. Il aida Choiseul à supprimer les jésuites (1761-1763). Plus tard, son opposition acharnée à la politique économique de Necker et de Louis XVI le fit exiler à Troyes en 1786 et il ne rentra à Paris que pour demander la réunion des États généraux et assister à sa propre déchéance.

La bourgeoisie et le peuple de Paris suivaient avec passion les péripéties de ces luttes ardentes : pendant vingt années, le Parlement jouit auprès d'eux de la plus grande faveur. Ses arrêts dans les affaires de la Barre et Lally-Tolléndal, et les attaques violentes de Voltaire à ce sujet firent pâlir momentanément son étoile. On oublia bien vite ces griefs et, lorsque les hauts magistrats revinrent à Paris, en 1787, leur rentrée fut un véritable triomphe : nous rappellerons à son ordre la démarche faite auprès d'eux par les juge-consuls le 1er octobre 1787.

Tous les actes du consulat, de 1774 à 1791, démontrent que, loin de suivre simplement les mouvements généraux de l'opinion publique et notamment des marchands de Paris, les juges élus ne faillirent point à leur devoir de marcher les premiers dans la voie des progrès et des réformes.

Le juge ne craignit pas de faire entendre des paroles d'espoir dans la rénovation attendue, du haut de son siège consulaire : chacune de ses paroles trouvait un écho dans les cœurs des assistants. Si ce n'était pas encore l'élan du 14 juillet 1790, c'étaient évidemment les premières lueurs des flammes qui devaient embraser les âmes françaises au souffle des idées généreuses de 1789.

Dès son avènement, Louis XVI s'était signalé par diverses mesures bien appréciées du peuple : suppression du droit de joyeux avènement, élévation de Maurepas et de Turgot à la tête des affaires, édits sur la liberté du commerce et sur la suppression des jurandes et maîtrises, etc... De plus on lui connaissait un amour sincère du bien public, un esprit sérieux et une instruction solide, en sorte qu'on oubliait volontiers sa réputation de timidité, de faiblesse de caractère, d'irrésolution et d'inexpérience.

Après avoir obéi à la tradition en faisant célébrer en leur chapelle une messe basse pour le repos de l'âme de Louis XV, les juge-consuls résolurent d'aller saluer le nouveau Roi et la Reine, en observant les formes employées en 1660 envers Louis XIV, formes intégralement rapportées au chapitre deuxième du présent ouvrage. Quelques objections furent bien faites sur ce que les temps étaient changés, mais la Compagnie opina en définitive pour l'observation du règlement de 1660, en prenant soin de stipuler d'avance combien il serait nécessaire de tenir la main à l'ordre des préséances si les maîtres et gardes des six corps se présentaient également.

On s'adressa donc au maréchal duc de Brissac, gouverneur de Paris, pour le prier d'introduire la Compagnie auprès de Leurs Majestés, qui habitaient alors le château de la Muette, au bois de Boulogne.

Il y avait si longtemps que pareille démarche avait été faite, que le duc de Brissac ne crut pouvoir se rendre à ce désir qu'après s'être fait représenter les registres de la juridiction qui démontraient les droits des juges et consuls vis-à-vis du Roi et de la Reine.

Toutes les difficultés étant levées, les juge-consuls, revêtus de leurs robes et toques, précédés de leur concierge tout brillant d'or et de leurs audienciers et suivis de leurs greffiers, se rendirent à la Muette le vendredi 10 juin 1774, à 8 heures du matin, « où estant sires Vancquetin, juge, Boullenger, Martin, Jard et Incelin, consuls, ils furent introduits dans le grand salon au rez-de-chaussée. Ils y trouvèrent M. le prévôt des marchands, les échevins, conseillers et quarteniers qui venoient d'y entrer. M. le gouverneur s'y est aussy rendu et peu de temps après les officiers de Sa Majesté ont dressé dans cette pièce une table sur laquelle ils ont présenté à déjeuner aux deux compagnies. »

Vers 9 heures, M. le marquis de Dreux, grand maître des cérémonies, les vint trouver et les fit monter chez le Roi, qui attendait à l'entrée de sa chambre accompagné de M. le Chancelier, de M. le duc de Lavrillière, ministre d'État, de M. le gouverneur de Paris, de M. le prince de Soubise et autres seigneurs et princes de la cour.

Se conformant encore à l'ordre suivi en 1660, les juge-consuls s'agenouillèrent devant le Roi et sire Vancquetin prit la parole en ces termes :

SIRE,

Les juge et consuls des marchands de votre bonne ville de Paris apportent aux pieds de Votre Majesté l'hommage de leur profond respect.

Institués qu'ils sont pour maintenir dans les engagements des particuliers cette exactitude si précieuse, et dont Votre Majesté vient de donner elle-même par le premier acte public émané de son trône auguste, un exemple éclatant et mémorable (1), ils la supplient d'accorder à leur juridiction la protection dont les Roys, vos prédécesseurs, l'ont toujours honorée.

La réponse du Roi n'exigea pas de sa part un grand effort d'imagination : « C'est bien, dit-il, relevez-vous. »

---

(1) L'édit de mai 1774 sur la liberté du commerce.

Après quoi les juge-consuls redescendirent au rez-de-chaussée et aussitôt, laissèrent éclater la grande colère qu'avait fait naître en eux le passe-droit que M. de Sartine, lieutenant général de police, avait commis à leur égard, en introduisant d'abord auprès du roi les maîtres et gardes des six corps des marchands. On s'expliqua et M. de Sartine s'empressa de reconnaître qu'il n'avait point eu l'intention de porter atteinte à leur droit, dont il reconnaissait la légitimité; qu'il allait d'ailleurs de suite réparer les choses en présentant les deux compagnies à la Reine.

Au moyen de quoi, le moment estant venu de saluer la Reyne, les juge et consuls s'y sont présentés immédiatement après le corps de ville, et la Reyne étant debout à l'entrée de sa chambre, ils se sont agenouillés et sire Vancquetin, Juge, l'a complimentée en ces termes :

MADAME,

Les juge et consuls des marchands de votre bonne ville de Paris apportent aux pieds de Votre Majesté l'hommage de leur profond respect.

Ils la supplient d'accorder sa protection à leur juridiction.

Et Sa Majesté leur a fait réponse. « Je vous accorde ma protection. »

Ce fait, les juge et consuls ayant fait demander à M. le gouverneur le moment où ils pourraient aller le remercier en son hôtel, il leur a indiqué le lendemain samedi, onze du présent, dix heures du matin, et ils s'y sont rendus et ont de tout ce que dessus, dressé le présent récit pour servir de renseignements à leurs successeurs en semblables circonstances...

Les juge-consuls furent admis à saluer une seconde fois le Roi dans son appartement à Versailles, le 4 novembre 1781, à l'occasion de la naissance du Dauphin. Ils avaient préalablement fait célébrer une messe solennelle suivie d'un *Te Deum* en l'église Saint-Merri, le 26 octobre, après quoi « nous aurions tenu l'audience et jugé toutes les causes qui se seraient présentées jusqu'à 2 heures; mais ayant appris que Sa Majesté devait venir le soir à Notre-Dame pour y assister à un *Te Deum* d'actions de grâce, nous aurions jugé à propos de vaquer le soir, afin de donner au peuple la facilité de participer à la joie publique ».

Les juge-consuls se rendirent donc à Versailles le 4 novembre 1781.

Dans l'antichambre se renouvelèrent quelque peu les discussions de préséance traditionnelles; cette fois encore, il fut fait droit aux « remontrances de la juridiction », qui passa à son rang, après le corps de ville et avant les corporations.

Sire Billard, juge, lut au Roi le discours qu'il avait préparé et qui n'est, en substance, que la répétition de tous ceux prononcés en pareil cas.

Il faut croire que Louis XVI le comprit ainsi car le

procès-verbal relate qu'il se borna à faire une inclinaison de tête pour témoigner de son contentement.

Louis XVI n'était pas orateur et il ne possédait pas non plus l'art d'improviser des réponses courtes et bien appropriées. Mais si l'on songe que la mode s'était alors introduite dans tous les corps de l'État, d'aller visiter le Roi et le haranguer sous les moindres prétextes, on comprend aisément qu'à la fin des audiences, lorsque passaient les ordres inférieurs, Sa Majesté se contentât de répondre par un signe de tête aux discours pompeux et quelque peu oiseux dont on l'accablait.

Ce jour-là, il se produisit un malentendu qui empêcha les juge-consuls de saluer la Reine.

Comme ils n'avaient point été avertis que Marie-Antoinette pourrait les recevoir, ils quittèrent le château de Versailles.

« Mais aussitost, M. le Gouverneur s'aperçut de l'erreur. Ne sachant pas où ils étaient allés pour disner, les aurait fait rechercher pour les y introduire; ce qui n'aurait pu avoir lieu par le défaut de pouvoir les trouver et les aurait privés ainsy de l'honneur d'y estre admis. »

Par contre ils eurent l'avantage d'aller présenter leurs devoirs et faire un petit compliment à monseigneur le Dauphin : le procès-verbal ne dit pas comment ce jeune prince, âgé d'un mois, manifesta sa satisfaction (1).

Le lecteur serait tenté de croire, d'après la répétition, lors de chaque cérémonie, des querelles de préséance avec les corps des marchands, que la bonne harmonie ne régnait pas entre ces derniers et les juge-consuls : il n'en est rien, et bien au contraire.

L'oubli ou la non-observation des règles d'étiquette provenait toujours des officiers de la maison du Roi, sans doute peu au courant des ordres observés dans la bourgeoisie.

Mais les maîtres et gardes des six corps n'élevèrent jamais personnellement de contestations contre les prérogatives de leurs élus, avec qui ils étaient en rapports journaliers et cordiaux.

Chaque fois que l'occasion s'en présentait, ils prenaient soin de faire honneur aux juges et consuls et ils s'associaient avec empressement à leurs vues et à leurs désirs.

Le dernier hommage solennel rendu par les marchands à la juridiction date du 13 janvier 1784. Pour une raison dont la trace n'a pas été conservée, les corps de la draperie-mercerie et de l'épicerie faisant célébrer une messe solennelle avec *Te Deum* en

---

(1) Ce prince mourut au mois de juin 1789 à Meudon. Les consuls s'y transportèrent le vendredi 12 juin pour « jetter de l'eau bénite et furent reçus d'une manière convenable ».

l'église royale et paroissiale de Saint-Germain-l'Auxerrois, invitèrent les consuls à y assister et ceux-ci s'y rendirent « en corps de juridiction » entourés de la pompe d'usage.

Ils ont soigneusement relaté sur le procès-verbal de cette cérémonie tous les honneurs dont ils furent l'objet et qui étaient bien faits pour les satisfaire : premières places dans la travée du chœur, fauteuils de velours cramoisi, carreaux de pieds, suisse affecté à leur service..... « Après avoir entendu la messe et le *Te Deum*, M. le lieutenant de police et ses assesseurs se sont levés, nous ont salués et se sont entretenus avec nous quelques instants... Après, nous sommes descendus pour reprendre nos voitures et avons trouvé les gardes des six corps qui étaient rangés sur notre passage et nous avons fait les remerciements d'usage. »

Ce triomphe d'amour-propre ne devait plus se renouveler : bientôt les corps des marchands furent supprimés, puis rétablis passagèrement et enfin définitivement abolis avec les jurandes et les maîtrises.

Revenant à l'ordre chronologique des faits, nous trouvons le consulat sous le coup d'une vive émotion en l'année 1776.

Depuis longtemps déjà la juridiction était en difficultés avec le prévôt des marchands sur la question de compétence relativement aux commerces des vins et des bois.

De temps immémorial, le bureau de la ville exerçait les pouvoirs administratifs, judiciaires et de police sur les quais de la Seine et les ports de Paris.

Il en résultait que le prévôt des marchands entendait retenir à sa barre les litiges nés entre les commerçants en bois et en vins dont l'industrie s'exerçait principalement par eau. De leur côté les juge-consuls ne voulaient voir en eux que des marchands comme les autres, justiciables de leur siège.

Dès 1736, deux marchands portèrent devant le Parlement une sentence des juge-consuls pour le paiement de bois fournis par l'un d'eux et livrés à quai. Les juge-consuls, apprenant que le procureur du Roi près l'hôtel de ville se disposait à intervenir dans l'instance au nom de la juridiction prévôtale, décidèrent d'intervenir également dans le but de soutenir les droits consulaires. L'affaire dura deux ans et se termina par un arrêt du 7 mars 1738, qui donnait gain de cause au prévôt des marchands.

Les juge-consuls ne se tinrent pas pour battus.

En 1750, un sieur Cagny ayant été par eux condamné au paiement d'une lettre de change pour marchandise de vin livrée sur les ports de Paris, fit appel *ratione materiæ* devant le Parlement. Le procureur de l'hôtel de ville se joignit à l'appelant et requit la Cour de faire défense aux juge-consuls de connaître du paiement des lettres de change et billets souscrits pour marchandises livrées sur les ports de Paris. Aussitôt le consulat, ayant réuni toute la Compagnie, décida qu'il y avait lieu d'intervenir, « cette prétention attaquant directement la juridiction consulaire et étant d'une conséquence infinie pour le commerce. »

De nouveau le Parlement rendit un arrêt contraire aux prétentions des juge-consuls. L'affaire fut alors portée par eux au grand conseil du Roi. Mais un procès qui atteignait à ce sommet devait passer par toutes les lenteurs de la procédure. Ce n'est qu'en 1757 que l'affaire fut en état. Nous voyons à cette date sire Robert, l'avocat de la juridiction, lui présenter le mémoire qu'il venait de rédiger pour elle.

Deux ans s'écoulèrent encore sans issue, et sur ces entrefaites fut donné l'acte royal connu sous le nom de Déclaration de 1759 (7 avril 1759), qui jeta le consulat dans les plus vives alarmes et fit passer dans l'ombre les querelles avec le bureau de la Ville.

Au fur et à mesure que les juridictions consulaires de toute la France gagnaient en autorité, elles avaient une tendance naturelle à étendre leur champ d'action, d'autant plus que l'on sait combien leurs attributions étaient mal définies.

Au milieu du dix-huitième siècle, les tribunaux ordinaires adressèrent donc à la Couronne de nombreuses plaintes contre les empiétements des juridictions électives, et il est évident que tous leurs griefs n'étaient pas mal fondés : ils faisaient valoir notamment que les juge-consuls s'attribuaient l'administration de la justice dans les petites villes où n'existait même pas de consulat, obligeant ainsi les commerçants à aller soutenir leurs procès loin de leurs résidences, tandis qu'ils pouvaient trouver au lieu même qu'ils habitaient une justice prompte et suffisante.

C'est alors que parut la déclaration du 7 avril 1759 qui renouvelait d'anciennes dispositions restrictives de la compétence des juridictions consulaires.

La Compagnie se réunit aussitôt et vota l'élaboration d'un projet de remontrances au Roi. Les commissaires nommés se mirent à l'ouvrage. Petit à petit cependant, on s'aperçut qu'en définitive les pouvoirs des juge-consuls n'avaient pas été bien gravement atteints. Mais comme le mémoire au Roi sortit de l'impression en 1756, on en envoya un exemplaire à tous les confrères de province ainsi qu'il avait été résolu en 1750.

Seulement, les temps avaient changé. Les juge-consuls se rendirent compte eux-mêmes de l'exagération de leurs doléances et l'affaire se termina par un classement général.

Quant aux discussions avec la prévôté, elles reprirent de plus belle lorsque les alarmes provenant du fait du Roi furent calmées.

De toutes parts, même au Parlement, on commençait à reconnaître que l'état de choses existant ne pouvait pas durer plus longtemps et qu'il fallait mettre un terme sérieux à des difficultés toujours prêtes à renaître entre les deux juridictions parisiennes.

Avec l'organisation judiciaire telle qu'elle fonctionnait sous Louis XVI, tous les arrêts possibles du Parlement ou du grand Conseil ne pouvaient obliger les juge-consuls ou le prévôt à modifier leur jurisprudence personnelle. La série des appels pouvait alors devenir interminable.

Ce fut donc avec un véritable soulagement que les juge-consuls annoncèrent à la Compagnie, dans l'assemblée du 7 mai 1776, qu'un projet venait d'être élaboré par la Chancellerie pour réunir le bureau de la Ville et le consulat en une seule juridiction.

Il n'est pas, dit le procès-verbal, d'affaire plus importante pour notre compagnie : de son adoption découlera une ère de calme et d'unité à laquelle applaudiront tous les hommes d'ordre poussés par l'amour du bien public.

Si le consulat était heureux de ce projet dont la réalisation augmentait considérablement son importance, il n'en était pas de même des bureaux de la Ville dont le rôle judiciaire disparaissait en entier.

Mémoires et cahiers furent donc préparés de part et d'autre et transmis au garde des sceaux.

Mais la Révolution éclata avant que le projet eût même été mis à l'étude en haut lieu.

Pendant les années 1780 à 1786, les juge-consuls parurent peu influencés par les événements extérieurs et se consacrèrent entièrement à leurs fonctions et aux travaux de la Compagnie.

Les anciens eurent fort à faire pour entretenir les relations extérieures du consulat, surtout avec les autres tribunaux de France.

A plusieurs reprises aussi, les grandes administrations publiques sollicitèrent de la Compagnie ses avis motivés sur quelques projets de réformes ou de créations à l'étude, intéressant le commerce : modifications au système des caisses d'escompte instituées par Turgot en 1754, leur remplacement par une seule caisse centrale (origine de la Banque de France); règlements sur l'apprentissage et le compagnonnage, destinés à remplacer les jurandes et maîtrises; liberté de la circulation des grains en France; fonctionnement du Mont-de-Piété dont on redoutait les conséquences pour le commerce, etc...

Toutes ces questions étaient étudiées, discutées

en assemblée et faisaient l'objet de rapports dont un certain nombre a été conservé.

Mais la Compagnie n'épuisait pas tout son temps et toutes ses pensées aux affaires extérieures.

Les hommes de premier ordre qui la composaient en 1780 avaient ouvert leur esprit à toutes les conceptions de réformes et de progrès qui hantaient les cerveaux à la fin du dix-huitième siècle. Ils étaient imbus des doctrines philosophiques de leur époque et ils marchaient à l'avant des groupes immenses de Français qui aspiraient après un nouvel ordre de choses et qui étaient prêts à faire tous les sacrifices pour préparer les générations marquées pour la rénovation attendue. Les juges et consuls faisaient partie de cette bourgeoisie parisienne sur laquelle Louis XIV s'était appuyé (1) et qui, depuis lors, n'avait pas cessé de gagner en énergie et en puissance. Par leurs fonctions mêmes, ils touchaient à toutes les classes sociales : d'un côté au monde des privilégiés, des accapareurs et des agioteurs alors si nombreux; de l'autre au vrai peuple qui étalait devant eux ses misères et ses souffrances et dont ils connaissaient les aspirations et les besoins. « Sans cette juridiction, le petit peuple serait sans justice », disait Mercier, plus haut cité...

---

(1) « Ce règne de vile bourgeoisie », comme dit dédaigneusement Saint-Simon.

En 1780, donc, le consulat prit l'initiative d'une création tout à fait nouvelle pour ce temps et qui, à elle seule, caractérise l'esprit qui le dominait : il ouvrit, dans la salle de son audience, sous son autorité, un cours public de leçons et des conférences relatives au commerce.

Si l'on songe qu'en 1780 la Sorbonne était encore toute-puissante en matière d'enseignement, qu'elle n'admettait aucune intrusion dans ce qu'elle croyait être son domaine, qu'elle s'était précisément toujours opposée aux écoles et cours publics échappant à sa direction, on voit que les juge-consuls avaient un réel sentiment de leur force et se savaient assez puissants pour passer outre aux criailleries de la vieille dame du faubourg Saint-Jacques.

A l'assemblée plénière du 7 septembre 1780, sire Guyot prit donc la parole pour faire connaître les intentions de la Compagnie. De son discours, trop long pour être rapporté intégralement, il est intéressant de retenir les passages suivants; tout l'esprit de l'époque y apparaît sous les mots nouveaux de « patriotisme, nation, etc... » :

« Le projet d'un établissement de leçons publiques propres à former les jeunes gens qui veulent se consacrer au commerce a certainement fixé l'attention de plusieurs particuliers; mais l'exécution en aura vraisemblablement été arrêtée *par des obstacles qui n'auront pu être surmontés...* Qui peut mieux que le collège des consuls s'occuper d'un objet d'utilité publique qui ait plus de rapport au zèle patriotique et à l'esprit de désintéressement dont il est toujours animé? *Affranchi de la servitude à laquelle serait tenue un particulier pour se faire autoriser à ouvrir un cours public,* il a de plus l'avantage d'avoir chez soi un local tout disposé à cet effet. Il peut en outre se flatter que dans le nombre de ses membres, il s'en trouvera d'assez remplis de l'amour du bien pour se porter d'eux-mêmes à diriger le cours des leçons ou du moins à contribuer par leur présence à soutenir l'ardeur tant des maîtres que des élèves... On parlerait naturellement de ce qui concerne la juridiction consulaire, des formes qui y sont admises pour l'introduction, l'instruction et le jugement des affaires, de la jurisprudence et des principes qui y sont appliqués. La connaissance des fonctions mènerait à parler de l'esprit dont les juges sont animés dans l'administration de la justice, de leur attention vigilante à chercher la vérité au milieu des dédales de la mauvaise foi, de la liberté qu'ils ont d'écarter les formes et de marcher même, selon les circonstances, à côté de la loi pour réduire un titre à sa juste valeur, des avantages que retirent le commerce en général et les marchands en particulier à être ainsi jugés par leurs pairs.

« On donnerait une idée du commerce général qui se fait par terre et par mer, de la manière utile dont la France peut travailler avec l'étranger...

« Le collège consulaire, en formant un établissement aussi honorable à la nation qu'utile au commerce de Paris, procurera à la juridiction le double avantage d'un bien signalé dont elle ne tardera pas à ressentir les heureux effets et d'une pépinière de jeunes hommes capables de remplir successivement les places importantes de conseillers, de consuls et de juges, en état de payer de leurs personnes dès l'entrée de leur carrière, en un mot capables d'inspirer au public la confiance et le respect dus à leur caractère de juge. »

Après l'audition de ce discours, la Compagnie arrêta d'une voix unanime qu'on ne saurait s'occuper trop tôt des moyens de le mettre en activité. On vota les crédits nécessaires à l'installation matérielle et « désirant consolider la durée de l'établissement, la Compagnie invita Messieurs du siège en exercice à assister chaque année, en robe, à l'ouverture et à la clôture du cours ».

Pendant les jours qui suivirent, la Compagnie informa messieurs les gardes des six corps et les syndics et adjoints de la librairie-imprimerie, d'un événement qui devait intéresser aussi essentiellement le commerce de Paris. Ces messieurs témoignèrent vivement de leur satisfaction et prièrent le siège de leur délivrer un préambule de la délibération mémorable afin de le consigner sur le registre particulier des délibérations de leur corps pour servir de monument à la postérité *(sic)*.

On fit de plus une visite solennelle à M. le président Gilbert Desvoisins, qui tenait la chambre des vacations du Parlement, pour informer la Cour de l'établissement projeté; ce magistrat reçut les délégués avec l'accueil le plus gracieux et les assura que la Cour ne pourrait le voir que d'un œil favorable.

Enfin, le 4 novembre 1780, eut lieu l'ouverture, en grande cérémonie, des cours ainsi créés. Tout le haut personnel des marchands y fut présent. On lit même dans le procès-verbal de cette assemblée ce détail très caractéristique et qui montre qu'après deux siècles l'esprit formaliste des juge-consuls était toujours le même : « Messieurs des six corps firent connaître à messieurs du siège l'envie qu'ils avaient d'assister à l'ouverture du cours en habit de cérémonie, c'est-à-dire en robes : Messieurs du siège, voulant satisfaire la louable intention des six corps, considérant en outre que dans cette occurrence ils ne rempliraient dans la juridiction aucune fonction qui dût les astreindre à s'y rendre en costume ordinaire, c'est-à-dire en manteau et en rabat, ont acquiescé à leur demande et ont consenti à ce qu'ils vinssent ce jour et aux semblables seulement en robe, à la juridiction, pourvu qu'ils fassent mention sur leurs registres que c'était sans tirer à conséquence pour toute autre circonstance, ce qui a été fait » (procès-verbal de ce qui a été fait le 7 septembre 1780).

Voici un extrait du très remarquable discours que prononça à cette occasion le juge sire Guyot : « Chargés par le collège que nous avons l'honneur de présider du soin d'un établissement aussi honorable qu'utile à la patrie, nous venons aujourd'hui en poser les premiers fondements... Le concours nombreux qui se trouve ici rassemblé, l'empressement et le choix de ceux qui ont été admis à l'inscription nous font naître les plus flatteuses espérances... C'est à vous que j'adresse la parole, jeunes élèves, vous dont l'heureux âge réunit à la fois la vigueur des facultés de l'esprit et du corps, vous qui devez faire la joie et la consolation de vos parents, *qui êtes l'espérance de la nation, vous enfin destinés à nous régénérer un jour...* mettez à profit les leçons données généreusement par un maître zélé pour l'amour du bien public ; songez que c'est dans le sanctuaire de la justice que vous en faites le vœu sous les yeux des représentants du commerce de cette ville qui sauront apprécier en temps votre assiduité ainsi que vos progrès... »

Nobles paroles qui ne seraient pas déplacées dans le discours de l'un des maîtres de notre époque moderne de liberté et d'émancipation intellectuelle.

Paroles qui démontrent quelle était l'élévation des pensées de ces hommes de la bourgeoisie parisienne dont la perspicacité devinait « la régénération » prochaine et qui la préparaient de toutes leurs forces !

Le cours eut lieu avec grand succès pendant quatre ans (1). La juridiction avait trouvé des professeurs tout désignés parmi ses agréés qui entrèrent dans ses vues avec le plus louable empressement. Successivement, les agréés Benoît, Gorneau, Luce et Gosse se chargèrent de traiter les sujets prévus au programme et ils y réussirent pleinement si l'on en juge par les éloges qui leur furent décernés lors des séances de clôture, notamment par le juge Billard, habile à semer les fleurs de la rhétorique : « Semblables à l'aigle qui, pour exercer ses petits à voler, voltige doucement au-dessus de ses aiglons et les provoque à faire usage de leurs ailes, vous avez de même, Messieurs qui présidez les six corps des marchands avec autant de distinction que de dignité, excité par votre exemple les jeunes marchands à venir profiter des leçons qu'un maître habile et savant leur a données sur toutes les parties du commerce, sur ses lois et usages et sur la jurisprudence consulaire... Vous méritez bien juste-

---

(1) Une délibération du 7 septembre 1788 apprend que les consuls de Dijon, après avoir félicité leurs collègues de Paris, créèrent en leur juridiction un cours « à l'instar » *(sic)*.

ment nos éloges et le tribut de notre reconnaissance (1)... vous coopérez avec nous au bien général du commerce : c'est l'unique but que nous nous sommes proposé, qui n'est pas moins avantageux aux négociants que propre à honorer et faire fleurir le commerce dans toute la capitale. »

En 1784, l'agréé Gorneau, sur qui l'on comptait, se trouva empêché de reprendre le cours et, par suite d'un malentendu, les juge-consuls se trouvèrent sans professeur à l'époque où le cours devait rouvrir. La compagnie des agréés, sollicitée au dernier moment, exposa que le temps lui manquait pour la préparation nécesaire. Sire Leclerc, juge, les avisa que si la juridiction devait en venir à s'adresser à un étranger, elle serait obligée de récompenser ses services en lui donnant une place d'agréé. Rien n'y fit : on fut obligé de décider que le cours serait suspendu pendant une année.

1785 arriva : les mêmes difficultés se présentèrent. De plus les événements politiques se précipitaient et occupaient l'attention des juges. La réouverture des cours fut ajournée et les changements de 1790 arrivèrent avant qu'il eût été possible de rendre la vie à l'institution si généreusement créée par la juridiction.

(1) Les corps des marchands avaient alloué au consulat une somme de 600 livres pour participer aux frais des cours. (8 janvier 1782.)

Mais la bonne semence n'était pas perdue et nombreux furent les hommes qui se souvinrent des leçons reçues au Cloître Saint-Merri, lorsque le commerce et l'industrie reprirent leur essor sous la vigoureuse impulsion de Bonaparte, en l'an VIII.

CHAPITRE VII

1787-1788

Agitation générale. — Exil du Parlement à Troyes. — Adhésion des juge-consuls à sa politique. — Lettre aux Pères de la Patrie. — Retour du Parlement à Paris. — Visites, félicitations et discours. — Ministère de Necker. — Convocation des États généraux. — Mémoire au Roi en faveur d'une représentation spéciale des commerçants. — Adhésions des sièges de province.

L'année 1787 fut le point de départ des grands mouvements qui précédèrent et déterminèrent la Révolution : toutes les classes de la société française s'agitaient dans le plus grand trouble et il était difficile même aux plus indifférents de ne point s'intéresser aux affaires publiques. Les événements extérieurs eurent donc, dès cette époque, une répercussion considérable parmi les juge-consuls et la Compagnie.

L'assemblée des notables s'était réunie au commencement de 1787 et avait clos ses travaux le 25 mai, après avoir accédé à la presque totalité des mesures réclamées par le ministre Loménie de Brienne (1).

---

(1) Né à Paris en 1727, mort en 1794 dans son lit. Archevêque de Toulouse et de Sens, membre de l'Académie française. Succéda à

Le garde des sceaux Lamoignon (1) avait prononcé, dans le discours de clôture, ces paroles imprudentes dont il ne prévoyait pas alors le caractère prophétique, mais qui eurent un énorme retentissement dans toute la France : « Vous avez été le conseil de votre Roi; vous avez préparé et facilité la révolution la plus désirable... »

La Révolution, en effet, était commencée.

Le Roi voulut faire transcrire sur les registres du Parlement les édits consentis, en principe, par les notables; la Cour s'y refusa. Louis XVI ordonna cet enregistrement dans un lit de justice consacrant le nouvel impôt sur le timbre et l'impôt territorial, tous deux impopulaires. Le Parlement répondit par un arrêt célèbre du 6 août 1787, déclarant que le Roi *était incapable*, par des édits, de priver la nation de ses droits et d'autoriser une perception contraire à tous les principes.

Deux jours après le Parlement était exilé à Troyes le 15 août 1787.

Les juge-consuls, comme tous les bourgeois de Paris, avaient suivi la lutte du Parlement avec d'autant plus de passion que ce grand corps possé-

---

Calonne en 1787. Céda la place à Necker en 1788, puis obtint le chapeau de cardinal, qu'il renvoya en 1791 en adoptant la constitution civile du clergé.

(1) Né à Paris en 1735, mort en 1789. Président à mortier au Parlement en 1758. Garde des sceaux en 1787.

dait alors toutes leurs sympathies. Magistrats populaires, ils restaient profondément attachés à leurs origines et ils avaient l'intuition bien nette que les batailles auxquelles ils assistaient en haut lieu mettaient en présence, non pas le faible et paternel Louis XVI, mais les partisans acharnés de l'ancien ordre de choses, représentés par le ministre de Brienne, et le Parlement, poussé, par la nécessité même, vers l'esprit moderne.

Le dilemme était grave : allait-on conserver tous les principes de l'ancien régime, en les accordant à l'unisson des aspirations nouvelles? ou bien fallait-il faire table rase du passé et réédifier un monde de toutes pièces?

Quiconque adoptait la première proposition applaudissait aux actes du ministère. Ceux qui étaient partisans de la seconde s'enthousiasmaient pour le Parlement, non pas parce que cette assemblée était bien nettement « révolutionnaire » (1), mais simplement parce qu'elle était en lutte avec les hommes au pouvoir.

Dès que la Cour eut reçu ses lettres d'exil à Troyes, les juge-consuls, imitant l'exemple immuable de leurs prédécesseurs, ordonnèrent qu'il serait sursis pendant un mois à la contrainte par corps sur l'exécu-

---

(1) Elle se discrédita au contraire dans l'opinion publique en 1788 en s'opposant à diverses réformes désirées par le Roi.

tion de leurs jugements, toujours en raison de l'appel devenu impossible ou très difficile.

Ensuite s'agita la grave question de la conduite à tenir en présence des événements.

Les juge-consuls en exercice réunirent la Compagnie et l'avis unanime prévalut qu'il était du devoir de la juridiction de manifester ses sentiments envers le Parlement. L'opportunité d'une visite à Troyes fut envisagée et rencontra de nombreux partisans.

Mais on convint généralement que cette visite ne pouvait avoir toute sa signification que si elle était faite par les juge-consuls en exercice, les seuls qui, pour l'extérieur, disposassent de l'autorité et du prestige, et dès lors la Compagnie eut la sagesse de faire passer les intérêts des justiciables avant la satisfaction de ses désirs. « Il y aurait, dit un brouillon de procès-verbal conservé aux Archives de la Seine, grand préjudice pour le commerce si les juge-consuls s'absentaient en ce moment de Paris et vaquaient deux ou trois audiences, ce qui n'aurait point encore eu lieu. Le nombre des affaires soumises à la juridiction étant présentement très considérable parce que beaucoup d'autres tribunaux ont cessé leurs fonctions, il conviendrait au contraire que les juges des marchands redoublassent d'efforts pour assurer la prompte justice si nécessaire en ces temps troublés. »

Les juge-consuls ont laissé sur leur registre de délibérations un « Précis de ce qui s'est passé à la juridiction consulaire, depuis le 15 août, jour de la translation du Parlement à Troyes, jusqu'au 1er octobre, que la chambre des Vacations a repris ses séances dans la capitale ».

Nous possédons donc des renseignements complets à cet égard. Voici comment le procès-verbal relate succinctement la détermination de ne pas aller à Troyes : « Le siège, après mûres délibérations, a déterminé qu'il ne pouvait aller à Troyes présenter au Parlement ses respectueux hommages sans porter au commerce le plus grand préjudice, les audiences se trouvant surchargées par la cessation des autres tribunaux. »

Mais l'occasion de manifester publiquement les sentiments de la Compagnie ne se fit pas attendre.

Depuis longtemps, des plaintes s'étaient élevées dans les consulats de province relativement à la difficulté qu'éprouvaient les négociants élus à se déplacer, pour la prestation de serment, de leur domicile à la ville la plus prochaine où existait une Cour de Parlement. Le voyage et les frais obligeaient beaucoup de marchands à refuser des fonctions pour lesquelles ils semblaient désignés.

De son côté, le Parlement de Paris tenait beaucoup aux prérogatives de suzeraineté qu'il s'était arrogées.

L'édit de 1563 avait décidé que les « juge et consuls des marchands feroient le serment devant les anciens ».

Mais le Parlement n'enregistra cet édit qu'en exigeant que les magistrats consulaires prêtassent serment devant lui. Voici d'ailleurs la formule d'enregistrement, curieuse par elle-même : « Lecta, publicata et registrata, audito et hoc requirente procuratore generali Regis, de mandato expresso eiusdem domini nostri Regis; cui tamen placuit, vt hi qui in judices mercatorum assumentur; iusiurandum prestent, quod prestari solet ab his, a quorum sententiis ad Curiam appellatur. Idque permodum prouisionis duntaxat, et secundum ea quæ in registro curiæ prescripta sunt. Parisiis in Parlemento, decima octaua die juanarij, anno Domini millesimo quingentesimo sexagesimo tertio.

« (Sic signatum) : Du Tillet. »

Cette modification ne fut pas apportée à tous les édits royaux de création de sièges consulaires. Quelques-uns de ces édits furent muets quant au serment. Il en résulta de grandes confusions.

Dès le milieu du dix-septième siècle, la nécessité amena généralement la coutume de faire recevoir le serment par le juge royal du lieu où siégeaient les consuls, ce juge agissant en vertu d'une délégation du Parlement.

Mais cette méthode, simple en elle-même, donna lieu à mille difficultés, car les juges inférieurs, qui étaient loin de vivre en bonne intelligence avec leurs collègues du commerce, trouvaient là matière à perpétuelles vexations (1). Le Roi résolut d'y mettre fin.

Le 8 septembre 1787, le procureur général Joly de Fleury envoya à la juridiction consulaire des lettres patentes enregistrées par le Parlement, à Troyes, et ainsi conçues : « Lettres patentes du Roi qui ordonnent que les juges et consuls autres que ceux de la ville de Paris, qui seront élus, seront tenus de prêter serment entre les mains des anciens consuls sortant de charge. Registrées, ouï et ce requérant le procureur général du Roi, pour être exécutées selon leur forme et teneur à la charge néanmoins que les juge-consuls de Paris continueraient de prêter serment en la Cour en la manière accoutumée, copies collationnées desdites lettres envoyées aux bailliage et sénéchaussées, ensemble aux juridictions consulaires du ressort pour y être lues, publiées et enregistrées. A Troyes, en Parlement, la Grand'Chambre et Tournelle assemblées, le 3 septembre 1787. Signé : Lebret. »

Les juge-consuls de Paris enregistrèrent ces lettres après lecture à l'audience du 10 septembre suivant.

---

(1) LEGRAND, *Juges et Consuls*, p. 85.

Et aussitôt, ils écrivirent au procureur général la lettre suivante :

Monseigneur,

Nous avons l'honneur de vous remettre ci-inclus l'acte de publication, faite à notre audience du 10 du présent mois, des lettres patentes concernant la prestation de serment des juge-consuls, que vous nous avez envoyées le huit.

Pardonnez-nous, Monseigneur, la liberté que nous prenons de présenter à la Cour nos très humbles remerciements de la bonté vraiment paternelle avec laquelle elle a bien voulu prendre la défense du commerce, menacé de la plus grande calamité (1) ;

De lui témoigner nos vifs regrets sur les fautes désastreuses qui nous privent de nos augustes supérieurs ;

Et d'agréer les vœux ardents que nous ne cessons de faire pour le retour des Pères de la patrie, seul capable de calmer les craintes, et de ranimer l'espoir du bonheur dans le cœur de la nation.

Nous sommes avec respect, Monseigneur, vos très humbles et très obéissants serviteurs,

Signé : Gibert, juge
Baroche, Testart, Dumelle, Knapen, consuls.

Comme on le voit, il était difficile d'exprimer plus éloquemment les sentiments de la juridiction et de prendre plus nettement position dans la politique : pour que de simples marchands se permissent de taxer les actes royaux de « fautes désastreuses » et

(1) Allusion à l'impôt sur le timbre.

de voir dans le Parlement rebelle « les Pères de la Patrie », il fallait que l'ancien ordre de choses fût déjà bien atteint : la génération de « rénovation » prédite par sire Guyot, en 1780, avait pris sa place dans le monde et l'on s'apercevait de jour en jour qu'elle entendait occuper cette place tout entière.

Le Parlement reprit ses séances à Paris en septembre 1787. Il n'y a rien de mieux à faire que de citer maintenant *in extenso* le « Précis » des juge-consuls, qui forme une page d'histoire :

« Le Parlement ayant été rappelé dans le lieu de ses séances le samedi 30 septembre, la juridiction consulaire a envoyé son secrétaire à l'hôtel de M. Lepeletier de Saint-Fargeau, président la chambre des vacations (1), pour lui demander le jour et l'heure où la juridiction pourrait avoir l'honneur de le voir. M. de Saint-Fargeau était à la campagne; le suisse a répondu que si l'on voulait avoir audience, il fallait lui écrire; ce qui a été exécuté sur-le-champ. »

Copie de la lettre écrite à M. de Saint-Fargeau :

« Monsieur,

« Les circonstances ne nous permettant point encore de rendre nos hommages à la Cour et de lui porter les

---

(1) En 1789, député aux États-généraux, puis membre de la Convention. — Assassiné par le garde du corps Pâris, le 20 janvier 1793, au Palais-Royal. Eut les honneurs du Panthéon. Il habitait rue Culture-Sainte-Catherine un superbe hôtel, aujourd'hui Bibliothèque de la Ville de Paris, rue de Sévigné.

sentiments de la plus vive allégresse qu'a fait naître son retour dans le cœur de la nation, nous vous supplions de vouloir bien nous faire la grâce de nous indiquer le jour où nous pourrions au moins jouir de la satisfaction de vous présenter nos respects et l'expression de la joie publique.

« Je suis avec le plus profond respect,

« Monsieur,

« Votre très humble et très obéissant serviteur,

« *Signé* : Gibert, juge-consul. »

« Le lundi, premier octobre, on a été instruit que le Châtelet et le bailliage du Palais étaient au Parlement pour féliciter la Cour sur son retour, la juridiction consulaire a cru, quoiqu'elle n'ait pas reçu de réponse de M. de Saint-Fargeau, qu'elle ne pouvait se dispenser de se rendre sur-le-champ au Palais, à l'effet de complimenter la Cour, si la séance n'était pas finie, et à défaut prendre acte au greffe qu'elle s'était présentée ledit jour premier octobre. On est parti sur les 11 heures, accompagnés du greffier et de deux huissiers audienciers. En arrivant au pied du grand escalier, nous avons été instruits que la séance était levée et que messieurs étaient à délibérer dans la chambre de la Tournelle; nous avons cru qu'il convenait de nous présenter. Nous sommes montés par le grand escalier, précédés de deux officiers de robe courte, nos huissiers et le greffier. Étant arrivés à la porte de la Tournelle, nous nous sommes fait annoncer : M. Sainfray, substitut de M. le procureur général, s'est présenté, et nous a demandé si la Cour nous attendait; nous lui avons répondu que nous avions eu l'honneur d'écrire à M. le président de Saint-Fargeau, que nous n'avions pas eu de réponse, mais qu'ayant été instruits que le Châtelet et le bailliage avaient eu l'honneur de complimenter la Cour ce matin, nous le priions de demander à la Cour si elle voulait nous recevoir : on nous a fait entrer dans la salle de Saint-Louis, où, au bout d'un quart d'heure, M. Dufranc est venu nous annoncer que le Parlement allait prendre séance et nous recevoir; on a ouvert les deux battants, deux à trois mille personnes sont entrées (1), et le Parlement a suivi au bout d'un quart d'heure. Après que messieurs eurent pris leurs places un huissier a demandé à haute voix MM. les consuls. L'affluence du monde nous empêchait d'approcher. Deux officiers de robe courte ont fait faire place, et nous avons pris celles qu'occupent ordinairement MM. les avocats.

« MM. les consuls, sire Gibert portant la parole, ont dit :

« Messieurs,

« Les malheurs désastreux dont était menacée la nation, et singulièrement le commerce, étaient sans doute de nature à faire naître le désespoir dans le cœur de tous les Français.

(1) Ce chiffre paraît bien exagéré.

« Il ne fallait pas moins que les lumières supérieures de la Cour et son dévouement magnanime pour détruire l'illusion répandue autour du trône de notre auguste souverain, et lui faire connaître la vérité et le bien.

« Cette connaissance ne pouvait manquer de produire dans le cœur d'un Roi bienfaisant le désir de calmer les alarmes, de rétablir l'ordre, et de rappeler à lui les fidèles magistrats qui s'étaient si généreusement sacrifiés pour le soutien de ses véritables intérêts.

« C'est à cet événement à jamais mémorable, dans ce moment si désiré, que les juges et consuls supplient la Cour de leur permettre de déposer à ses pieds le tribut le plus pur de leurs humbles hommages, le sentiment de la plus vive reconnaissance et l'expression de la joie nationale sur son glorieux retour. »

« M. de Saint-Fargeau a répondu :

« La Cour est fort sensible à l'expression du zèle des juge et consuls ; elle leur donnera en toute occasion des preuves de sa confiance et de sa protection. »

« Les applaudissements, les claquements de mains et les vivats ont duré jusqu'à ce que ces Messieurs soient sortis de la chambre. M. Dufranc nous a priés de nous rendre au greffe pour y déposer notre discours, ce qui a été fait sur-le-champ. Nous avons cru que nous ne pourrions nous dispenser d'aller complimenter M. Daligre, premier président, nous avons marché avec le même cortège, et nous sommes entrés par la galerie qui conduit à son hôtel ; étant entrés dans la salle d'audience, on nous a annoncés,

M. le premier président s'est présenté, et MM. les consuls, sire Gibert portant la parole, ont dit :

« Monseigneur,

« Les juge et consuls de Paris ont mêlé leurs vœux à ceux de la nation entière pour le rappel de la Cour au lieu de ses séances.

« S'ils avaient pu suivre le mouvement de leur cœur et l'impulsion du zèle qui les anime, ils auraient été manifester aux pieds de la Cour les hommages respectueux qui lui sont dus; mais retenus par un service aussi rapide que rigoureux, ils n'ont pu remplir ce devoir.

« Aujourd'hui que la capitale fait éclater ses cris d'allégresse et de joie, la leur ne peut être muette, et ils viennent la déposer dans le sein d'un magistrat que ses vertus, comme le caractère dont il est revêtu, font également chérir et respecter. »

« La réponse de M. le premier président était remplie des marques de sa bienveillance pour la juridiction. Il nous a reconduits jusqu'à la porte de la salle d'audience, et il ne s'est retiré que lorsque nous avons été tous dans l'antichambre.

« Nous sommes rentrés à la juridiction sur les une heure, et nous avons tenu l'audience pour la campagne. Ledit jour, sur les 4 heures, nous avons reçu la réponse de M. de Saint-Fargeau à la lettre que nous avions eu l'honneur de lui écrire, et il nous a fait savoir qu'il nous recevra le lendemain sur les une heure.

« Nous nous sommes rendus en conséquence à la juridiction le lendemain 2 octobre; nous avons été chez M. de Saint-Fargeau, accompagnés du greffier seulement, les huissiers n'ayant pas été prévenus. On nous a annoncés : M. de Saint-Fargeau nous a reçus dans son cabinet. MM. les consuls, sire Gibert portant la parole, ont dit :

« Monsieur,

« Comblés des bontés vraiment paternelles avec lesquelles la Cour a bien voulu recevoir les témoignages de notre allégresse, il ne nous reste, Monsieur, à désirer que le bonheur de vous faire agréer l'assurance de notre parfaite reconnaissance et de notre profond respect. »

« Sa réponse a été très honnête et affectueuse; il s'est entretenu avec nous pendant un quart d'heure et nous a reconduits jusqu'à la porte de la salle d'audience. En sortant de chez lui, nous nous sommes rendus chez M. le procureur général pour lui présenter nos respects : il était à sa terre de Fleury. Nous nous sommes fait inscrire sur son agenda et nous sommes rentrés à la juridiction à 2 heures et demie. »

Ce retour du Parlement à Paris avait été autorisé par le ministère pour mettre fin aux violentes polémiques que soulevait son absence et qui troublaient même l'ordre public. En manifestant leur joie de ce retour, les juge-consuls avaient obéi à l'impulsion générale aussi bien qu'aux sentiments propres qui les animaient.

Mais, en reprenant ses sièges au Palais, le Parlement avait aussitôt recommencé la lutte contre le pouvoir royal; l'accord ne pouvait pas durer longtemps entre ces frères ennemis. La Cour comptait depuis 1775 un conseiller doué d'une élocution facile et chaleureuse, mais aussi d'un caractère agité et emporté : Duval d'Epréménil (1). Il se fit le chef de l'opposition et ne cessa de déclamer contre la cour de Versailles.

Un parti nombreux s'étant formé autour de lui, il parvint à créer un mouvement important d'opinion en faveur de la réunion des États généraux, réunion dont la pensée avait pris corps au sein des conciliabules secrets organisés par le duc d'Orléans, plus tard Philippe-Égalité, alors grand-maître de la franc-maçonnerie.

Le 8 mai 1788, dans un lit de justice tenu à Versailles, Louis XVI, sous la pression de Loménie de Brienne, cherchant tous les moyens de paralyser l'influence du Parlement et des Parlements de province, imagina d'ordonner une réforme générale de l'ordre judiciaire en France. Et pour permettre l'or-

---

(1) Né à Pondichéry en 1746. Fut député aux États généraux. Arrêté en 1793 et traduit au tribunal révolutionnaire, mourut exécuté le 23 avril 1794.

ganisation des tribunaux inférieurs et des tribunaux de grands bailliages que l'on venait de créer pour faire échec à l'énorme autorité des Parlements, le roi édicta que tous les Parlements resteraient suspendus jusqu'à l'entière exécution de son édit.

La mesure était impolitique et faillit soulever des émeutes dans tout le pays. Rouen, Rennes et Grenoble prirent fait et cause pour leur Parlement et partout la résistance la plus acharnée fut opposée aux ordres du Roi.

Mais le but avait été atteint en apparence, puisqu'en fait le Parlement de Paris ne siégea pas du mois de mai au mois de septembre 1788.

Cependant Brienne accumulait fautes sur fautes : il en vint à suspendre les paiements du Trésor et ne put dès lors résister au flot de colère soulevé contre lui. Il démissionna en août 1788 ainsi que le garde des sceaux, Lamoignon, qui avait adopté sa politique.

Necker revint au pouvoir et en un jour les fonds publics remontèrent de 30 pour 100.

Le Parlement reprit aussitôt ses fonctions et tel était alors l'état d'incohérence qui agitait le pays que, de toutes parts, on considéra comme un bonheur public ces deux mesures qui ne devaient pourtant marquer que bien peu sur les tablettes de l'histoire.

Les juge-consuls jugèrent à propos d'aller complimenter la Cour. C'était la seconde fois, en moins d'un an, mais de toutes parts des démarches semblables affluaient et la juridiction aurait cru manquer de patriotisme en s'en abstenant.

La visite eut lieu le 25 du mois de septembre 1788 et les registres du consulat en contiennent le récit détaillé. La veille, on avait fait une visite à M. de Barentin qui venait d'être nommé garde des sceaux (1). Il répondit en termes très flatteurs pour la juridiction, mais qui montraient combien peu il était renseigné à son sujet, « il fit différentes questions, dit la narration, sur la nature et le nombre des causes qui s'y jugeaient... »

Donc, le 25 septembre, sur les 9 heures et demie du matin, les juge-consuls, accompagnés de l'un des greffiers en chef et de deux huissiers audienciers, se présentèrent au Palais.

« Nous fûmes introduits dans la Grand'Chambre, les pairs y séant, et nous étant placés suivant l'usage, au banc des avocats, nous dîmes :

« Messieurs,

« Les malheurs sans nombre dont étoit menacée la nation et presque l'anéantissement total du commerce, étoient sans doute de nature à faire naître le désespoir dans le cœur des Français.

« Il ne falloit pas moins que le dévouement de la Cour

(1) Né en 1739, mort en 1819. Ministre incolore, il prononça un discours à l'ouverture des États généraux, mais fut accusé par Mirabeau d'être un des plus dangereux conseillers de la couronne. Émigra et disparut de la vie publique.

pour le bien public et sa ferme persévérance, pour faire parvenir jusqu'aux oreilles du vertueux monarque qui nous gouverne, la situation désastreuse de l'État, en luy montrant les playes dans toutes leurs profondeurs.

« Ouy, Messieurs, c'est votre noble dévouement pour le bien de la nation qui a fait parvenir cette triste vérité jusqu'au trône du monarque chéri des Français. Elle ne pouvoit manquer de produire dans son acte bienfaisant le désir de calmer les allarmes et de rétablir l'ordre en écartant de sa personne des ministres dangereux, et en rappelant à leurs fonctions les fidèles magistrats qui s'étoient si généreusement sacrifiés pour le soutien de ses véritables intérêts et de ceux de la nation.

« Quelle reconnoissance les juge-consuls ne vous doivent-ils pas, Messieurs, de les avoir préservés du désagrément de voir une partie de l'appel de leurs sentences portée à un autre tribunal qu'à celui de leurs pères *(sic)*.

« C'est dans ces circonstances, où la joye publique se fait entendre de toutes parts, que les juge et consuls de Paris supplient la Cour de leur permettre de déposer à ses pieds le tribut de leur plus vive reconnoissance et l'expression de la joye publique sur le bien que ses vertus ont opéré. »

Ce discours, comme on voit, est presque identique à celui prononcé en 1787 : toutefois l'ingérence dans la politique y est plus accentuée puisque l'orateur de la juridiction, sire Vée, ne craint pas d'apprécier les actes des ministres et même ceux du Roi.

Le premier président, Étienne-François d'Aligre (1),

---

(1) Né en 1726. Premier président en 1788. S'opposa à la convocation des États généraux et démissionna après la prise de la Bas-

répondit : « La Cour est sensible aux marques de zèle des juge et consuls, et leur donnera en toute occasion des preuves de sa bienveillance et de sa protection. »

Selon l'usage, on alla ensuite faire des visites aux hauts fonctionnaires du Parlement et partout il y eut échange de compliments et félicitations.

D'ailleurs la pratique s'était établie de ces congratulations entre gens ayant ou paraissant avoir les mêmes idées et les mêmes aspirations.

Nous voyons, en effet, les juge-consuls, aussitôt que leur arrive la nouvelle du remplacement de M. d'Aligre à la première présidence, par M. d'Ormesson (1) (novembre 1788 ; la politique ne laissait pas alors longtemps les gens en place), s'empresser d'aller féliciter le nouveau dignitaire.

Celui-ci, élève et neveu de d'Aguesseau, ayant fait toute sa carrière dans la magistrature où l'escortait une haute réputation de science, de travail et d'intégrité, connaissait bien la juridiction consulaire. Sa réponse mérite donc d'être citée tout entière : « Je suis sensible, Messieurs, aux choses obligeantes que vous voulez bien me dire. Ayant été avocat général, j'ai été à même de connaître avantageusement la juri-

---

tille. Mourut en émigration à Brunschwick en 1798, en laissant des richesses immenses.

(1) Louis-François-de-Paule Lefebvre d'Ormesson de Noyseau. Président a mortier au Parlement. Né en 1718, mort en 1789. Fut membre honoraire de l'Académie des Inscriptions.

diction qui a toujours été distinguée par la Cour comme le tribunal où la justice se rendait à moins de frais et le plus promptement. Votre usage de renvoyer devant des arbitres les affaires qui en sont susceptibles, celui de faire comparaître en personne les parties devant vous et de les interroger séparément, votre attention à chercher dans leurs aveux la vérité que le plaideur ne parvient que trop souvent à cacher dans les autres tribunaux, et enfin votre désintéressement, sont de sûrs garants de la sagesse et de l'impartialité de vos décisions. En toute occasion, Messieurs, j'aurai plaisir à vous donner des marques sincères de la confiance que j'ai en vous. »

Malheureusement cet homme remarquable, qui avait usé sa vie au service de l'État et maintes fois servi de médiateur entre la Cour et le Parlement, qui l'estimaient également, mourut en janvier 1789, et les juge-consuls eurent le regret d'aller en corps jeter de l'eau bénite sur son cercueil, le 12 janvier, sans avoir éprouvé les bienfaits des promesses qu'il avait faites de bonne foi.

Cependant, Necker avait, dès le mois d'octobre 1788, obtenu l'édit du Roi convoquant les Etats généraux pour le mois de mai 1789.

Aussitôt se posa de toutes parts la grave question de la représentation des trois ordres à cette assemblée.

Non seulement la bourgeoisie s'agitait pour obtenir une place proportionnelle à son importance, mais le commerce dut à l'initiative des juge-consuls de Paris un mouvement considérable du consulat de France en faveur d'une représentation spéciale des commerçants à l'Assemblée nationale.

Au mois d'octobre 1788, la Compagnie rédigea un mémoire au Roi, qu'elle fit imprimer et qu'elle adressa à tous les consulats de France. Un exemplaire de ce mémoire, imprimé par le consul Knapen, imprimeur de la Cour des aides et de la juridiction consulaire, rue Saint-André-des-Arts, est conservé aux Archives départementales de la Seine, ainsi que toutes les réponses dont il va être parlé et qui forment un volume important.

Ce mémoire est trop long pour être rapporté *in extenso* ici, quel qu'en soit l'intérêt. Voici des extraits des passages les plus remarquables :

Mémoire présenté au Roi par les juge et consuls de la ville de Paris.

AU ROI,
SIRE,

Lorsque, de toutes parts, le commerce sollicite des bontés de Votre Majesté l'admission d'un certain nombre de représentants à la prochaine assemblée des Etats généraux, ce n'est pas assurément qu'il ne rende aux deux premiers ordres de la monarchie le tribut de justice qui leur est dû à tant de titres. Également éloigné de toute idée qui porterait la plus légère atteinte aux droits si recommandables de l'agriculture, le vœu du commerce, Sire, son unique vœu serait de concourir de la plénitude de ses moyens à cette régénération du bonheur public, dont l'âme bienfaisante de Votre Majesté est si parfaitement occupée !

C'est sous ce même point de vue, Sire, que les juge et consuls de votre bonne ville de Paris, soit qu'une noble émulation les invite à réclamer la concurrence, que sembleraient leur promettre et la nature de leurs fonctions et le choix qui les y a élevés, soit qu'ils se parent du premier de tous les titres, du titre glorieux de vos fidèles sujets, ont cru qu'il étoit de leur devoir de déposer leurs très humbles représentations aux pieds de Votre Majesté.

. . . .

Reconnoitre, Sire, et constater la dette nationale, trouver les moyens d'y satisfaire de la manière la plus sûre, la plus simple et la moins onéreuse, opérer la réforme de cette multitude d'abus qui se sont introduits dans toutes les parties, en un mot, puiser dans le cœur même des Français les ressources qui seront à jamais le gage du bonheur d'un peuple fait pour en imposer à ses rivaux ; tels sont sans doute les grands intérêts qui formeront l'objet de la prochaine assemblée.

Qu'il nous soit permis, Sire, d'examiner au moins en substance, sous les yeux de Votre Majesté, de quelle influence seront sous ces divers rapports des commerçants dévoués par leur état même à la prospérité publique.

S'agira-t-il, Sire, de reconnoitre et de constater la dette ? Bien loin de proposer de ces réductions qui sont tout à la fois, et si contraires aux vrais principes et si opposées aux vues bienveillantes de Votre Majesté, le commerce, toujours prêt à faire le sacrifice de son intérêt personnel, s'empressera de donner l'exemple de la plus entière soumission...

S'agira-t-il de prononcer sur la nature et les effets de tel ou tel impôt? Placé près de cette classe infortunée que trop souvent l'opulence opprime, le commerce, en se pénétrant de l'esprit de justice, n'hésitera pas à soutenir que l'impôt qui doit être préféré est celui qui, pouvant se répartir d'une manière proportionnée aux facultés de chaque contribuable, ne fera que lui en offrir le plus heureux emploi.

S'agira-t-il de la réforme des abus? Courbé depuis trop longtemps sous le poids de cette foule de droits, la plupart arbitraires, ou tout au moins arbitrairement perçus, sans cesse en proie à ces formes judiciaires qu'une coupable avidité rend chaque jour plus funestes, le commerce, en dévoilant avec franchise les abus qui se sont formés dans son propre sein, ne craindra pas de demander la proscription de tous ceux qui l'environnent.

S'agira-t-il enfin d'un de ces actes de patriotisme qui, joint à la sévère économie déjà prescrite, pourroit tout à coup rétablir le crédit et la confiance? Plein de la plus juste vénération, plein du plus pur attachement pour le Monarque le plus digne de nos hommages, le commerce osera disputer à tous les ordres en dévouement et en générosité.

Lorsqu'à ces considérations, Sire, vient se réunir l'idée de cette sollicitude paternelle qui tient Votre Majesté si indissolublement attachée au bonheur de ses sujets, lorsque cette même sollicitude a imprimé dans le cœur de tous les Français le besoin pressant de se montrer les vrais enfants de la patrie! nous l'avouerons, Sire. il ne nous est pas permis de douter que le commerce ne soit admis à discuter ces grandes questions qui intéressent si essentiellement la prospérité publique.

Signé : Vée, juge.
Caron, Renouard, Gillet et Charier, consuls.

En même temps que cette requête était envoyée au Roi, elle était adressée indistinctement à tous les sièges consulaires de France, accompagnée d'une circulaire priant chacun d'eux d'examiner s'il ne devait point joindre sa voix à celle des consuls de la capitale.

L'enthousiasme pour l'idée émise gagna comme une traînée de poudre. Les juge-consuls de Paris ayant gardé en leurs archives les réponses de leurs collègues et la copie imprimée de chaque requête que l'on s'empressait d'envoyer sur le modèle de la leur, il est facile de se rendre compte de l'état d'exaltation tout à fait extraordinaire dans lequel se trouvaient alors tous les esprits. Et en débarrassant ces requêtes des redondances qui étaient alors de mode, il est encore plus facile de comprendre, par l'expression des desiderata de l'ensemble des consulats, qu'en cette fin d'année 1788, ce n'étaient plus des modifications ou des replâtrages que voulaient les hommes même les plus pondérés, mais le changement radical de tout un passé détesté. De toutes parts, néanmoins, se manifestaient les marques d'un sincère attachement à la personne de Louis XVI en qui l'on croyait voir le monarque marqué par la Providence pour la rénovation de la France. Personne ne se doutait alors que cinq ans ne s'écouleraient pas avant que ce même Roi, supportant la responsabilité de fautes dont il était innocent et succombant sous le fardeau d'une tâche trop lourde pour ses épaules, entendît retentir à ses oreilles un implacable : *Væ victis !...*

« Recevés nos sincères remerciements, Très Chers Collègues, d'avoir bien voulu nous communiquer votre requeste au Roy : les véritez qu'elle contient sont aussi frappantes que vos réflexions sont justes. » Ainsi s'expriment les consuls d'Auxerre en faisant tenir un exemplaire de leur requête à ceux de Paris. Non moins chaleureuses sont les lettres venant de : Alençon, Amiens, Angoulême, Angers, Arles, Autun, Beauvais, Bordeaux, Brioude, Calais, Châlon, Chartres, Châtellerault, Compiègne, Dieppe, Dijon, Grasse, Langres, Lille, Le Mans, Marseille, Montauban, Montpellier, Morlaix, Nancy, Nevers, Poitiers, Reims, Rennes, Saint-Malo, Saint-Quentin, Saulieu en Bourgogne, Toulouse, Tours, Troyes, Tulle, Vannes et Vire.

On voit que toutes les régions sont représentées, et il faut tenir compte de ce qu'il n'y avait alors un consulat que dans les villes les plus importantes de France.

Quant au Roi, il fit répondre :

Versailles, le 6 novembre 1788.

A Messieurs les juge-consuls de Paris,

J'ai mis, Messieurs, sous les yeux du Roi, le mémoire que vous auriez désiré présenter à Sa Majesté, par lequel vous lui demandez d'avoir des représentants à la prochaine assemblée des Etats généraux. Sa Majesté m'a ordonné de l'adresser à M. le garde des sceaux auquel je viens de l'envoyer.

Je suis très parfaitement, Messieurs, vostre très humble et très obéissant serviteur,

DE VILLEDAINT.

On prit toutes les requêtes en considération en haut lieu et la question d'une représentation du commerce fut sérieusement étudiée. Mais on finit par adopter l'opinion que le Tiers état ne devait pas être subdivisé ; qu'il était loisible aux électeurs de choisir pour députés des hommes appartenant au commerce mais qu'il n'y avait pas lieu de créer des députés spéciaux, ce qui aurait sans doute ouvert la porte à d'autres compétitions. En fait c'était un bon raisonnement.

Toutefois, l'idée ne fut point abandonnée par les commerçants et l'on sait qu'ils furent largement représentés aux États généraux de 1789.

CHAPITRE VIII

1789

Le Tiers état. — Discrédit du Parlement. — Les élections aux États généraux. — Les consuls Vignon et Leclerc députés de Paris. — Événements mémorables. — Félicitations des consuls à l'Assemblée nationale. — Visites à Versailles : Champion de Cicé et Necker. — Le Roi et l'Assemblée nationale à Paris. — Visite à Sa Majesté aux Tuileries. — Le district de Saint-Merri veut tenir ses réunions dans la salle d'audience. — Refus opposé par la Compagnie.

L'année 1789 s'ouvrit au milieu de l'agitation générale : une sorte de fièvre intense animait tous les Français à la pensée des élections des députés aux États généraux. De toutes parts on rédigeait les cahiers contenant les vœux et les doléances de la nation et que les députés devaient remettre au Roi. On sait que le résumé des principes contenus dans tous ces cahiers, dressé par ordre de l'Assemblée constituante et qui lui fut présenté dans sa séance du 28 juillet 1789, tient en ces quelques lignes : « Le gouvernement français est monarchique. La personne du Roi est inviolable et sacrée. La couronne est héréditaire de mâle en mâle. Le Roi est dépositaire du pouvoir exécutif. Les agents de l'autorité sont responsables. La sanction royale est nécessaire pour la promulgation des lois. La nation fait la loi avec la sanction royale. Le consentement national est nécessaire à l'emprunt et à l'impôt. L'impôt ne peut être accordé que d'une tenue des États généraux à l'autre. La propriété sera sacrée. La liberté individuelle sera sacrée. »

Ces principes n'étaient autre chose qu'une constitution; dans l'esprit national, la royauté autocratique devait cesser d'exister : il était clair que le pays entendait rendre les États généraux, sinon permanents, du moins périodiques.

La grande préoccupation de la bourgeoisie venait du mode de représentation qui serait accordé au Tiers état. Bien que cet ordre fût, en réalité, restreint, puisqu'il ne comprenait ni les roturiers des campagnes, ni les paysans, ni les serfs (car il en existait encore!), il était de beaucoup plus nombreux que l'ordre de la noblesse ou celui du clergé. On savait en outre que le clergé serait vite divisé, car nombre de prêtres ou moines ne cachaient nullement leurs intentions de se joindre au Tiers état.

La question se posait donc de savoir si chacun des ordres voterait en groupe ou par têtes, et par suite quel serait le nombre de députés que compterait le Tiers état, qui représentait près de 80 pour 100 de la nation.

Le Parlement, que présidait alors Bochard de Saron (1), avait commis l'immense faute, en enregistrant la déclaration du Roi convoquant les États généraux, d'émettre le vœu que la convocation et la composition de ces États fussent faites selon les formes observées en 1614 : c'était demander que le vote se fît par ordre et non par tête.

Ce vœu suffit à discréditer radicalement le Parlement dans l'opinion publique. Ce corps séculaire subit le sort le plus funeste qui pût être réservé à une assemblée jadis puissante et autoritaire : on le négligea, on l'oublia... La lutte s'établit directement entre le pouvoir royal et le Tiers état, et ce dernier en sortit vainqueur : Louis XVI décida que le Tiers aurait un nombre de députés égal à celui de la Noblesse et du Clergé réunis.

Nous devons noter ici pour ordre que les préoccupations du moment n'empêchèrent pas les juge-consuls d'aller saluer avec le cérémonial accoutumé le président Bochard de Saron. Mais il n'y eut ni discours ni réponse; on s'en tint à la politesse de part et d'autre.

Cependant, par déclarations des 28 mars et 13 avril 1789, le Roi avait déterminé le mode et les conditions des élections.

---

(1) Né à Paris en 1730, mort sur l'échafaud en 1794. Mathématicien et astronome distingué. Membre de l'Académie des sciences.

Chaque bourg, bourgade ou commune, selon le cas, devait d'abord tenir une assemblée générale des électeurs. Étaient électeurs les citoyens payant une contribution égale à une journée de prestations (environ 3 livres). Cette assemblée nommait un certain nombre de délégués choisis au scrutin secret parmi les électeurs payant l'équivalent de trois journées de prestations (10 livres). Ces délégués se réunissaient ensuite au chef-lieu du district, du bailliage ou de la prévôté et nommaient le député définitif, ou les députés si la circonscription en comportait plusieurs. Chaque député devait être propriétaire fermier et payer au moins 50 livres d'impôts. Pour Paris, on divisa la ville en soixante districts appelés à élire chacun un député, mais également par un vote à deux degrés. Notons en passant, à titre documentaire, que de 1789 à l'an III, les députés reçurent une indemnité de 18 francs par jour.

Deux consuls des marchands de Paris briguèrent et obtinrent la députation aux États généraux : Pierre Vignon (1) et Charles-Guillaume Leclerc. Le premier habitait le district des Petits-Augustins, quartier du faubourg Saint-Germain (rue de Grenelle, 20 et 22), le second le district Saint-Jacques.

Les assemblées du Tiers état des districts de

---

(1) Le futur président du tribunal de commerce.

Paris se tinrent le 21 avril 1789, généralement dans les églises de chaque quartier. Celle du district des Petits-Augustins fut présidée par M. d'Hermand de Clercq, ancien avocat au parlement, honoraire au conseil du roi. Pierre Vignon, nommé d'abord scrutateur avec trois autres personnes, recueillit ensuite le plus grand nombre de voix, soit 88 pour la fonction de délégué. Dans l'élection générale du Tiers état qui eut lieu à l'hôtel de ville, Vignon fut élu le troisième des députés de Paris (1). Le premier était Bailly, dont le nom seul évoque la biographie. Le second était Armand-Gaston Camus, qui mourut garde général des Archives nationales et membre de l'Académie des Inscriptions et Belles-Lettres, en 1804; on sait qu'il sauva probablement la vie à la fille de Louis XVI, la future duchesse d'Angoulême, grâce à l'échange que l'on fit de cette princesse, en 1795, contre Camus qui, en qualité de membre du comité du Salut public, chargé d'arrêter Dumouriez, avait été livré par ce dernier aux Autrichiens (1793).

Le juge Leclerc eut le quatorzième rang sur la liste des députés de Paris.

Peu de jours s'écoulèrent entre les élections et la réunion des États généraux à Versailles (5 mai 1789).

(1) Détails gracieusement donnés par M. Vignon, petit-fils de Pierre Vignon, et conseiller à la Cour d'appel de Paris. Voir aussi : CHARAVAY, *Assemblées électorales de Paris*, et BRETTE : *Les Constituants*.

Tout le monde connaît les péripéties mémorables des journées de mai et juin 1789 à Versailles : le Tiers état demandant que la vérification des pouvoirs fût faite en commun par les trois ordres; le refus des privilégiés; la séance du 17 juin dans laquelle le Tiers état, auquel s'étaient joints de nombreux députés du clergé et de la petite noblesse et qui représentait ainsi 96 pour 100 de la nation, se déclara Assemblée nationale par 491 voix contre 90; la fermeture de la salle des États par ordre du roi, puis la réunion dans la salle du Jeu de Paume, le 20 juin, et le serment à jamais célèbre prêté sous la présidence de Bailly.

Le 27 juin, les ordres dissidents se rallièrent au Tiers état, et l'Assemblée nationale devint l'Assemblée constituante.

Cependant le départ de Necker, son remplacement par le ministère rétrograde du vieux maréchal de Broglie et la concentration de troupes autour de Paris, amenèrent l'insurrection du 14 juillet et la prise de la Bastille. Necker fut rappelé, Bailly nommé maire de Paris et La Fayette commandant de la milice nationale, qui arbora la cocarde tricolore.

Ce fut dans ces circonstances que les juge-consuls de Paris décidèrent de porter leurs félicitations à l'Assemblée nationale, le 25 juillet 1789. Laissons la parole au procès-verbal :

« Le siège ayant appris que le Parlement et la Cour

des aides avaient été à Versailles complimenter l'Assemblée nationale, a cru devoir également saisir cette occasion de témoigner l'intérêt que la juridiction consulaire prend à la chose publique. En conséquence, ayant fait prévenir le président de l'Assemblée par M. Vignon, ancien consul, un des députés, de l'intention que le siège avait d'aller présenter ses respects à l'Assemblée, le siège, accompagné de M. le greffier et d'un audiencier, s'est transporté à Versailles; et le président de l'Assemblée, vers l'heure de midi, ayant averti le siège qu'il pouvait entrer, le siège, accompagné de M. Leclerc, ancien juge, et de M. Vignon, ancien consul, et députés, *qui tous deux dans cette occasion, ont donné une marque de leur zèle et de leur attachement pour la juridiction*, le siège a été introduit par un huissier, et après avoir fait une profonde salutation au président, au Clergé, à la Noblesse et au Tiers état, M. Étienne, juge, portant la parole, a dit :

NOSSEIGNEURS,

La juridiction consulaire de Paris, en se présentant devant cette auguste assemblée, a pour but de vous offrir les sentiments dont elle est pénétrée; ce sont ceux de l'admiration, du respect et de la reconnaissance. Puissent, Nosseigneurs, nos félicitations, nos hommages et nos actions de grâce vous être agréables. Le commerce, cette branche si importante d'où dépend la prospérité d'un État, et dont nous sommes les représentants par nos fonctions, le commerce attend tout de la haute sagesse, de la prudence consommée, du courage magnanime, du dévouement patriotique qui, jusqu'à présent, ont dirigé vos travaux et vos délibérations. Les seuls vœux que nous ayons à former pour le bonheur de la nation, c'est, Nosseigneurs, qu'elle puisse toujours avoir des représentants aussi respectables et qui méritent autant de confiance.

M. le duc de Liancourt (1), président de l'Assemblée, a répondu le discours suivant :

L'Assemblée nationale, dont le désir est de veiller sur tous les intérêts de ce vaste empire, prendra dans une considération particulière la prospérité et l'extension du commerce français. Elle s'appliquera particulièrement à prévenir, par tous les moyens que sa sagesse saura lui indiquer, les faillites qui, depuis quelque temps, ont inquiété le commerce, et qui pourraient compromettre la réputation de loyauté qui a toujours si essentiellement et si avantageusement distingué la nation française.

L'Assemblée nationale agrée l'hommage de votre respect, Messieurs, et me charge de vous assurer qu'elle en est satisfaite.

---

(1) François-Alexandre-Frédéric duc de la Rochefoucauld-Liancourt, né en 1747, mort en 1827. Adopta la cause des réformes et fut membre actif du club des Feuillants. Nommé, en 1792, commandant militaire de Rouen, il émigra en Angleterre et aux États-Unis. De retour après le 18 Brumaire, il créa dans sa propriété de Liancourt la première école des arts et métiers. Il fut un homme de bien et un esprit libéral. Pair de France sous la Restauration, il s'attira la haine des hommes au pouvoir en raison de son libéralisme et fut disgracié par Charles X. Le jour de son enterrement, la police empêcha par la force les élèves de l'École des arts et métiers de porter son cercueil et il y eut une émeute dans Paris.

Cependant, la fermentation augmentait dans Paris, de toutes parts on créait des clubs et des journaux dans lesquels on se livrait aux polémiques les plus passionnées. La populace, entraînée par les déclamateurs du Palais-Royal (1), commençait à se rendre maîtresse de la rue, malgré les efforts de la municipalité nouvellement constituée. Le peuple de Paris misérable et affamé, surexcité par les démagogues avides de parvenir, se plaignait de ce que le Roi, la Cour, les ministres et l'Assemblée nationale elle-même continuassent à rester à Versailles.

Les révolutionnaires — et ils étaient déjà nombreux — sentaient bien qu'ils ne pourraient exercer un véritable ascendant sur les pouvoirs publics que lorsque toute la puissance active et fiévreuse de Paris les enserrerait comme dans un étau, leur communiquant son ardeur dévorante, et les obligeant à agir sur l'heure, sans réflexion, fût-ce pendant le court voyage de Versailles à Paris.

La gravité de cette situation n'échappa pas à la clairvoyance de Necker : il donna une première marque de condescendance envers les Parisiens, en venant personnellement installer la mairie de Paris le 30 juillet 1789. Cette visite fut bien vue de la popu-

---

(1) *La Société patriotique du Palais-Royal.* Arch. nat., C. 86, n° 8 Y-18795, f° 469. *Journal de la Cour et de la Ville*, août 1789. *Journal de l'Assemblée nationale*, Arch. KK-462.

lation et Necker reçut de flatteuses ovations : les observateurs remarquèrent pourtant qu'il demeura grave et recueilli, plus attentif aux mouvements et aux licences populaires qu'aux louanges et aux discours.

Le 30 août suivant, les juge-consuls, qui, sans doute, subissaient le besoin général d'agitation, reprirent le chemin de Versailles dans le but de saluer à la fois Necker et le nouveau garde des sceaux, le constituant Champion de Cicé, archevêque de Bordeaux (1).

Ils furent reçus d'abord par ce dernier en son hôtel de la Chancellerie et sire Estienne lui adressa le discours suivant :

MONSEIGNEUR,

Le Roi a confié à Votre Grandeur une des premières places de l'État; cet honneur sans doute est grand, mais ce qui peut lui donner à nos yeux le prix le plus flatteur, c'est que Sa Majesté s'est plu à penser qu'elle faisait le choix le plus agréable à la nation. Il n'y a effectivement personne qui n'ait applaudi à ce choix; la voix publique y a mis sa sanction, et trouve que c'est une justice rendue à vos mérites, à vos talents, à vos vertus (2). La juridic-

(1) Né à Rennes en 1735, mort en 1810. Garde des sceaux, il contresigna le décret de l'Assemblée constituante sur la constitution civile du clergé. Il émigra en 1793, revint en France en 1802 et fut promu à l'archevêché d'Aix.

(2) M. de Cicé professait à la Constituante les idées les plus avancées : il était le chef du parti du clergé qui était venu se joindre au Tiers-état le 17 juin.

tion consulaire, qui a, Monseigneur, l'avantage de vous avoir pour chef, satisfait à son vœu autant qu'à son devoir, en joignant ses félicitations à celles de tous les citoyens; elle s'efforcera, dans ce qui la concerne, de seconder les vues que Votre Grandeur a pour le bien, pour la prospérité du commerce, pour le bonheur général de la France. Elle espère ainsi mériter l'honneur de votre protection par son zèle pour le service public, et l'honneur de votre bienveillance par son dévouement et son profond respect pour Votre Grandeur.

Mgr le garde des sceaux répondit au siège les choses les plus agréables, entre autres « qu'il serait à souhaiter que les autres juridictions se modelassent sur la juridiction consulaire ».

Étant à Versailles, les juge-consuls désiraient vivement voir M. Necker; mais ils avaient reçu, en réponse à leur demande d'audience, une lettre ainsi conçue : « Mon séjour à Versailles ne me permet pas de profiter dans ce moment de votre politesse, mais je compterai toujours sur votre intérêt comme vous pouvez être assurés de mes dispositions à vous rendre service. »

C'était une manière polie d'éconduire la juridiction. Celle-ci ne l'entendait pas ainsi : M. Necker avait accordé audience à des magistrats de même ordre; il allait de la dignité du consulat de se présenter devant lui.

Sortant de l'hôtel de la Chancellerie, on se transporta donc avec l'escorte officielle en la maison du premier ministre des finances (titre nouveau conféré à Necker) et l'on fut assez heureux pour le rencontrer. Le discours était tout prêt, sire Estienne n'eut qu'à lire :

MONSEIGNEUR,

Votre éloignement et votre retour ont fixé l'opinion publique à votre égard, et votre modestie ne peut vous dissimuler les sentiments qu'ont pour vous les véritables Français. C'est comme tels que nous vous prions d'agréer nos félicitations, notre respect et notre reconnaissance. Les expressions nous manquent, mais soyez persuadé, Monseigneur, que les sentiments les plus vifs sont dans nos cœurs. Eh! pourrait-il en être autrement? Tous les yeux sont tournés vers vous et la nation semble mettre en vous tout son espoir. Le commerce en particulier, suspendu depuis longtemps, se flatte de votre protection et qu'il reprendra une nouvelle activité. Nous espérons tout de l'étendue de vos talents, de la profondeur de vos lumières, mais principalement de vos vertus. Puissent tous les nuages être dissipés et la France jouir longtemps de votre administration! Ce sont les vœux, Monseigneur, que nous formons pour votre bonheur et pour le nôtre.

Necker demanda copie de ce discours : il s'enquit du nom des consuls présents qu'il fit asseoir. Puis il s'entretint avec eux pendant près d'un quart d'heure de choses relatives à la juridiction et aux circonstances et le siège le quitta « ayant tout lieu de se louer de l'accueil qu'il avait reçu ».

Rentrés à Paris, les juge-consuls suivirent, sans y avoir de part, les graves événements qui se succédèrent : la nuit du 4 août, l'abolition des privilèges, la proclamation de l'égalité de tous les Français, celle de Louis XVI comme restaurateur des libertés publiques... C'était le beau temps ; les orages ne tardèrent point à éclater. Le 1er octobre l'appel du régiment de Flandre et le banquet que lui offrirent les gardes du corps furent le prétexte d'un terrible soulèvement du peuple de Paris surexcité par la famine. Le 5, Versailles est envahi ; le 6 la foule pénètre dans le château et le Roi et sa famille sont forcés de venir résider à Paris, où dès lors ils furent en réalité des captifs.

L'Assemblée nationale vint également siéger dans la capitale, d'abord à l'archevêché, puis aux Tuileries.

Les désirs des Parisiens se trouvaient donc comblés : du haut en bas de la population, ce fut une explosion de joie : les uns pensant que la présence des pouvoirs souverains ramènerait le calme et l'ordre dans Paris, les autres — les plus nombreux, — étant certains maintenant de leur mainmise sur les actes des gouvernants incapables de résister à la pression exercée par 600 000 habitants surchauffés par la presse et par les clubs.

On ne sera donc pas surpris de voir les juge-consuls endosser encore leurs robes de cérémonie, mobiliser leurs huissiers et leur greffier et se diriger vers les Tuileries, dès le 19 octobre, afin de complimenter le Roi *sur le parti que Sa Majesté a pris de résider dans sa capitale.* Connaissant les événements, l'on serait tenté de croire à une ironie de leur part en lisant ces mots : il n'en est rien. Tel était l'état d'ébullition des cerveaux que les gens les plus pondérés faisaient bon marché d'actes révolutionnaires pour ne considérer que la satisfaction de leurs vœux politiques.

Le procès-verbal de la visite aux Tuileries relate le discours de sire Estienne :

Sire,

Votre présence ranime tous les cœurs et semble donner à cette capitale une nouvelle existence : le commerce surtout, cette branche si importante de l'État, en attend les plus heureux effets et votre juridiction consulaire, composée de négociants, implore, au nom du commerce, votre puissante protection. Sire, nous sommes convaincus d'avoir en votre personne sacrée le meilleur des rois, et nous osons également assurer Votre Majesté, avec la franchise et la sincérité de citoyens honnêtes, avec le cœur de véritables Français, que vous avez en nous, Sire, de bons sujets, de fidèles serviteurs ; qu'il n'y a point d'efforts, point de sacrifices que nous ne soyons prêts à faire pour répondre aux vues de Votre Majesté et pour lui prouver notre respect, notre dévouement et notre amour.

Le Roi répondit avec bonté qu'il accordait sa protection.

La juridiction aurait désiré aller saluer la Reine et le Dauphin, mais la chose ne fut pas possible, l'installation aux Tuileries n'étant point encore disposée pour que Sa Majesté pût tenir appartement.

A la fin du procès-verbal de cette réception, les juge-consuls ont écrit sur leur registre la note suivante : « Le Roi donna son audience debout et aucun de ceux qui furent admis NE SE MIRENT A GENOUX. »

Certes les magistrats consulaires n'étaient pas des subversifs et ils n'auraient point affecté de manquer d'égards au Roi, mais tout l'esprit des hommes de 1789 se retrouve dans le soin même qu'ils ont apporté à bien spécifier l'ordre nouveau des choses.

De cet ordre, d'ailleurs, les juge-consuls n'allaient pas tarder à faire l'expérience.

Le mercredi 11 novembre 1789, le juge Estienne reçut la visite du curé de Saint-Merri accompagné du comité du district Saint-Merri, qui « le requirent » de consentir à ce que les assemblées générales dudit district se tinssent à l'avenir dans la salle d'audience de la juridiction.

Sire Estienne ne crut pas devoir répondre à cette demande avant d'avoir consulté la Compagnie.

La présence du curé de Saint-Merri à la tête de la députation n'est pas sans susciter un certain étonnement; il est fort probable que le comité du district avait jeté son dévolu sur son église comme cela se faisait dans tout Paris. Pour écarter le danger qui le menaçait, le digne homme avait pensé à ses voisins qui disposaient d'un local fort bien approprié pour les réunions publiques...

Mais la juridiction ne l'entendit pas ainsi.

L'assemblée plénière du consulat, « tout en se déclarant pénétrée d'attachement pour le bien public et du désir de concourir à tout ce qui peut l'intéresser, considéra que la salle d'audience servait journellement à la juridiction, que les réunions du comité du district se prolongeaient souvent fort tard dans la nuit et parfois même jusqu'au lendemain, que quand bien même les juges se restreindraient au seul usage de leur chambre du Conseil, le bruit inséparable d'une assemblée composée de citoyens de toutes les classes ne leur permettrait pas de vaquer à leurs occupations avec le calme et le recueillement qu'exige la discussion d'affaires qui intéressent le sort et la fortune des citoyens; en conséquence, d'une voix unanime, la Compagnie arrêta que les juge-consuls ne pouvaient ni ne devaient consentir à ce que les assemblées du district Saint-Merri se tinssent dans leur salle d'audience ».

Ce fut le dernier acte du siège pour l'année 1789 et l'avant-dernier de la Compagnie : encore une fois, en septembre 1791, elle devait être appelée à donner son avis, plutôt par condescendance que par nécessité, puis elle disparut avec les juge-consuls, lors de l'installation du nouveau tribunal de commerce...

CHAPITRE IX

1790-1791

La réforme de l'ordre judiciaire. — Rapports à l'Assemblée nationale. — Serment civique des juge-consuls. — Vote du maintien des juridictions consulaires. — Décret du 16 août 1790 instituant les tribunaux de commerce en France. — Fête de la Fédération. — Création du tribunal de commerce de Paris. — Nouveau costume des juges. — Désignation des présidents des assemblées électorales par les juge-consuls. — Luttes pour la conservation des propriétés de la juridiction. — La dernière audience des juge-consuls.

Une des premières réformes que l'Assemblée nationale de 1789 trouva à son ordre du jour fut la réorganisation de la justice en France, car tous les cahiers électoraux se plaignaient unanimement du chaos véritable dans lequel les institutions judiciaires étaient plongées. En outre on voulait à toute force supprimer les Parlements dont l'autorité était devenue odieuse à tous les hommes qui avaient en vue la régénération et l'unité du pays.

Le premier rapport sur l'organisation de la justice fut présenté à l'Assemblée nationale par Bergasse, député de Lyon, dans la séance du 17 août 1789, et il concluait notamment au maintien des juridictions consulaires.

Il n'entre pas dans les limites de cet ouvrage d'étudier les différentes phases par lesquelles passèrent les discussions relatives à la création des tribunaux de commerce, à leurs attributions, etc...

Cette étude a été faite, au point de vue juridique, par M. le président Legrand, dans son ouvrage *Juges et Consuls*, avec la haute science et la clarté de style qui ont toujours caractérisé ce magistrat éminent. Nous y avons puisé de précieuses indications et nous y renvoyons le lecteur désireux de s'instruire fructueusement. Nous nous tiendrons ici sur le terrain purement historique.

Le rapport de Bergasse fut joint, au mois de décembre 1789, à un second rapport dont fut chargé Duport, député de Paris (Bergasse avait donné sa démission de député en octobre 1789). Ce second rapport ne vint en discussion qu'au mois de mars 1790 et nous en reparlerons en son temps.

En effet, les événements politiques se succédaient avec une rapidité inouïe! L'Assemblée nationale faisait tous ses efforts pour opposer un frein au mouvement révolutionnaire qui gagnait tous les jours du terrain; mais les circonstances l'entraînaient malgré elle. Déjà les clubs et les journaux poussaient ouvertement à la déchéance de la monarchie et à la proclamation de la république. Les décrets de l'Assemblée qui avaient enlevé au clergé, pour les remplacer par une dotation annuelle sur le budget de l'État, ses dîmes (13 août 1789) et ses biens (27 octobre 1789), provoquaient des résistances dont se servaient habilement les ennemis de la royauté.

Il fallait opposer un contrepoids à ces mouvements que la grande majorité de l'Assemblée réprouvait. On amena donc le Roi à adhérer en grande pompe à la Constitution, ce qu'il fit dans la séance du 7 février 1790.

Électrisée par ses paroles, l'Assemblée nationale décida de prêter le serment civique. Chaque député jura solennellement d'être fidèle à la nation, à la loi et au Roi et de maintenir de tout son pouvoir la constitution décrétée par les représentants du peuple et le Roi… On croyait ainsi enrayer la désaffection envers la monarchie dont les symptômes apparaissaient de toutes parts.

Les juge-consuls furent des premiers à demander à prêter le serment civique et, le 9 février, ils furent introduits à la barre de l'Assemblée où le juge sire Lecomte prit la parole en ces termes :

Messieurs,

Les juge-consuls de cette capitale, pénétrés du plus profond respect pour cette auguste assemblée et partageant les sentiments qu'a produits sur vos esprits et sur tous les bons Français la démarche vraiment sublime du meilleur des rois, vous supplient, Messieurs, de les admettre à prêter entre vos mains le serment civique qui doit lier toutes les classes des citoyens au maintien de la nouvelle Constitution. »

M. le président Bureaux de Pusy (le futur auteur de la division de la France par départements) répondit :

Messieurs,

L'Assemblée nationale voit avec une vraie satisfaction des citoyens recommandables par leur probité et par leurs lumières, utiles par des travaux précieux qui vivifient l'État, donner encore l'exemple du respect et de la fidélité aux lois constitutionnelles de l'empire et vous admet à la prestation du serment civique dont je vais vous faire connaître la formule.

Ici, nous laissons la parole au procès-verbal :

« Il la lut et chacun de nous leva la main en disant : Je le jure.

« Nous fûmes honorés d'un applaudissement général. Après quoi le président nous fit part que l'Assemblée nous admettait à la séance. En conséquence un huissier nous ouvrit la barre et nous fit placer sur des banquettes disposées à cet effet des deux côtés de la barre et du président. Nous lui remîmes copie du discours de sire Lecomte et M. Bureaux de Pusy nous fit remettre la copie signée de lui de la réponse qu'il nous avait faite.

Signé : Le Comte, juge; Magimel, Le Clerc, Robert, Maillard, Jannin et Renouard, consuls et anciens consuls. »

Il ne faut pas voir dans cette démarche qu'une exaltation patriotique : les juge-consuls tenaient à attirer sur eux l'attention de l'Assemblée, car ils savaient que les projets d'organisation judiciaire allaient venir en discussion et que la juridiction consulaire serait vivement combattue.

Un puissant parti d'anciens jurisconsultes députés, à la tête desquels était Goupil de Préfeln, voulait l'unité absolue de la magistrature et la suppression de tous les tribunaux d'exception. Tout au plus, admettait-il des arbitres commerciaux à pouvoir étendu, pour les affaires purement commerciales.

La question : y aura-t-il des tribunaux de commerce? fut discutée dans la séance du 27 mai 1790. Ils trouvèrent d'énergiques défenseurs. Certainement un nombre important de députés avaient occupé des sièges consulaires et s'en souvenaient. Nous savons que deux députés de Paris, Vignon et Leclerc, avaient été consuls. Ils défendirent vaillamment l'institution qui leur tenait au cœur, et pour leur donner des armes, les juge-consuls de Paris avaient fait dresser par le savant agréé Gorneau un mémoire résumant admirablement la question.

Nérac, député, ne craignit pas de citer les juridictions consulaires en exemple : certes, dit-il, si les juges des cours supérieures avaient eu le même désintéressement, l'on n'aurait pas besoin de reconstruire en entier l'ordre judiciaire!

« L'histoire de la juridiction consulaire, dit M. Legrand, doit enregistrer avec reconnaissance les noms de Nérac (ou Noirac), Desmeuniers (député de Paris), Garat (dit l'aîné, pour ne pas le confondre avec son neveu, le célèbre chanteur) … »

Garat s'exprima ainsi : « Les consuls ont été établis par le chancelier de l'Hôpital. Il faut y regarder à deux fois, non seulement pour proscrire, mais pour faire le moindre changement à une institution dont le chancelier de l'Hôpital est l'auteur! Cette institution, que l'opinion publique a approuvée, a été maintenue dans toute sa pureté pendant deux cents ans. Elle présente trois avantages sensibles : une justice prompte, pas dispendieuse, éclairée et susceptible de toutes les mesures qui peuvent conduire à un jugement équitable. Et on oserait attaquer une semblable institution?

« On dit que les exceptions sont à craindre, mais les exceptions consulaires sont les plus aisées à définir… Si des marchands étaient réunis comme jurés à un tribunal (ainsi qu'on le propose), ce serait tel ou tel jour qu'il y aurait des audiences pour les affaires de commerce… tandis qu'à présent, il y en a tous les jours!… J'adjure tous les membres de cette assemblée qui voulaient des jurés : ici, ce seraient des jurés puisque des marchands nommés par des marchands jugeraient des affaires de commerce. Si tous les jurés qu'on vous proposait avaient été comme ceux-ci, je me serais bien gardé de m'opposer à leur institution!... »

Desmeuniers fit observer qu'on ne pouvait pas administrer un grand royaume sans quelques tribunaux particuliers : « Il faut examiner si ce ne serait pas surcharger les tribunaux ordinaires que de leur confier les affaires de commerce. L'année dernière, les consuls de Paris ont jugé 80 000 affaires, ceux de Bordeaux, 16 000. Il est évident que les tribunaux ordinaires n'y pourraient pas suffire... »

Après s'être fait lire les mémoires des députés extraordinaires du commerce et des négociants de Paris, l'Assemblée décida presque à l'unanimité qu'il y aurait des tribunaux particuliers pour les affaires commerciales.

Le décret sur l'organisation judiciaire fut rendu le 16 août 1790; l'article 12 avait pour titre : « Des juges en matière de commerce. » L'institution de Michel de l'Hôpital demeurait tout entière.

Mais tous les commerçants étaient appelés à faire partie de l'assemblée électorale. Répondant à un vœu mille fois exprimé, l'Assemblée retirait aux notables des corps des marchands le privilège de nommer les juges et de fournir les magistrats.

Il pouvait y avoir un tribunal de commerce dans chaque ville où l'administration départementale en ferait la demande. Chaque tribunal devait être composé de cinq juges, dont trois au moins devaient être réunis pour rendre jugement. Pour être juge il fallait avoir trente ans et avoir fait le commerce pendant cinq ans dans la ville où le tribunal était établi. Le président devait être âgé d'au moins trente-cinq ans et compter dix ans d'exercice commercial. La durée du mandat était de deux ans. Le président était nommé par une élection particulière ; les autres juges se renouvelaient tous les ans par moitié.

Enfin un article transitoire décidait que chaque tribunal serait institué par un décret spécial.

Les juridictions consulaires survivaient donc à toutes les anciennes organisations judiciaires du pays. Seule la composition des juges allait être changée, car le lien qui unissait la juridiction à l'aristocratie marchande était rompu. Néanmoins, c'était une victoire et on la célébra avec joie dans le vieil hôtel du Cloître Saint-Merri.

Le 14 juillet 1790, les juge-consuls n'avaient pas manqué de se rendre en grand gala à la fête de la Fédération nationale, célébrée au Champ-de-Mars pour la première fois.

A l'occasion de cette fête, où se trouvaient réunis tous les magistrats de Paris, on put faire la constatation que la population presque entière trouva matière à plaisanter à l'aspect des costumes quelque peu surannés des juges : leurs uniformes en étaient restés au temps de Molière et ne correspondaient plus à la simplicité spartiate qui commençait à être de mode. Dès ce jour, les robes et les perruques furent condamnées.

Le tribunal de commerce de Paris fut créé par décret du 27 janvier 1791, qui en même temps instituait quatre suppléants, mesure qui rendait inutile l'existence des conseillers du commerce.

L'élection devait être faite par des électeurs nommés par les commerçants de chacune des quarante-huit sections de Paris à raison d'un électeur par vingt-cinq citoyens présents. Chaque assemblée primaire devait être présidée par un commissaire nommé par la municipalité sur la présentation des juges en exercice, lesquels devaient continuer à rendre la justice jusqu'à l'installation des nouveaux magistrats. C'est ainsi que les juge-consuls de 1790 demeurèrent au siège en 1791.

Enfin, il était décidé que l'ancien costume serait supprimé et qu'à l'avenir les juges du commerce siégeraient en habit noir à la française, avec petit rabat blanc, sans perruque, et porteraient sur la poitrine un insigne ovale doré, suspendu au cou par un large ruban tricolore. Au centre de l'insigne était un cartouche rond émaillé en bleu, entouré de rayons dorés concentriques, sur lequel on lisait, d'une face : « La Loi » et d'autre face : « Juge de commerce ». Il existe plusieurs de ces insignes au musée Carnavalet, galerie de la Révolution (1).

Pendant que l'on travaillait à préparer les détails matériels des élections, sire Lecomte et ses assesseurs continuèrent à observer les traditions de la juridiction.

Les procès-verbaux des juge-consuls nous les montrent rendant visite à Duport-Dutertre, nommé garde des sceaux (2). Le discours de sire Lecomte laisse paraître la fierté de la juridiction : « Le tribunal consulaire, dit-il, est le seul de l'ancien régime qui, formé de juges négociants librement élus, ait été créé dans l'esprit de la nouvelle Constitution. Son patriotisme connu vous est un sûr garant de la sincérité de ses sentiments. »

Le 14 juillet 1791, ils assistèrent au *Te Deum* et à la messe chantés au Champ-de-Mars en mémoire de la Fédération du 14 juillet 1790, « où estant placés, écrivent-ils, en face de l'autel de la Patrie ».

(1) Voir *Collection des nouveaux costumes des autorités*. Paris, 1798. (Bibl. nat.).
(2) Avocat à Paris, ministre en décembre 1790, signa et promulgua « pour le Roi » tous les décrets de l'Assemblée nationale pendant la suspension des pouvoirs de Louis XVI. Il fut condamné à mort après le 10 août 1792 et exécuté près d'un an après, quelques jours avant le 9 thermidor.

Enfin, le vendredi 22 juillet suivant, les juge-consuls se réunirent pour fixer la liste des personnes qu'ils proposaient à la municipalité pour remplir les fonctions de commissaires des assemblées électorales. Cette liste est copiée sur le registre des procès-verbaux ; comme elle offre le grand intérêt de faire connaître les sections de Paris et les lieux où les électeurs devaient se réunir (les églises de chaque quartier), nous la reproduisons en appendice à la fin de cet ouvrage.

Les quarante-huit commissaires furent tous d'anciens consuls : sept suppléants furent choisis parmi de notables commerçants.

Ce devoir accompli, les juge-consuls reprirent leurs sièges.

Le 18 septembre 1791, la juridiction fut invitée par le maire de Paris, à assister à la proclamation de la Constitution. Par une raison non connue, « le président » (sic), seul, se rendit au Champ-de-Mars où la cérémonie eut lieu.

A cette époque, une question brûlante pour le siège revint sur le tapis : les propriétés des juge-consuls devaient-elles être comprises parmi les biens nationaux, dont la remise à l'État avait été ordonnée par les décrets des 19 décembre 1789, 17 mars, 14 mai, 9 juillet et 28 octobre 1790 ?

Le juge Lecomte réunit la Compagnie, qui se survivait encore, et l'on nomma quatre commissaires : Noël, Guyot, Leclerc et Vignon, à l'effet de faire un rapport pour sauvegarder les droits de la juridiction. Les conclusions de ce travail furent qu'à aucun titre les biens des juge-consuls ne pouvaient être réputés biens nationaux, puisqu'ils étaient la propriété particulière des marchands de Paris qui les avaient acquis de leurs deniers ; que dès lors ils ne devaient pas être autrement traités que les propriétés particulières et ne pouvaient pas devenir biens nationaux.

Ce mémoire étant des plus intéressants et des mieux documentés, sera reproduit *in extenso* en appendice à la fin de ce volume : on y retrouvera un précieux résumé de l'historique de la juridiction.

Il faut croire que les administrateurs des biens nationaux hésitèrent longtemps à se prononcer sur les droits des juge-consuls de Paris. Ce ne fut que le 3 ventôse an II (1793) que la Convention ordonna la remise à l'État des biens consulaires, dans des circonstances que l'on verra plus loin.

Jusque-là les juges-consuls d'abord et le tribunal de commerce ensuite, continuèrent à administrer leurs propriétés comme ils l'entendirent.

Les juge-consuls virent s'achever l'année 1791 et assistèrent du haut de leur siège à toutes les phases des élections qui devaient leur donner des successeurs.

Enfin, le 11 mai 1792, sire Lecomte, et messires Robert, Le Clerc, Janin et Renouard, tenant l'audience vers 11 heures du matin, virent entrer dans l'antique salle du Cloître Saint-Merri, de graves personnages qui les saluèrent profondément.

L'huissier de service s'étant rendu au-devant d'eux annonça aux juges du siège qu'ils avaient en leur présence le citoyen Pétion, maire de Paris, et une délégation du conseil de la Commune, lesquels venaient procéder, conformément à la loi, à l'installation des membres du nouveau tribunal de commerce de Paris.

Aussitôt, les juge-consuls suspendirent l'audience.

Ils descendirent gravement du siège après avoir soulevé une dernière fois leurs toques à la mode de Louis XIV, comme s'ils saluaient tout le passé de la juridiction.

Puis ils pénétrèrent dans la salle du Conseil, lentement et solennellement, avec l'émotion d'hommes qui avaient conscience d'entrer dans le néant.

Néant sans doute, mais pas oubli... : *Suum cuique decus posteritas rependit!*

LES ARMES DE LA JURIDICTION
CONSULAIRE DE PARIS
(Dessin de 1644.)

JETONS DES JUGE-CONSULS
RÈGNE DE LOUIS XVI

INSIGNES DES JUGES AU TRIBUNAL DE COMMERCE
PENDANT LA RÉVOLUTION
(1/2 grandeur.)

DEUXIÈME PARTIE

LE TRIBUNAL DE COMMERCE

1792-1800

CHAPITRE X

1792-1793

Le Tribunal de commerce de Paris. — Vignon, président. — Organisation nouvelle. — Un corps de garde au cloître Saint-Merri. — Participation du tribunal aux fêtes et cérémonies nationales. — Don patriotique. — Renouvellement' du tribunal en 1793. — Les juges jacobins. — Difficultés intérieures. — Certificats de civisme. — Désorganisation des agréés. — Nouveaux dons patriotiques. — Suppression du dîner du mercredi. — Suppression de la messe et de la chapelle. — Gratifications au chapelain et au sacristain. — Ère républicaine. — Destruction des insignes de féodalité. — La Terreur. — Arrestation du fils du juge Leclerc. — Condamnation du frère de l'agréé Gorneau. — Le décadi. — Les propriétés de la juridiction déclarées biens nationaux. — Nouveau budget du tribunal.

L'élection des juges du Tribunal de commerce commença le samedi 31 mars 1792. Ce jour-là, l'assemblée électorale du commerce se réunit d'après la convocation du procureur de la Commune, d'abord à l'hôtel de ville, puis dans la salle électorale de l'évêché.

Présidée d'abord par son doyen d'âge, M. Delafosse, elle le fut ensuite par M. Boursier, élu par scrutin, le tout suivant les prescriptions de la loi.

Soixante-quinze votants prirent part à l'élection : quarante-huit pour Paris, le surplus pour les cantons du département.

Pierre Vignon, ancien consul, ancien député à l'Assemblée nationale, fut élu président au deuxième tour par 49 voix sur 69 votants.

Le Clerc, également ancien consul et ancien député, fut nommé premier juge.

Vinrent ensuite :

Boursier, négociant, rue du Roule, 30 ;

Quatremère, Etienne, marchand drapier, rue Saint-Denis ;

Et Michel Sel, rue Saint-Martin, 241 (1).

Furent nommés suppléants :

Van den Yver, père, ancien banquier ;

D'Hervilly, marchand épicier ;

Salmon, marchand de vin ;

Et Rainville, marchand de bois.

Il est important pour le lecteur de retenir les deux noms écrits en italique.

L'installation du nouveau tribunal eut lieu dans la forme légale, le 11 mai 1792.

Pour la première fois, les juges avaient revêtu le

---

(1) Par une étrange omission, Michel Sel ne figure pas sur le registre des procès-verbaux du tribunal.

nouveau costume fixé par le décret du 27 janvier 1791 : l'habit noir avec rabat et l'insigne doré sur la poitrine.

Lorsque les juge-consuls eurent signé pour la dernière fois le plumitif arrêté à 11 heures du matin, le nouveau tribunal reprit l'audience et procéda de suite à la nomination de son greffier en chef. Son choix se porta sur Bon-Maximilien Thomas, l'ancien greffier de la juridiction consulaire.

Ensuite tous les auxiliaires du tribunal prêtèrent serment entre ses mains, en présence du public intéressé par l'acte de révolution pacifique auquel il assistait.

Le président Vignon ne modifia que fort peu les formes extérieures de la justice consulaire : il ne pouvait pas, d'ailleurs, briser d'un coup de plume les habitudes séculaires des plaideurs.

On devait surtout ne pas mécontenter les gens de la campagne qui tenaient à leur audience du matin, principalement le mercredi.

Toutefois la disparition des conseillers du commerce, celle de la Compagnie des anciens et de divers services accessoires, obligeaient à des remaniements dans les attributions des juges, dans le personnel et même dans les locaux.

Les suppléants reçurent la mission de s'occuper des faillites, des dépôts et vérifications de bilans, de l'examen des livres des sociétés, alors soumis annuellement au tribunal; les juges conservèrent toute la charge des affaires d'audience et elle était lourde. Le manuscrit de l'agréé Gorneau, déjà cité, relate que l'ancien siège léguait au nouveau environ deux mille procès à terminer et que la moyenne des causes du rôle en 1791 et 1792 s'éleva à cinquante mille inscriptions...

Quant aux locaux, ils devaient d'autant plus être transformés qu'en février 1792, les juge-consuls avaient dû ne pas s'opposer, sur la demande du citoyen Gibert de Lisle, commandant en chef du bataillon de la garde nationale de Saint-Merri, à l'établissement d'un corps de garde et d'une prison dans le rez-de-chaussée de leur hôtel.

En 1789, ils avaient pu, sans inconvénient, refuser leur salle pour les réunions du comité du district, mais en 1792 le « progrès » avait marché et il aurait été « incivique » et par suite dangereux de s'opposer à une réquisition des citoyens garde-nationaux.

On reporta donc les bureaux des audienciers et celui du clerc des présentations au premier étage. L'ancienne prison du tribunal fut abandonnée au corps de garde et l'on disposa une simple salle de dépôt, à tout hasard, au-dessus du palier du grand escalier.

Est-il besoin de dire que cette salle de dépôt ne servit jamais. Les nouveaux juges ne disposaient plus des pouvoirs illimités des anciens, pour leur police intérieure : ils préférèrent déférer aux tribunaux ordinaires les délits commis à leur barre.

En échange du service rendu, le bataillon des garde-nationaux s'engagea à fournir aux juge-consuls deux gardes en armes, tous les jours, depuis le commencement de l'audience de relevée jusqu'à la fin. Le nouveau tribunal conserva cette garde, qui fut son plus utile porte-respect, car il faut bien dire que le nouvel uniforme des magistrats n'inspirait pas la même déférence que la robe, surtout à une époque où toute marque extérieure de respect était considérée comme « le signe du plus vil esclavage ».

Nous avons dit que les juges s'étaient réparti le lourd travail imposé à leur juridiction : leur nombre était manifestement trop restreint pour qu'ils pussent y faire face sans une somme de dévouement extraordinaire. En réalité les commerçants nommés sous le régime de la loi de 1790 durent s'adonner à peu près entièrement à leurs fonctions et négliger toutes affaires personnelles. Sans doute, auparavant, les juge-consuls étaient-ils cinq seulement, tandis que le Tribunal de commerce comptait neuf membres : mais les premiers étaient puissamment secondés par la Compagnie des anciens et par les conseillers du Commerce, que ne remplaçaient pas entièrement les simples arbitres techniques que le Tribunal nommait pour l'instruction de certaines causes.

Cependant l'accomplissement journalier des fonctions judiciaires ne fut pas suffisant : les président et juges durent y ajouter la participation attentive à toutes les cérémonies, fêtes et réunions qui caractérisèrent la période révolutionnaire, et l'on sait s'il y en eut...

On sait aussi qu'il n'eût point été prudent d'y manquer, non plus que de laisser échapper toute occasion de proclamer son civisme.

Le registre des procès-verbaux du Tribunal de commerce du département *de Paris (sic)*, qui s'ouvre au 31 mars 1792, date de l'élection des juges, et qui, heureusement, n'est point encore fermé (ce n'est pas le même évidemment, cent six ans après!), relate soigneusement, mais sans trop de commentaires durant la Terreur, chaque acte de la juridiction, comme l'avaient fait les juge-consuls pendant la période précédente.

Pour se mettre à l'unisson des autres corps de l'État, on pensa qu'il fallait aller saluer l'Assemblée nationale au nom du nouveau tribunal; mais on apprit qu'elle ne recevait plus de députations, le nombre en étant si grand, chaque jour, que tout travail devenait impossible. Le lundi 20 mai 1792, les juges se réunirent donc et décidèrent, faute de mieux, « d'offrir leurs hommages à l'Assemblée par une lettre adressée à son président, ce qui fut fait ».

Le 3 juin, assistance en corps, au Champ de la Fédération, avec greffier et huissiers, à la fête célébrée en l'honneur et à la mémoire de Simonneau, maire d'Étampes.

Le 7 juillet, le Tribunal se rend en cérémonie à l'Assemblée nationale pour y entendre lecture du procès-verbal du matin, portant « déclaration de la volonté unanime et invariable de l'Assemblée en faveur de la liberté, la Constitution et le maintien des lois, et l'invitation à un redoublement de zèle dans l'exercice des fonctions judiciaires, à une union consacrée par l'exemple de l'Assemblée nationale ».

Le 14 juillet, fête de la Fédération et renouvellement du serment annuel.

Le dimanche 26 août, assistance à la marche et fête civique dans le jardin « des Tuileries » en l'honneur des citoyens morts le 10 août en combattant pour consolider la liberté et établir l'égalité.

Le 7 septembre, nouvelle visite à l'Assemblée nationale pour y prêter « entre les mains des législateurs le nouveau serment décrété le 6, relatif à la conservation des personnes et des propriétés ».

Le même jour, les juges notifient à leur greffier en chef l'arrêté pris par eux le 5, de surseoir à la contrainte par corps jusqu'au 1er janvier 1793, dans les sentences qui seront délivrées, et ce attendu les circonstances actuelles et l'absence de beaucoup de citoyens partis pour les frontières.

Le 14 septembre 1792, délibération célèbre! « Le Tribunal, pénétré de la nécessité de subvenir aux frais de la guerre et aux besoins de la Patrie, se fait un devoir d'offrir tout ce dont il peut disposer en argenterie, celle de la chapelle, consistant en une croix, deux chandeliers, des burettes et leur plat, le tout en argent doré. Cette offrande patriotique est adressée par le Tribunal et présentée par un de ses membres à la caisse de l'Extraordinaire où on lui en délivre un récépissé ».

(Remarquons qu'à cette époque, le Tribunal faisait toujours célébrer la messe en sa chapelle : il conservait donc les objets essentiels. Remarquons aussi que cette donation se borne à l'argenterie de la chapelle : celle de la salle à manger était gardée. Elle ne comportait — on l'a déjà vu — que des ustensiles de première nécessité pour le service des repas du mercredi, les seuls continués.)

Dimanche 14 octobre, fête place de la Révolution, en signe de joie de la reddition des Savoisiens.

Nous arrivons à l'année 1793 : le président Vignon et ses juges, dont les pouvoirs expiraient pour la plupart en avril, assistèrent seulement à deux fêtes : celle du 21 janvier, place des Piques (ci-devant place Vendôme), « en l'honneur du citoyen Pelletier, député, mort victime de son amour pour la Patrie, dont le corps est ensuite déposé au Panthéon » (il s'agit de Le Peletier de Saint-Fargeau, assassiné au Palais-Royal par le garde Páris), et celle du 27 janvier, place du Carrousel, « pour assister à la cérémonie de l'inauguration du chêne de la fraternité ».

Au mois d'avril, il fallut procéder à l'élection des juges pour l'année 1793.

Les plus violentes passions agitaient alors le corps électoral, divisé en modérés et en « ultras ». Personne ne songeait à faire passer les intérêts du commerce avant la politique : il y aurait eu incivisme à le désirer et danger à le proposer.

Le club des Jacobins était au faîte de sa puissance après avoir brisé les résistances des clubs antagonistes.

Ayant des représentants dans toutes les sections, il enserrait Paris dans un réseau de terreur et d'apeurement, car il fallait bien peu de chose pour être dénoncé par lui au comité de Salut public et envoyé au tribunal révolutionnaire, et encore moins de prétexte pour être rapidement condamné à mort !

Une des grandes attentions du club des Jacobins consistait à se rendre maître de toutes les assemblées électorales afin de placer partout les hommes de son choix.

Il n'y manqua pas pour l'élection des juges, d'autant plus que les noms de Vignon, de Leclerc et autres, les juges sortants, étaient, pour lui, synonymes de modérantisme, d'incivisme, de contre-révolution, etc...

Bien que la moitié des juges et le président eussent été élus pour deux ans, tout le tribunal avait pris la résolution de se retirer et de laisser la place à des citoyens moins suspects.

A force donc de crier, de menacer et d'agir, les Jacobins obtinrent la majorité dans la délégation du premier degré. La partie était gagnée, politiquement.

Mais, lors de la réunion du corps électoral, le 17 avril, leurs procédés eurent pour résultat l'absence de toutes candidatures. Il fallait, à la vérité, un certain courage civique, pour risquer bénévolement, et gratuitement, d'affronter des dangers facilement supputables.

De toutes parts, on se mit en campagne, et, en faisant vibrer bien fort la corde sentimentale et patriotique, pas trop usée encore, on réussit à trouver les neuf candidats nécessaires, qui furent de suite nommés, à la satisfaction des Jacobins, dont cinq membres entraient au Cloître Saint-Merri.

L'audience d'installation eut lieu le 13 mai 1793, sous la présidence d'une délégation du conseil général de la Commune.

« Le président Vignon et quatre juges tenoient

alors l'audience du matin, et avertis de l'arrivée de la députation, ont levé la séance à 11 heures du matin, après avoir clos le plumitif de l'audience. Les membres nouveaux du tribunal ont été introduits dans le parquet, savoir :

« Président : Charles Lesguilliez, négociant, rue et section des Lombards, quarante-neuf ans ;

« Premier juge : Michel La Dainte, ancien marchand épicier, rue Saint-Martin, section des Amis de la Patrie, cinquante-sept ans (nous retrouverons ce nom plus loin) ;

« Deuxième juge : Jean-Baptiste Thiérard, artiste (sic), grande rue faubourg Saint-Martin, section faubourg du Nord, quarante-sept ans ;

« Troisième juge : Jean Guéroult, ancien négociant rue du Four, au faubourg Saint-Germain, section du Luxembourg, cinquante-cinq ans ;

« Quatrième juge : Alexandre Minier, orfèvre-joaillier rue Saint-Louis (peu de temps après nommée rue Révolutionnaire), section du Pont-Neuf, ...ans, et absent par commisssion dans le département de la Vendée.

« Suppléants : les citoyens : Sautot, entrepreneur de bâtiments, Faitot, marchand de vin, Forestier, ancien fondeur-doreur, et Laurent, ancien négociant rue des Fossoyeurs (actuellement rue Servandoni). »

Le tribunal ainsi composé resta en fonctions jusqu'en 1797, à l'exception de Forestier, qui ne paraît pas avoir jamais siégé.

Les juges et le greffier prêtèrent serment et le tribunal ayant occupé ses sièges, il se passa la cérémonie suivante, assez caractéristique :

« Le président du tribunal a protesté tant en son nom qu'en celui de ses collègues, du plus inviolable attachement à leurs devoirs, puis a requis, au terme de la loi, l'engagement des membres de la Commune, au nom des citoyens, de porter au tribunal et à ses jugements le respect et l'obéissance que tout citoyen doit à la loi et à ses organes.

« Le président du conseil de la Commune, prenant la parole, a contracté cet engagement au nom du peuple. »

Pour la première fois, ce procès-verbal est daté : « 13 mai 1793, l'an deuxième de la République française ».

Ce fut au milieu des troubles profonds de la Terreur que le nouveau tribunal dut rendre la justice. Bien que les hommes appelés à succéder à Vignon, à Leclerc et à leurs collègues fussent loin d'avoir la valeur de ceux-ci, la politique ayant été le facteur principal de leur élection, il n'apparaît pas que la marche des affaires en eût souffert.

Mais tout jacobins et révolutionnaires qu'ils fussent, les nouveaux juges ne tardèrent pas à se rendre compte des terribles difficultés qui les attendaient.

Non seulement les dénonciations des plaideurs

mécontents affluaient au comité de Salut public ou dans les sections, ce qui ne valait guère mieux, mais les actes d'administration intérieure mêmes du tribunal étaient la cause de calomnies et de haineuses critiques. A tel point que les juges durent affecter de ne prendre aucune mesure nouvelle et de n'exercer aucune autorité.

De graves difficultés surgirent notamment par le fait de la désorganisation du corps des agréés, dont plusieurs durent fuir à l'étranger ou se cacher pour se soustraire aux poursuites des dénonciateurs. Gorneau, lumière du barreau consulaire, fut de ce nombre; sa charge passa à Jacta, mais il la reprit après la Terreur. Les agréés rencontrèrent les plus grands obstacles pour se procurer les certificats de civisme sans lesquels nul ne devait être admis à plaider devant les tribunaux. Ces certificats étaient délivrés par les sections, dans lesquelles figuraient de nombreux et tapageurs hommes de loi, anciens procureurs, huissiers, coureurs d'affaires, qui ne pouvaient admettre le petit privilège concédé par le tribunal à ses agréés : ils tenaient donc un moyen de vengeance et en usaient. Systématiquement le certificat de civisme était refusé à ces derniers : c'était leur fermer le chemin de la barre. Les juges les défendirent avec fermeté et, ne pouvant pas changer la situation, ils usèrent de tolérance, à une époque où toute bienveillance était un danger.

De plus, bien que le nombre des agréés eût été fixé à quinze, le tableau en comportait dix-neuf en 1793, sans qu'on pût trouver trace de leur réception et de leur serment. « A une époque, dit M. Guibert, où tout ce qui avait quelque apparence de privilège était incriminé et attaqué, il y aurait eu danger à constater sur des registres, des actes qu'on aurait facilement travestis et dénoncés comme blessant ce qu'on appelait les idées et les principes d'égalité. Refuser des sujets honorables ou qui étaient recommandés par des personnes influentes sous le prétexte que le nombre des agréés était limité, c'eût été donner occasion à la jalousie et aux passions mauvaises d'exciter le fanatisme révolutionnaire. »

Un fait digne de remarque, pourtant, c'est que, même au plus fort de la Terreur, les transmissions de cabinets d'agréés s'opérèrent à titre onéreux (1).

Continuons le résumé rapide des actes publics du tribunal :

17 juin 1793 : Il se réunit aux autres juges de la capitale pour aller féliciter, en corps, la Convention nationale de l'achèvement d'une constitution républicaine et démocratique (2) et de là se réunir au

---

(1) Guibert, *ouv. cité.*
(2) *L'acte constitutionnel* de juin 1793. Suspendu en octobre suivant, il ne fut jamais appliqué.

champ de la Fédération pour resserrer sur l'autel de la Patrie les liens d'union et de fraternité qui assurent à jamais le triomphe de la liberté, de l'égalité, de l'indivisibilité de la République...

10 août 1793 : Nouveau serment prêté au champ de la Fédération, de soutenir et défendre la Constitution décrétée par les représentants du peuple français.

4 octobre 1793 : « Le Tribunal : considérant que les fers des grilles des églises sont, par un décret de la Convention, mis en réquisition pour être convertis en armes destinées à combattre les ennemis de la République, arrête que les deux grilles de la salle d'audience, dont l'une sépare la chapelle, seront déposées et tenues à la disposition du comité révolutionnaire de la section de la Réunion ; qu'il lui en sera fait offre pour, par lui, en disposer. »

Cependant, les événements politiques se succédaient avec une rapidité inouïe ; la démagogie remplaçait la démocratie ; la liberté, bien que toujours proclamée et célébrée, n'était plus qu'un vain mot ; la Terreur régnait en maîtresse absolue. C'était un véritable gouvernement dans lequel le pouvoir exécutif était représenté par le comité de Salut public, qui avait sous ses ordres, outre les ministres, le redoutable comité de Sûreté générale, le pouvoir législatif par la Convention et le pouvoir judiciaire par le tribunal révolutionnaire. A Paris, en bas de l'échelle s'agitaient les sections, foyers terribles de délations et de dénonciations.

Tandis que la Convention faisait de grandes choses pour combattre et vaincre les envahisseurs de la France, elle décrétait, pour l'intérieur, la loi du maximum, la loi des suspects, dont l'application par le comité de Salut public et Fouquier-Tinville remplissait chaque jour la charrette du bourreau Sanson. Elle instituait aussi l'ère républicaine, et à partir du 7 octobre 1793, le *Moniteur* fit usage des dénominations nouvelles.

De son côté, la Commune de Paris, disposant de tout l'appui de Robespierre, et obéissant à Chaumette, devenait un État dans l'État, votant l'égalité des funérailles, les repas publics, l'abolition du culte catholique, etc...

Le Tribunal de commerce ne devait pas tarder à attirer l'attention de tant d'ennemis de tout ce qui disposait d'une certaine autorité et le civisme éprouvé des juges ne les tint pas à l'écart des suspicions.

Le 7 de la deuxième décade du premier mois de la deuxième année de la République française une et indivisible, le comité de Salut public du département (organe de la Commune) dénonça « un abus qui révolte les patriotes : c'est un *diner somptueux* qui se fait le mercredi de chaque semaine, aux frais de la

République, par le tribunal de commerce, dîner vraiment scandaleux et entièrement opposé aux maximes du républicanisme ».

En conséquence de cette dénonciation, le conseil général de la Commune, le procureur entendu, prit un arrêté « prohibant ce dîner et nommant les citoyens Talbot et Quéniart, commissaires pour faire un rapport sur la quotité et l'emploi plus utile des fonds destinés à maintenir *une déprédation* de l'ancien régime ».

Ces deux commissaires se présentèrent le 18 du mois au tribunal, à 3 heures, donnèrent lecture de l'arrêté aux juges, reçurent leurs explications et se retirèrent à 4 heures.

Aussitôt, le Tribunal se réunit et résolut, après avoir établi que ses membres n'avaient rien à se reprocher, d'adresser à la Commune un mémoire, non pas de justification mais d'explication sur sa conduite :

Magistrats du peuple !

Il a été fait au conseil général de la commune une dénonciation contre le tribunal de commerce *(sic)*. Il est de l'intérêt général que les membres de ce tribunal se disculpent aux yeux de leurs concitoyens.

Le mercredi est le jour auquel se présente le plus de causes de la campagne, qu'il est convenable d'entendre et de juger le matin pour faciliter aux parties le moyen de regagner leurs foyers dans la soirée. La séance se prolonge souvent jusques à trois heures de relevée et quelques fois plus tard ; c'est aussi le mercredi que se font les vérifications de créances des bilans déposés au greffe, par les juges supléans chargés de ces opérations.

Depuis du temps, ce jour a été choisi pour la réunion des anciens juges appelés par leur expérience aux causes dellicattes et compliquées mises en délibéré, ainsy que des arbitres nommés dans les diverses professions pour entendre et concilier les parties qui leur sont renvoyées par le tribunal.

La seule reconnaissance qu'il soit possible au tribunal de leur témoigner, de leurs opérations gratuittes, est le dîner fraternel qui a été dénoncé, ce qui fait une table de quatorze à dix-neuf couverts.

Le tribunal observe et affirme que la dépense n'en est pas aux frais de la République, puisque les juges ni aucunes des personnes attachées à ce tribunal ne sont salariés par la République, que les citoyens arbitres s'acquittent *gratuitement* de leurs fonctions et que l'entretien du tribunal n'est pas à la charge de l'État (1).

Les membres du tribunal, soigneux de remplir leur devoir et plus jaloux encore de conserver la confiance de leurs concitoyens, espèrent que cette explication effacera l'impression désavantageuse qu'il aurait pu recevoir de la dénonciation dirigée contre eux.

Nonobstant les justifications ainsi produites, le Tribunal obéit à la Commune et supprima momentanément le dîner du mercredi.

Ce mémoire renferme quelques renseignements

---

(1) Le tribunal était encore maître de son budget et de ses propriétés. Ce n'est que le 4 nivôse que l'hôtel fut déclaré propriété nationale.

précieux pour l'histoire et que l'on ne trouve pas ailleurs : 1° le maintien de la très vieille coutume de l'audience « maraîchère » (1); 2° le rôle particulier donné aux suppléants; 3° la continuation de l'usage d'appeler les anciens juges à donner leur avis dans les causes délicates, preuve aussi de ce que même les opinions politiques ne divisaient pas la juridiction; 4° le maintien de l'office des arbitres professionnels et 5° la gratuité de leurs fonctions.

Au commencement de ce même mois d'octobre 1793 (vendémiaire an II), les juges supprimèrent la messe qui, chose très surprenante, s'était toujours régulièrement célébrée en leur chapelle, avant les audiences. Le 11 octobre, ils prirent une délibération constatant cette suppression et décidant : que le calice et sa patène en argent, les six chandeliers et le goupillon de cuivre argenté, ensemble deux Christs de cuivre doré seraient déposés de suite au greffe de la maison commune; 2° que les chasubles et linge à l'usage du chapelain seraient rassemblés et mis dans une armoire à la disposition de qui il appartiendrait; et 3° que le local de la chapelle serait converti en cabinet d'audience pour le greffier, les arrangements devant être faits au plus grand ménagement des frais.

(1) Elle paraît avoir survécu jusqu'en 1814, époque de la création des « petits jours », mardis et vendredis. GUIBERT, ouv. cité.

Quelques jours après, le conseil général de la Commune décida de réunir la chasuble et le linge aux autres « dons » de la juridiction et la remise lui en fut faite.

Mais la suppression de la chapelle entraînait la suppression du chapelain. Le citoyen Darsin, que les juge-consuls avaient nommé en 1789, et qui, bien entendu, avait accepté la constitution civile du clergé, exposa donc au tribunal (c'est-à-dire aux farouches jacobins qu'étaient Lesguilliez, Ladainte, Thiérard et autres) « que la cessation de ses fonctions tant au tribunal qu'à l'église de Saint-Merri à laquelle il était attaché (1), le jetait dans l'embarras en lui enlevant la ressource qui l'aidait à soutenir sa famille ».

« Sur quoi, nous, attendu le patriotisme reconnu du citoyen Darsin, instruits d'ailleurs, qu'en effet, il partageait avec un père âgé, un frère et une sœur infirmes les produits de l'État qu'il exerçait cy-devant, et voulant lui donner des preuves de la bonne opinion que nous laissent de lui, et sa pitié filiale et le civisme dont il est animé, avons arrêté qu'il lui seroit remis une somme de 200 livres par forme de gratification. Avons pareillement arrêté qu'il sera donné au petit sacristain une gratification de 50 livres. Au tri-

---

(1) Cette église venait d'être affectée au culte bizarre des Théophilanthropes, qui l'avaient appelée « Temple du Commerce » à cause précisément du voisinage du tribunal de commerce.

bunal, ce 2ᵉ frimaire, an II de la R. F. une et indi visible, 22 novembre vieux stile. »

C'est la première fois que le registre des procès-verbaux porte le nom d'un mois du nouveau calendrier. Il est curieux de remarquer, d'ailleurs, que l'on s'y familiarisa lentement, car les places étaient d'abord laissées en blanc et remplies après coup, avec des ratures ou des fautes d'orthographe.

En ce mois de vendémiaire an II, les juges durent obéir à la loi qui venait d'ordonner de faire disparaître en tous lieux les objets portant des signes de féodalité : ils firent déposer les tapisseries des Gobelins qui ornaient la salle d'audience et leur chambre du Conseil « et qui étoient surchargées de ces marques du plus honteux esclavage »; on les relégua dans les greniers avec des boiseries sculptées enlevées un peu partout.

C'est à ce moment que disparurent les objets d'art que possédait la juridiction et dont on n'a plus retrouvé trace, ainsi qu'il a été dit plus haut. Sans doute, nous le répétons, des amis de la maison les prirent-ils en dépôt, pensant que la tempête passerait vite. Il en fut autrement et lorsque le président Vignon voulut, en 'an VII, rendre quelque éclat au tribunal, il ne retrouva que les tapisseries, dont on fit emploi comme on le verra plus loin.

Pour remplacer les insignes exécrés de la féodalité,

dont la disparition laissait les murs « dans un triste état de nudité », on y fit peindre à la détrempe des balances, des glaives et des bonnets phrygiens. Derrière le siège, l'artiste disposa un faisceau consulaire supportant des piques entre-croisées, des balances et des lauriers et un grand bonnet rouge.

Mais pendant que s'accomplissaient ces petits actes intérieurs, de bien graves préoccupations assaillaient le Tribunal, dont on se rappelle les relations presque journalières avec les « anciens ».

Les juges Quatremère et Vandenyver, de la promotion de 1792, venaient d'être arrêtés et incarcérés, le premier précisément à la suite d'un arbitrage que lui avait confié le tribunal, le second en qualité de banquier de la comtesse du Barry.

L'historique des procès de ces deux juges et de leur condamnation fera l'objet de chapitres spéciaux.

Déjà, au mois de septembre 1793, le tribunal avait partagé l'émotion du juge Leclerc, dont le fils avait été emprisonné à l'Abbaye, et de l'agréé Gorneau, dont le frère était incarcéré à la Force.

Henri-Martin Leclerc, âgé de vingt-quatre ans, était libraire, comme son père, boulevard des Italiens, à la Comédie Italienne. C'était un jeune homme ardent et beau parleur, qui avait le tort, bien grave alors, de trop s'occuper de politique.

Adonné complètement aux idées révolutionnaires,

il se croyait bien à l'abri de tout soupçon lorsque, le 20 août 1793, les agents de police vinrent le mettre en état d'arrestation, en vertu d'un ordre émanant du comité de Sûreté générale. Comme toujours, cette arrestation fut suivie d'une perquisition minutieuse, de l'apposition des scellés et de la fermeture du magasin.

Leclerc père et ses amis se mirent immédiatement en campagne pour éviter que l'affaire ne prît de graves proportions : c'était la crainte la mieux justifiée. On savait qu'il était parfois possible de faire fléchir le comité de Sûreté générale ; on savait aussi qu'il n'y avait rien à faire lorsque le tribunal révolutionnaire était saisi.

Emprisonné à l'Abbaye, le jeune Leclerc apprit, lors de son premier interrogatoire, le 31 août, qu'il était inculpé de propos contre-révolutionnaires, sur la dénonciation formelle de quatre citoyens de sa section, celle « Le Peletier », autrement dit « de la Bibliothèque ».

L'inculpation était d'autant plus sérieuse que Leclerc ne pouvait pas nier les propos ; il avait publiquement, en juillet 1792, blâmé les actes révolutionnaires de la Commune de Paris, et approuvé la conduite de Louis XVI, qui refusait d'obéir aux décrets de l'Assemblée législative. Il n'en fallait pas tant pour être condamné et exécuté dans les quarante-huit heures.

Heureusement, Leclerc père, ancien consul, ancien député à l'Assemblée nationale et ancien juge au Tribunal de commerce, comptait de nombreux amis dans la section Le Peletier. Il les fit agir avec la plus grande rapidité.

Plus heureusement encore, le secrétaire de cette section remit la main sur une délibération prise par elle en septembre 1792, à un moment d'expansion fraternelle, dans laquelle la section « arrêtait que tous les citoyens s'engageaient à oublier les actions et propos antérieurs au 10 août ».

C'était le salut. On réunit hâtivement la section qui prit un arrêté basé sur cette délibération, et décidant qu'elle devait être appliquée « obligatoirement aux actes auxquels Leclerc avait pu participer et qui étaient antérieurs au 10 août 1792 ».

Cet arrêté fut transmis au comité de Sûreté générale, qui ordonna la mise en liberté du jeune révolutionnaire, non sans toutefois l'obliger à fournir deux bonnes cautions de sa personne et à se représenter deux fois par semaine au comité de sa section.

Il fut libéré le 7 septembre 1793, et il est probable que son séjour d'un mois et demi à l'Abbaye, prison sinistre toute pleine encore des souvenirs de septembre 1792, lui mûrit plus l'esprit que la lecture de tous les philosophes du monde.

Nous aimerions à achever aussi heureusement le

résumé du procès d'Étienne-Pierre Gorneau, le frère de l'agréé et le fils de l'ancien et célèbre agréé du temps du consulat. Là aussi on mit en œuvre tous les rouages possibles pour arrêter l'affaire. Les juges, qui avaient la plus grande estime pour la famille Gorneau, s'employèrent de leur mieux, toujours pour empêcher le procès de s'ouvrir au tribunal révolutionnaire. Le malheur était que plusieurs membres de cette famille, et notamment l'agréé, étaient réputés « émigrés », bien qu'en réalité ils se fussent seulement cachés pour échapper à des poursuites. Aucune démarche ne fut utile, et Gorneau, Étienne-Pierre, commis auxiliaire à la deuxième division du ministère de l'intérieur, demeurant rue des Martyrs-Mont-Marat, fut traduit au tribunal révolutionnaire, en brumaire an II (novembre 1793 (1).

Il est certain que pour un citoyen touchant d'aussi près au gouvernement, Gorneau avait agi bien à la légère et l'on a peine à le comprendre lorsqu'on se souvient que la guillotine était en permanence et que, tous les soirs, les camelots de l'époque couraient Paris, en vendant pour un décime « la Liste générale et très exacte des guillotinés avec les causes de leur condamnation et leurs derniers moments... »

(1) Archives. W 300, dossier 295.

Le 1ᵉʳ juillet 1793, Gorneau avait, de son bureau (!), écrit à un de ses amis, habitant Bordeaux, une très longue lettre critiquant le décret de la Convention qui venait de nommer des commissaires représentants du peuple, à l'effet de se rendre en province pour surveiller l'exécution des lois. Barras était envoyé à Marseille et Tallien à Bordeaux, et l'on sait quel costume sensationnel ces représentants avaient adopté.

« J'ai vu, écrivait-il, ces députés qui s'en vont promener leur panache et leur écharpe en province... Je suis étonné qu'on mette tant d'empressement à voir deux députés qui ne sont pas si merveilleux qu'on pourrait le croire à Bordeaux. Quant à moi, je vous assure que je ne ferais jamais un pas pour voir des messieurs de ce genre. Quelques-uns de leurs principes me suffoquent déjà et je crois que leur présence me causerait une révolution bilieuse qui me serait funeste. Mais laissons là ces baladins :

Dans ce siècle falot (1), tel est notre délire

que :

Le plus sot se croit fait pour gouverner l'empire.
Un Marat siège au rang de nos législateurs
Et ce vil publiciste a des admirateurs.
L'orateur de tréteaux s'érige en Démosthène
Et monsieur de Santerre se croit plus que Turenne.

« Le séjour de Paris n'est pas de ces plus agréables

---

(1) Il fallait avoir bien envie de citer un vers pour rappeler celui-ci... en 1793!

à présent. On y est toujours aux alarmes, à la garantie des propriétés, dans la disette au sein de l'abondance...

« Instruisez-moi, je vous prie, des nouvelles des provinces : car on ne se doute pas de tout cela ici et les nouvelles s'ensevelissent au comité de Salut public et ne sont communiquées au peuple que quand on le juge à propos. »

Naturellement, cette lettre fut saisie à la poste par les agents du comité et le jour même Gorneau fut arrêté et incarcéré à la Force. La perquisition faite chez lui amena la découverte d'autres papiers des plus compromettants.

D'abord une copie, de sa main, d'une parodie de la *Marseillaise* :

> Le jour de deuil pour la patrie,
> Le jour de honte est arrivé.
> Du peuple aveugle en sa furie
> Le couteau sanglant est levé...

Puis une lettre conservée par lui et dans laquelle on lui exprime l'espérance « que le jugement de Louis ne sera pas aussi sinistre que plusieurs membres de la Convention le voudraient. Tous les honnêtes gens désirent qu'il vive, parce qu'il est certain que sa mort pourrait occasionner beaucoup de troubles en France et peut-être déterminer la guerre avec l'Angleterre et l'Espagne. »

Gorneau se défendit avec une grande énergie. Il adressa mémoire sur mémoire à Fouquier-Tinville, qui les classa soigneusement en son dossier. Il y faisait profession de sentiments « vraiment révolutionnaires » et affirmait avec force qu'il aimait la Constitution.

A l'audience publique, il attaqua l'acte d'accusation, en le déclarant contraire à la vérité, et il combattit avec l'ardeur du désespoir tous les griefs accumulés contre lui. Fouquier-Tinville ne se donna même pas la peine de répondre : il se contenta de faire passer les documents incriminés sous les yeux du jury.

Il faut croire cependant que la défense de Gorneau et peut-être sa jeunesse (vingt-six ans) impressionnèrent quelques jurés, car il eut 5 voix en sa faveur sur 12.

Malheureusement, sept le déclaraient coupable.

Il fut condamné à mort et exécuté le lendemain, 13 frimaire an II (2 décembre 1793).

Il est incontestable qu'il payait non seulement pour ses fautes et ses imprudences inouïes, mais encore pour l'incivisme de sa famille.....

Les analyses de ces procès nous ont écarté un instant de l'ordre chronologique des faits intéressant le Tribunal de commerce ; nous le reprenons, pour bien peu de temps d'ailleurs, car les affaires

Vandenyver et Quatremère nous arrêteront à la fin de l'année 1793 (nivôse an II).

Le 5 octobre, sur le rapport de Fabre d'Églantine, la Convention avait rendu un décret établissant « l'Ère française », donnant les nouvelles dénominations des mois de l'année et fixant les 10, 20 et 30 de chaque mois comme jours de repos (le décadi).

Le tribunal prit donc une délibération, le 20 de la deuxième décade du premier mois (11 octobre), décidant que « les jugements rendus lesdits jours pouvant être attaqués de nullité, les causes indiquées seraient, sans nouvelles citations ni frais, continuées au deuxième jour de la décade et que les audiences se tiendraient dorénavant tous les jours pairs excepté les jours de repos ordonnés ».

Nous avons vu que, depuis 1789, la question de savoir si les immeubles de la juridiction consulaire devaient être pris comme biens nationaux était restée sans solution. En conséquence, la juridiction avait continué à administrer ses biens comme par le passé.

Il en aurait peut-être été longtemps ainsi, si quelques tribunaux de province, également propriétaires de leurs locaux, n'avaient pas soulevé les colères des agents du fisc en se refusant péremptoirement à toute ingérence dans leur administration.

Saisie du fait, la Convention rendit, le 3 nivôse,

un décret en l'honneur particulier des consulats, décret qui mit fin sans discussion à toutes polémiques : « Les biens appartenant aux juridictions consulaires sont déclarés biens nationaux; ces tribunaux sont déchargés de toute autre administration que celle de la justice; les départements devront pourvoir désormais aux dépenses des tribunaux de commerce; ceux-ci seront tenus de rendre compte de l'administration desdits biens dans un mois à compter de la publication du décret. »

Aussitôt, les juges de Paris ayant été informés que les titres de leurs crédi-rentiers seraient portés sur le Grand-Livre de la Dette publique, institué par la loi du 14 août 1793, dressèrent l'état de leurs dettes, payèrent les arrérages échus au 1er vendémiaire an II, à ceux qui purent les recevoir, car beaucoup de rentiers préféraient garder l'incognito, et soldèrent tous les mémoires et factures de leurs fournisseurs. (Délibération du 6 nivôse an II.)

Puis, le primidi 21 ventôse an II, les citoyens Ladainte et Minier, juges, reçurent la mission de se rendre au département pour remettre le compte aux administrateurs, aux offres de représenter toutes pièces justificatives à l'appui. (Délibération dudit jour.)

En même temps, ils présentèrent un projet de budget évaluant leurs dépenses strictement nécessaires à 19 000 livres : ils avaient profité de la circonstance pour glisser un article relatif au repas des jours d'audience, afin de les rendre officiels, et ils demandaient pour y faire face 2 500 livres.

Après bien des informations et des discussions avec les administrateurs du département, on leur accorda un crédit de 12 000 livres, dans lequel les « dépenses de bouche » furent comprises pour 1 900 livres, avec cette mention : « L'on a considéré que des citoyens demeurant très loin du tribunal, obligés d'y être à 9 heures du matin jusqu'à ce que toutes les causes soient épuisées (et souvent elles ne le sont pas avant 6 à 7 heures du soir), il fallait nécessairement *au moins du pain, du vin, de l'eau, du fromage ou du beurre ;* qu'en conséquence, il était juste d'y pourvoir par un aperçu de 1 900 livres ».

Le rigorisme le plus sévère ne pouvait plus reprocher aux juges leurs festins orgiaques : les Spartiates auraient demandé un menu plus corsé...

A partir de ventôse jusqu'à thermidor an II, le Tribunal paraît avoir observé la plus prudente réserve, se bornant à prendre part aux « réjouissances » décrétées par la Convention ou par la Commune. Les procès-verbaux le constatent sans aucun commentaire.

Sous le coup de l'émotion provoquée par les procès de deux de ses anciens membres, dénoncé lui-même à plusieurs reprises, comme « incivique et ennemi du peuple », au comité de Salut public, il se restreignit soigneusement à l'exercice de la justice consulaire, évitant toutes les occasions d'appeler l'attention sur lui... Grâce à cela, les juges en exercice purent atteindre le 9 thermidor en restant au complet...

C'est pour nous le moment de faire l'historique des procès de deux anciens juges devant le tribunal révolutionnaire.

CHAPITRE XI

L'ancien juge Quatremère et les fournisseurs des armées de la République.

Au mois de mai 1793, le comité de l'habillement des troupes de la République donnait mission à l'un de ses membres, Philippe Rigaut, de traiter pour la fourniture d'un lot considérable d'uniformes destinés à la garde nationale des villes de France, avec cinq marchands tailleurs de Paris, les sieurs Pinard, Poujol, de Salles, Bourillon et Bouchet.

Bouchet obtint la commande de quatre mille cinq cents uniformes pour la ville de Meaux. Il devait les livrer dans un délai de deux mois, conformes, comme qualité et façon, à des échantillons et modèles déposés par lui et mis sous cachets en vue d'une comparaison future. Le prix total de la fourniture s'élevait à 53 965 livres.

Bouchet opéra une première livraison vers le milieu de juin. Rigaut, qui représentait le comité à Paris, autorisa l'envoi à Meaux et le sous-comité de cette ville emmagasina les habits sans faire aucune remarque.

La dernière partie fut envoyée un mois après, vers le 15 juillet 1793.

Quelque temps s'était écoulé sans que Bouchet eût entendu parler de rien, lorsqu'il reçut vers la fin du mois notification du sous-comité de Meaux, que ses fournitures ne paraissant point de bonne qualité, il n'aurait pas à compter sur le payement avant que le comité central eût statué sur les observations présentées.

Peut-être les choses se fussent-elles arrangées tant bien que mal, puisqu'une proposition de transaction fut faite par l'administration à Bouchet, en vue d'une notable diminution du prix, si ce dernier n'avait eu la fatale inspiration de résister, de prétendre, non pas qu'il n'y avait lieu à aucune diminution, mais seulement que l'on voulait lui en imposer une trop forte, en un mot de laisser paraître qu'il avait peut-être commis une faute, mais qu'il n'était pas disposé à en supporter pécuniairement les conséquences.

Fatale résolution, en effet, qui devait entraîner pour lui et plusieurs autres, dont au moins deux innocents, la peine capitale!

Lorsqu'il fut bien avéré pour Bouchet qu'il n'obtiendrait pas ce qu'il demandait, il crut tout simple d'assigner l'administration des habillements des troupes de la République, devant le Tribunal de commerce de Paris, pour avoir paiement de la somme de

53 965 livres, prix total des fournitures faites. Ceci se passait le 20 août 1793.

Appelé à se prononcer sur le paiement de marchandises dont la qualité était contestée, selon les dires mêmes du demandeur, le Tribunal prit la mesure toujours employée en pareil cas : il nomma un arbitre.

Le litige roulait sur un fort chiffre ; une des parties touchait au gouvernement, c'est-à-dire à la Convention, qui tenait alors tous les pouvoirs dans sa redoutable main : il fallait donc faire un choix judicieux.

Parmi les hommes sur lesquels l'attention du Tribunal ne pouvait manquer de se fixer en raison de sa compétence, de sa situation et de son honorabilité, se trouvait Étienne Quatremère fils, marchand drapier, rue Saint-Denis, n° 54, près celle de la Tabletterie. Fils et petit-fils de drapiers, il était aussi fils et petit-fils de consuls (1757-1770) et il sortait à peine lui-même du Tribunal de commerce de Paris, où il avait été nommé juge à la première élection le 31 mars 1792, par 44 voix sur 75 votants. La seconde élection avait eu lieu le 17 avril 1793, mais aucun des juges de 1792 ne s'était représenté.

Le Tribunal de commerce, par son jugement du 30 août 1793, ne crut donc pas pouvoir mieux faire que de désigner Étienne Quatremère en qualité d'arbitre dans le litige soulevé par Bouchet.

A tous égards, cette désignation était satisfaisante.

Quatremère se mit immédiatement au travail pour remplir sa mission. Il ne s'aperçut pas que le comité de l'habillement s'abtenait *volontairement* de se rendre à ses convocations et de lui fournir tous les documents et renseignements qu'il pouvait avoir en sa possession. Quatremère en déduisit que ce comité n'avait aucune preuve à donner des fraudes dont il s'était plaint. On ne saurait méconnaître qu'il se montra tout au moins léger et imprévoyant en raisonnant ainsi et il est incompréhensible qu'un homme aussi averti qu'il devait l'être des suspicions ambiantes, n'eût pas pris toutes les précautions possibles pour couvrir, en tout cas, sa propre responsabilité.

Il faut croire que le comité de l'habillement eut vent des conclusions du rapport de Quatremère, avant que ce rapport eût été déposé au greffe, car dans une délibération du 4 octobre 1793, il rédigea un *Mémoire explicatif* de l'affaire Bouchet, mémoire destiné à la Convention qui le reçut, en effet, vers le 7 octobre.

Le comité y relatait très en détail toutes les phases des opérations et démontrait ou cherchait à démontrer que Bouchet n'avait nullement rempli les conditions de son marché, qu'il avait livré des fournitures non semblables aux échantillons primitifs, « fournitures qui étaient certainement de la plus mauvaise qualité et ne répondaient pas au prix payé par la République ».

Le comité concluait ainsi : « Le tribunal de commerce a nommé le citoyen Quatremère, arbitre dans le procès que Bouchet a intenté à l'administration, pour avoir paiement de 53 965 livres. Quel que soit le jugement que le tribunal de commerce pourra rendre sur la demande de Bouchet, les administrations de l'habillement ne peuvent faire ordonner son paiement. »

La Convention enregistra ce mémoire et le renvoya à l'examen de sa commission des armées.

Pendant ce temps, Quatremère avait dressé son rapport et l'avait déposé au greffe du tribunal. Cette pièce figure au dossier du tribunal révolutionnaire ; en voici l'analyse, car le rapport est très long : l'arbitre rappelle qu'il a été nommé le 30 août précédent ; qu'il a procédé à sa mission avec toute diligence ; qu'il s'est transporté à Meaux, puis à Paris, aux magasins de la guerre où il a pu voir et comparer les fournitures livrées par Bouchet en deux parties, ainsi que les échantillons qui lui ont été représentés. A propos de ces échantillons, il constate que les cachets ne lui paraissent pas intacts ; que certainement, ils ont été touchés et peut-être changés. Il relève le fait qu'en réalité l'administration n'a pas soulevé de plaintes relativement à la seconde fourniture, qui était pourtant la plus importante, mais que les griefs sont articulés principalement sur les habits livrés en juin, alors qu'une partie considérable en avait été employée.

« A son avis, dit-il, l'administration ne fournit aucune preuve qui soit suffisante pour arrêter une conviction. Que penser du désordre constaté dans les échantillons? On a pu changer les modèles. La seconde fourniture était bonne. Mais était-elle du véritable modèle convenu? On ne peut l'affirmer puisque les cachets ne sont plus intacts et ont été presque certainement interposés. Qui a pu faire cette interposition? Pas Bouchet assurément qui ne disposait pas de ses entrées dans les magasins. Peut-être un administrateur ayant agi par inadvertance, *par connivence même!* Pourquoi alors se rejeter sur Bouchet? Conclusion : Bouchet a fourni. On a reçu. Qu'on lui rende sa marchandise ou qu'on la lui paye. Voilà ce que me paraît dicter la justice. Je conclus donc à ce qu'il reçoive d'après des bons sur la Trésorerie nationale la somme de 53 965 livres avec les intérêts du jour de la demande. »

L'affaire Bouchet revint devant le Tribunal de commerce qui ouvrit ce rapport et rendit *par défaut faute par l'administration de comparaître*, un jugement à la date du 24 du premier mois de l'an II de la République française *(sic)* (1), jugement qui se trouve au dossier de Quatremère par la circonstance que l'on va connaître.

Le tribunal, jugeant par défaut, ne pouvait que condamner la défaillante et il le fit dans la forme habituelle, sans que, par suite, le rapport de Quatremère eût la moindre influence sur cette décision *rendue machinalement*, si l'on peut dire, *et sans qu'il pût en être autrement*. Les juges siégeant étaient : Lesguillez, président du tribunal, Ladainte, Thiérard et Guéroult, juges, et Laurent, juge suppléant.

Cependant la commission de l'armée à la Convention s'était violemment émue du mémoire dressé par le comité de l'habillement. Ce n'était pas la première fois que des plaintes lui étaient parvenues relativement à la mauvaise foi des fournisseurs des troupes de la République. Après de très vives discussions, la commission résolut d'élargir le débat et de réprimer les abus partout où il s'en découvrirait, sans s'arrêter seulement à l'affaire Bouchet.

On expédia donc des instructions formelles de toutes parts ordonnant la plus grande vigilance et

(1) Ce serait le 24 vendémiaire an II, mais la dénomination des mois nouveaux ne fut adoptée qu'à la suite du rapport de Fabre d'Églantine, en date du 3 brumaire, et le *Moniteur* n'en fit usage qu'à partir du 7 octobre 1793. Le nom de vendémiaire n'a donc jamais été appliqué aux dates de l'an II. On sait que l'an I ne compta que pour ordre, afin de faire débuter l'ère nouvelle au 22 septembre 1792.

menaçant des peines les plus sévères les fonctionnaires qui ne signaleraient pas les fraudes constatées.

En même temps, ordre fut transmis à l'accusateur public près le tribunal criminel révolutionnaire de Paris, de mettre Bouchet en état d'arrestation et d'ouvrir une instruction contre lui, tandis que l'un des commissaires aux armées était chargé d'une enquête immédiate sur l'exécution des marchés passés par Philippe Rigaut, au mois de mai 1793, avec les quatre autres marchands tailleurs de Paris : Pinard, Poujol, de Salles et Bourillon.

On voit quelles proportions prenait cette affaire qui ne serait sans doute point née sans l'entêtement et l'âpreté de Bouchet.

Comme nous ne faisons pas d'autre histoire que celle de la juridiction consulaire, nous dirons seulement, pour donner une idée de la façon dont le tribunal révolutionnaire s'y prit pour réprimer les fraudes (si fraudes il y avait), que le tailleur Bouchet et ses quatre malheureux confrères ainsi que l'administrateur Philippe Rigaut, pris comme complice, furent condamnés à mort par jugement du 17 frimaire an II, et exécutés le 19 (1).

Pendant toute la durée du procès, un mois environ,

(1) Archives. W 304, dossier 310. Voir aussi la *Liste très exacte des guillotinés*.

Quatremère n'avait point été autrement inquiété; appelé comme témoin dans l'affaire Bouchet, il s'était tenu dans les termes de son rapport, cherchant à conserver la plus grande impartialité.

Le Tribunal de commerce n'avait pas été épargné au cours des débats et son jugement, bien que rendu par défaut, avait été l'objet des plus violentes attaques.

D'ailleurs il ne restait rien de ce jugement : usant, en effet, d'un pouvoir souverain qu'elle s'était attribué, la Convention, par le même décret qui renvoyait Bouchet au tribunal révolutionnaire, avait « *anéanti* » la décision des juges consulaires. Voilà pourquoi la grosse du jugement rendu au profit de Bouchet se trouve parmi les pièces du procès Quatremère.

Certes, ce dernier n'avait point non plus été couvert de fleurs au procès Bouchet; personne cependant ne paraissait s'être occupé de lui, personne ne semblait disposé à l'incriminer, et Quatremère, après avoir rempli son rôle de témoin, avait repris sans inquiétude sa place à son comptoir de draperie.

C'était compter sans la vigilance de Fouquier-Tinville, si toutefois on ose appliquer ce mot flatteur aux sentiments inexprimables qui faisaient agir l'accusateur public (1).

(1) « Mon crime est d'avoir été l'agent de lois trop sévères et qu'il n'était pas en mon pouvoir de ne pas exécuter... Je n'ai rien à

Bouchet et autres avaient été condamnés à mort le 17 frimaire.

Le 18 frimaire, le lendemain, Quatremère était emprisonné à la Conciergerie, sur un mandat d'arrêt délivré par Lescot-Fleuriot, adjoint à l'accusateur public, sur les ordres de ce dernier.

Il était « prévenu d'avoir prévariqué dans ses fonctions d'arbitre et d'avoir notamment manifesté une partialité que l'on peut qualifier de connivence avec les autres accusés fournisseurs, dans la demande par eux formée devant le tribunal de commerce contre l'administration des habillements des troupes de la République ».

Le même jour, le comité révolutionnaire de la section des Marchés recevait la mission de perquisitionner chez Quatremère et d'apposer partout les scellés. Le procès-verbal de cette opération, faite avec une minutie extraordinaire par des gens qui ne tenaient en rien à l'ordre judiciaire et qui s'étaient nommés eux-mêmes à leurs fonctions, dénote pourtant une certaine modération. Il constate qu'il n'a rien été trouvé de suspect et il relate que la citoyenne Quatremère a été constituée gardienne des scellés. Pauvre femme! Quel devait être son état d'esprit en

me reprocher : je me suis toujours conformé aux lois. Je meurs pour ma patrie sans reproche ; je suis satisfait : plus tard on reconnaîtra mon innocence. » Derniers écrits de Fouquier-Tinville. Archives. W 479. W 477.

ce moment! On le devine au tremblement qui agitait sa main lorsqu'elle signa le procès-verbal : femme Quatremère. Quatorze jours après, elle était veuve.

Aussitôt que cette arrestation fut connue, les juges du Tribunal de commerce se réunirent, dans le plus grand secret, pour aviser à ce qui pourrait être tenté utilement en faveur de leur ancien collègue dont ils étaient loin cependant de partager les opinions politiques : on sait que les juges de l'an II étaient des jacobins pur sang. Après une longue délibération, on dut reconnaître que toute démarche émanant du tribunal serait dangereuse pour Quatremère et irait contre le but que l'on se proposait d'atteindre; en effet, nonobstant les opinions affichées, les juges n'étaient pas en odeur de sainteté auprès de Fouquier-Tinville et du comité de Salut public. C'étaient des bourgeois. De plus il n'est pas de jugement qui ne fasse au moins un mécontent : or, par le temps de suspicions et de dénonciations qui régnait, les mécontents ne se privaient pas d'accuser journellement les juges de partialité, de mauvais sentiments pour le peuple, d'incivisme, etc... Jusqu'alors les plaintes avaient été classées, mais tout le monde, au Cloître Saint-Merri, savait qu'il faudrait bien peu de chose pour déchaîner sur le tribunal des orages dont on n'osait calculer la violence.

Cependant, il répugnait à la juridiction de ne rien

tenter. C'est alors que l'on songea à recourir au dévouement de Vignon et de Leclerc, les deux anciens députés à l'Assemblée nationale, tous deux juges l'année précédente, en même temps que le malheureux Quatremère. Certes, ces deux citoyens jouissaient de la plus parfaite considération : il n'en était pas moins certain qu'il leur faudrait une haute vertu pour accepter la mission d'essayer de sauver Quatremère. Ils l'acceptèrent cependant sans hésiter et firent avec la plus grande circonspection tout ce qu'il était possible de tenter. Ce fut inutilement.

Le 21 frimaire, le juge Dobsent faisait subir à Quatremère un long interrogatoire, dont le procès-verbal, signé et paraphé par lui, par l'accusé et par le greffier, est au dossier. Extrayons-en les passages principaux suivants :

D. — S'il connaissait bien l'importance des fonctions d'arbitre qu'il avait acceptées?

R. — Que oui, bien que ce fût la première fois qu'elles lui eussent été conférées.

D. — Si, étant juge, il n'avait pas connu d'un procès pour Bouchet, à la suite de quoi ledit serait devenu de sa clientèle?

R. — Que non. Qu'il ne connaissait pas Bouchet avant l'arbitrage.

D. — Pourquoi, étant à Meaux, il avait rencontré à l'auberge Bouchet, et avait longuement causé avec lui et reçu des papiers?

R. — Que cela était faux. Qu'il avait peut-être rencontré Bouchet à Meaux, mais n'avait certainement pas eu d'entretien particulier avec lui. Qu'en fait de papiers, il n'en avait pas eu dudit.

D. — Comment avait-il eu même la pensée de faire un rapport alors que l'administration de l'Habillement s'était refusée à lui communiquer ses documents et à répondre à ses demandes?

R. — Que tout cela était consigné en son rapport. Qu'il y disait fort bien qu'il n'avait pas reçu de pièces de l'administration. Que nonobstant, il devait faire son rapport au tribunal et que n'ayant pas eu de preuve pour faire sa conviction au sujet desdites fraudes, il l'avait déclaré, en émettant seulement une opinion sur le payement.

D. — De qui il voulait parler en écrivant : On a interposé les cachets. Qui? Peut-être un administrateur avec connivence?

R. — Qu'il ne connaissait point de noms et que c'était là une indication sans conséquence.

D. — Pourquoi, alors que son attention s'était portée sur une connivence, il avait ensuite conclu à ce que le scélérat Bouchet reçoive l'argent de la nation?

R. — Qu'il n'était point chargé du criminel et avait cru devoir se borner au commercial.

D. — Que cependant s'il croyait à la connivence d'un administrateur, cela faisait la preuve d'un acte criminel de Bouchet.

R. — Qu'il n'avait rien à ajouter; qu'il avait fait son travail comme un arbitre de commerce et non pas comme un juge criminel, ce qui ne le concernait point.

D. — S'il avait été à même de bien contrôler les marchandises et les modèles?

R. — Que non. Que son rapport l'explique et que sa

conclusion est en conséquence. Qu'il avait pensé que l'administration manquait de preuves de ses griefs et les abandonnait devant le tribunal de commerce, comme le fait s'était déjà produit.

D. — Quelle raison l'a *cité* (sans doute *incité*) à ne pas révéler de suite à la justice les faits si néfastes pour la nation dont il avait eu la connaissance ou la trace?

R. — Qu'il n'avait qu'à faire son rapport à son tribunal, n'ayant pas mandat d'officier public.

D. — A lui fait observer combien cette conduite était incivique.

R. — Qu'il avait toujours été un bon républicain ayant servi la nation autant qu'il l'avait pu et avec désintéressement.

D. — A lui demandé s'il savait en écrivant son rapport que la Convention était saisie d'une plainte contre les fournisseurs infidèles!

R. — Que oui.

D. — A lui observé que puisqu'il le savait, il savait aussi que la Convention pouvait seule connaître de la plainte?

R. — Que non. Qu'il avait cru devoir terminer sa mission.

D. — Que ce n'avait pu être que par une collusion criminelle de sa part, soit avec l'administrateur Rigaut, soit avec Bouchet, qu'il a pu se permettre de faire un rapport sur cette affaire, *dont la connaissance devait être interdite au tribunal de commerce*. Que la Convention pouvait seule donner attribution de l'affaire à un tribunal quelconque.

R. — Qu'il ignorait cette loi.

D. — Sommé de déclarer si ce n'est pas à l'instigation de Rigaut *qu'il s'est permis de prévariquer dans ses fonctions* d'arbitre et de tromper par là la religion du tribunal de commerce?

R. — Qu'il reconnaissait s'être trompé, avoir été induit en erreur, mais qu'il n'avait pas eu d'intentions criminelles.

D. — S'il n'était point resté en rapports avec les émigrés ou d'autres ennemis de la nation (1)?

R. — Qu'il n'avait jamais eu de relations ni de correspondance avec les ennemis de la République.

Cet interrogatoire est signé par Quatremère d'une main pleine de fermeté.

Nous l'avons dit : toutes les démarches tentées pour éviter que l'accusé fût traduit devant le tribunal révolutionnaire, c'est-à-dire pour qu'il bénéficiât d'un non-lieu, furent inutiles... le procès suivit donc son cours et Quatremère comparut devant le tribunal le 2 pluviôse an II (21 janvier 1794), jour anniversaire de la mort de Louis XVI, vers une heure et demie de l'après-midi.

Herman (2) présidait, Herman, ancien oratorien, ancien juge au tribunal d'Arras, qui étonnait son protecteur même, Robespierre, par sa cruauté cynique ; il avait comme assesseurs Étienne Foucault et Pierre-Noël Subleyras. Herman et Foucault devaient porter leurs têtes à l'échafaud avec Fou-

---

(1) Cette question était posée à tous les accusés indistinctement.
(2) Quelques auteurs écrivent Hermann : nous nous en rapportons à sa signature, qui ne porte qu'un seul n.

quier-Tinville, lors de la réaction thermidorienne.

Les jurés étaient : Aubry, Chatelet, Bellion-Gravier, Saussac, des Boisseaux, Gannay, Meyer, Fauvelly et le menuisier Duplay, l'amphitrion de Robespierre.

Il n'existe pas de documents historiques plus régulièrement établis que les jugements du tribunal révolutionnaire. Toute la partie relative à la procédure est imprimée et donne le détail précis des formalités suivies : ces formalités ne s'écartaient pas des règles ordinaires ; elles sont très sensiblement semblables à celles en usage aujourd'hui en Cour d'assises, sauf que les jurés faisaient connaître leur réponse individuellement, à l'audience, sur les questions posées, et que chacun des juges opinait à haute voix, sur l'application de la peine en commençant par le plus jeune jusqu'au président, qui prononçait le jugement.

Il n'y avait d'extraordinaire dans ce tribunal, dit M. Wallon (1), que la nature des faits réputés crimes et de la peine qui leur était appliquée.

On pourrait dire aussi que le langage employé était bien éloigné de la haute simplicité de la justice, si l'on ne tenait compte de la phraséologie chère à cette époque.

(1) *Histoire du tribunal révolutionnaire de Paris*. Hachette, 1880.

Fouquier-Tinville avait dressé personnellement l'acte d'accusation de Quatremère et il s'était mis en frais de rhétorique, beaucoup plus, d'ailleurs, qu'en frais de démonstrations et de justifications. Trois pages entières d'une fine écriture sont consacrées à l'exposé des principes supérieurs qui doivent guider la conscience des arbitres. Par des contrastes habillement ménagés, l'accusation passe brusquement de la peinture émotionnante des vertus nécessaires à un arbitre à la sombre évocation de la conduite de Quatremère, « cet homme qui, sans que toute son âme se révolte à la pensée du crime, n'a pas craint d'abuser des fonctions sublimes que lui avait confiées le tribunal de commerce ».

« Dira-t-on que son rapport est resté lettre morte, lorsqu'on le voit enthériné par les juges de ce tribunal *qui l'ont aveuglément adopté* par leur jugement du 24 vendémiaire dernier, jugement que la Convention a anéanti par le décret renvoyant Bouchet au tribunal révolutionnaire ? » (Il omettait de dire qu'il s'agissait d'un jugement rendu par défaut !)

« Citoyens, la vérité est éclatante : Quatremère, connu par son incivisme et par son dévouement à la cause de la tyrannie et du fanatisme, n'a vu dans ses fonctions que l'occasion de servir sa haine pour la Révolution.

« Ce crime trouve-t-il sa punition dans la loi ?

« Citoyens, la justice n'est pas désarmée. Sans parler du décret de la Convention du 29 septembre dernier (vieux style) contre les traîtres à la patrie, l'article 4 de la première section du titre premier de la deuxième partie *(sic)* du Code pénal édicte :

« Toute manœuvre, toute intelligence avec les ennemis de la France, tendant soit à faciliter leur entrée dans les dépendances de l'empire français, soit à leur livrer des villes frontières, magasins, ports, vaisseaux et arsenaux appartenant à la France... soit à ébranler la fidélité des soldats ou autres citoyens, seront punies de mort.

« Je requiers donc contre l'accusé la peine de mort. »

Après ce réquisitoire, quelques témoins timides furent entendus; leurs dépositions n'apportèrent aucun éclaircissement aux débats.

Puis le défenseur de Quatremère prit la parole.

Il s'attacha à démontrer que son client était resté strictement dans son rôle d'arbitre commercial; qu'il n'avait eu aucune relation avec les fournisseurs infidèles ou l'administrateur Rigaut; que la seule abstention de l'administration de l'habillement l'avait amené à penser qu'aucun grief sérieux n'était formulé contre les fournitures de Bouchet, qui avaient été reçues et employées sans réserves; que l'accusation n'avait soutenu que faiblement la prévention de prévarication, qui non seulement n'était pas démontrée, mais n'avait jamais existé ; que Quatremère n'avait non plus jamais cherché à corrompre personne ; qu'il n'en avait pas le pouvoir ; que ne connaissant pas l'administrateur Rigaut, et n'ayant rien à en attendre, il n'avait aucune raison de suivre ses instigations ; que le tribunal devait tenir compte des doutes répétés énoncés dans le rapport ; que loin de chercher à tromper la religion des juges de commerce, Quatremère avait fait connaître le pour et le contre et avait déduit sa conclusion d'un motif purement et uniquement commercial ; qu'enfin, il ne trouvait pas de mots suffisants pour dépeindre son indignation à la pensée qu'un citoyen aussi dévoué à la chose publique que l'était son client, pût être accusé sans aucune preuve d'incivisme et de haine pour la Révolution...

Après cette plaidoirie, le président Herman fit un rapide résumé des débats, appelant l'attention des jurés sur les points qui pouvaient incriminer ou justifier l'accusé. Puis, de l'avis du tribunal, il rédigea ainsi la seule question posée au jury : « Quatremère est-il convaincu d'être le complice de fournisseurs infidèles, en faisant sciemment « et dans le dessein de favoriser le crime (1) », comme arbitre au tribunal de

---

(1) Mots ajoutés en marge et approuvés.

commerce, un rapport partial dont le résultat a été de faire payer à ces fournisseurs 50 000 livres environ (1) lorsqu'ils étaient déjà, du sû de l'arbitre Quatremère, dénoncés au comité des Marchés de la Convention, comme fournisseurs infidèles ? »

Tout ceci est écrit entièrement de la main de Herman et par lui signé.

Immédiatement au-dessous, le greffier a écrit ces mots :

La déclaration des jurés est affirmative sur *les Questions*.
Signé : Herman et Ardouin, greffier.

Fouquier-Tinville prit aussitôt ses conclusions pour l'application de la peine, et pour obéir à la loi le président demanda à l'accusé s'il avait sur ce point quelque chose à dire.

Quatremère ne répondit pas.

L'opinion des juges recueillie, il ne restait au président qu'à prononcer la seule condamnation qu'entraînait la déclaration du jury : la peine de mort... et il ajouta, toujours conformément à la loi :

Le jugement sera exécuté dans les vingt-quatre heures, sans recours au tribunal de cassation.

Les biens de ceux qui sont condamnés à la peine de mort sont acquis à la République (2), et il sera pourvu à

---

(1) Fait inexact puisque le jugement fut anéanti.
(2) La restitution de ces biens aux familles fut ordonnée par un décret de la Convention du 14 floréal an III (3 mai 1795).

la subsistance des veuves et des enfants, s'ils n'ont pas de biens ailleurs.

L'exécution aura lieu sur la place de la Révolution.

Ce jugement est soigneusement coté et paraphé et revêtu de toutes les formes et mentions les plus minutieuses ; le greffier a tiré des barres dans les blancs et compté les mots nuls...

La condamnation de Quatremère fut la dernière prononcée dans la journée : six autres l'avaient précédée, toutes capitales. Sans doute, après un labeur aussi complexe, juges et jurés levèrent-ils l'audience avec la tranquillité du devoir accompli. En tout cas, sans émotion, car pour eux, le spectacle étant journalier, devenait banal.

Le destin voulut éviter à Quatremère et à ses compagnons les angoisses d'une attente toujours trop longue et trop cruelle.

Ce jour-là, 2 pluviôse an II, le bourreau était resté inoccupé depuis 11 heures du matin, heure à laquelle, ayant vidé la charrette des condamnés de la veille, il l'envoya à tout hasard à la Conciergerie pour attendre les événements.

L'audience s'étant terminée à 3 heures, Fouquier-Tinville, en regagnant son appartement, situé dans le Palais même, aperçut le sinistre véhicule et, désireux sans doute de ne point faire perdre le temps de Sanson, qui ne quittait pas sa machine, il délivra immédiatement les ordres d'exécution des jugements dont l'encre n'était pas encore sèche.

Quelques minutes après, les condamnés étaient « pris en charge par le citoyen armé du glaive de la loi » et conduits à la place de la Révolution, escortés par quelques gendarmes et suivis d'une grossière populace. Et cependant, beaucoup de malheureux bénissaient ce transport en charrette, puisqu'il leur permettait de revoir une dernière fois les êtres aimés auxquels les visites à la prison avaient été interdites. Femmes, enfants, amis, suivaient le convoi qui marchait lentement. On échangeait des signes d'affection et d'encouragement. Souvent, les gendarmes, pas méchants bien que blasés, laissaient approcher suffisamment pour que l'on pût échanger quelques paroles, recevoir quelques douces consolations, donner quelques ultimes recommandations... Pour ceux-là le chemin était hélas, trop court. Arrivé sur la place, il fallait s'écarter et ceux qui avaient le courage de rester jusqu'au bout n'avaient plus bien longtemps à attendre pour voir, de loin, le profil du parent ou de l'ami se dessiner une dernière fois sur le ciel, en haut de l'instrument de mort.

Ainsi fut exécuté Étienne Quatremère, le 2 pluviôse an II.

Ce jour-là, la foule, qui se pressait toujours place de la Révolution au moment des exécutions, eut un étrange spectacle. Pendant que les premiers condamnés montaient à l'échafaud, des cris, des chants, et des accents musicaux retentirent à l'entrée de l'ex-rue Royale et détournèrent un instant l'attention même du bourreau.

C'était la Convention tout entière, qui, sur la réquisition des jacobins, se transportait place de la Révolution, au pied de l'arbre de la Liberté, pour « célébrer le jour anniversaire de la mort du tyran ».

En arrivant sur la place, la musique attaqua l'air fameux : « Veillons au salut de l'Empire (1) ». La foule se retourna aussitôt et de longs applaudissements retentirent.

Quand ils cessèrent, le cortège se remit en marche tandis que Sanson, un instant interrompu, reprenait sa besogne...

Sacrifice digne de la fête... mais qui cependant choqua profondément un grand nombre de conventionnels, qui n'avaient point prévu cette rencontre avec le bourreau...

(1) *Moniteur* du 3 pluviôse.

CHAPITRE XII

L'ancien juge Vandenyver et ses deux fils jugés et condamnés
en même temps que Mme du Barry.

Le hasard des événements nous amène à relater ici un des procès les plus célèbres de la Terreur : celui par lequel le tribunal révolutionnaire condamna la comtesse du Barry, l'ancienne favorite de Louis XV, et les trois Vandenyver, ses banquiers, dont l'un, le père, Jean-Baptiste Vandenyver, avait été juge suppléant au Tribunal de commerce sous la présidence de Vignon, en 1792.

Les pièces de ce procès forment, aux Archives nationales, une très grosse liasse, contenue dans le carton W 16. On y trouve réunis non seulement les pièces de procédure du procès, mais tous les papiers saisis lors des perquisitions soit chez Mme du Barry, soit chez les tiers soupçonnés de complicité ou de connivence. Presque tous ces papiers portent une petite note épinglée, écrite de la main de Fouquier-Tinville et qui résume le contenu de la pièce, l'importance qu'elle comporte, et souvent des exclamations indignées... Le dossier est renfermé dans une chemise sur laquelle on lit : *Nottes et renseignemens concernants l'infâme du Barry et ses complices.*

Quant au jugement lui-même, entièrement manuscrit, il a été extrait du dossier et figure au musée des Archives nationales, vitrine 120, AE^{II} 1393.

Bien qu'il existât pour les Vandenyver des chefs d'accusation particuliers, leur procès n'a point été séparé de celui de Mme du Barry : nous serons donc obligés ici de suivre le même ordre.

Jean-Baptiste Vandenyver père, âgé de soixante-six ans en 1793, était originaire d'Amsterdam. Mais il était venu se fixer à Paris en 1752 et avait été très rapidement nationalisé Français. Possesseur d'une grande fortune, il avait fondé, rue Vivienne, n° 24, une maison de banque qui prit en peu de temps une importance considérable, surtout en raison des affaires internationales qu'elle traitait principalement. En rapport avec toutes les banques les plus riches du monde entier, Vandenyver père, financier consommé, homme aimable et mondain, ne tarda pas à rallier la haute clientèle française, de même qu'il était en relations continuelles avec les ministres des finances et les fermiers généraux. On voit par les documents du dossier que les affaires de sa banque se chiffraient par une moyenne de 30 millions par an, somme énorme pour l'époque. Ses bénéfices étaient donc considérables et sa richesse s'en accroissait chaque jour.

Si on laisse de côté, comme il convient, les accusations insensées portées au procès de 1793, et si l'on se borne à examiner impartialement le dossier, il faut convenir que rien ne permet de soupçonner l'honnêteté de Vandenyver : il est certain, d'ailleurs, qu'il n'aurait pas été élu juge en 1792 si ses pairs n'avaient connu son honorabilité.

Vandenyver père céda sa banque en 1791 à ses deux fils, Edme-Jean-Baptiste, âgé de trente-deux ans, et Antoine-Augustin, âgé de vingt-neuf ans : il resta commanditaire ainsi que son gendre, A. Villeminot, et la firme s'établit : Vandenyver frères et Cie, toujours rue Vivienne, 24.

C'est vers l'année 1771 que Vandenyver devint le banquier de la comtesse du Barry, alors au sommet de sa néfaste puissance. Cette femme, qui disposait à sa volonté de sommes considérables, était hantée de la manie de la spéculation et elle fut, certainement, une cliente de premier ordre pour son banquier : certains comptes figurant au dossier relatent, *pour un seul trimestre*, en 1772, des opérations sur des valeurs françaises et étrangères montant à plus d'un million. Après la mort de Louis XV, la fureur du jeu n'abandonna pas la favorite, à qui le séjour de Paris était interdit, mais qui habitait un superbe pavillon à Louveciennes (Luciennes, comme on disait à l'époque). Ses moyens d'existence étaient pourtant fort réduits : à peine 90 000 livres de revenus, dit-elle. Elle trouva moyen de perdre de fortes sommes en spéculant. Il est vrai qu'elle ne diminuait pas pour cela son train de maison, car Mme du Barry ne payait jamais ses dettes : en quittant la Cour, en 1774, elle devait plus de 1 200 000 francs. Lorsqu'elle se voyait poursuivie par un créancier disgracieux, elle empruntait sur ses diamants et ses bijoux qui représentaient une valeur considérable. Vandenyver reçut plusieurs fois ces trésors en garantie : depuis 1787 il en avait une partie dans ses caisses en couverture de crédits qu'il avait ouverts à la comtesse.

Néanmoins, Mme du Barry, restée coquette et élégante, conservait à Louveciennes les bijoux qu'elle jugeait nécessaires à sa parure : c'est ce qui devait la perdre et perdre ses malheureux banquiers.

En effet, même en pleine Terreur, personne ne songeait à la châtelaine de Louveciennes ; chose surprenante, elle recevait toujours d'anciens amis et avait une petite cour, au sens précis du mot. De nombreuses lettres montrent que Vandenyver était un des familiers de la comtesse. Il l'entourait de prévenances et de conseils, soit sur la gestion de ses affaires, soit même, malheureusement pour lui, sur la conduite à tenir en présence des circonstances.

Une nuit, alors que Mme du Barry était à Paris, chez un de ses fidèles, le duc de Cossé-Brissac (1), des hommes sûrs de leur fait, conduits (on le sut plus tard) par le nègre Zamore, heiduque de la comtesse, volèrent les diamants et bijoux se trouvant à Louveciennes.

Certes, ce vol était fâcheux. Mais comment s'expliquer la conduite tout à fait insensée que crut devoir tenir Mme du Barry ? Quel mauvais génie la poussait ?

Cette femme, qui avait l'intérêt le plus évident à se faire oublier, n'eut-elle pas l'idée de faire imprimer et placarder dans Paris l'historique du vol et l'état descriptif des objets volés !

Comme le dit M. Wallon *(ouv. cité)*, il avait fallu déjà toute l'inconséquence et la légèreté d'esprit de cette femme pour croire que sa disgrâce sous Louis XVI ferait oublier ce qu'elle était sous Louis XV ; qu'elle pourrait vivre inaperçue dans sa belle résidence de Louveciennes, malgré toutes les visites qu'elle y recevait. Mais il lui fallait surtout un aveuglement étrange pour s'imaginer que ce vol de diamants, dont elle étalait aux yeux du public l'éblouissant catalogue, n'éveillerait pas des convoitises sur

---

(1) Commandant de la garde constitutionnelle de Louis XVI. Arrêté à Orléans en septembre 1792 et envoyé à Paris, fut massacré aux portes de Versailles avec d'autres prisonniers, malgré le dévouement du maire Rigaut.

les trésors qui lui pouvaient rester ; qu'il lui serait loisible de passer jusqu'à quatre fois en Angleterre en 1792 et 1793, sous le prétexte d'aller reconnaître ses bijoux retrouvés et de poursuivre ses voleurs ; qu'à une époque où la moindre correspondance avec les émigrés était un crime, elle pourrait faire impunément ainsi quatre séjours au milieu d'eux ; que cela serait couvert par des passeports et qu'on ne verrait rien de suspect dans les retraits qu'elle faisait de la banque Vandenyver pendant son séjour à Londres...

Elle ne manquait pas cependant d'avertissements ; Fouquier-Tinville devait, quelques mois plus tard, faire état contre Vandenyver père d'une longue lettre qu'il écrivait à la comtesse, à Londres, pour lui signaler quel était le danger de ses imprudences et quel intérêt elle avait à rentrer en France et à se faire ignorer !...

Se faire ignorer !... il n'en était plus temps.

Depuis un an environ habitait à Louveciennes un nommé Greive, Anglais non naturalisé, venu des États-Unis au moment de la Révolution, véritable forban international, mais qui s'était placé au premier rang des révolutionnaires de la commune. En février 1793, il dénonça la comtesse au district de Versailles, comme émigrée, et obtint l'ordre de mettre les scellés chez elle en son absence, ce qu'il fit le 16 février.

A cette nouvelle Mme du Barry revint de Londres en toute hâte, et toujours guidée par son inconséquence, elle se livra aux actes les plus singuliers, dénonçant à tort et à travers des gens qu'elle soupçonnait du vol (1), allant trouver ses ennemis pour chercher à les convaincre de sa qualité de patriote, remuant ciel et terre pour trouver des témoins et des défenseurs, employant même pour y arriver les séductions dont elle avait conservé le souvenir (2).

Rien n'y fit : elle fut arrêtée le 22 septembre 1793 et incarcérée à Sainte-Pélagie.

Le comité de Sûreté générale de la Convention commença aussitôt l'instruction de l'affaire, en se faisant remettre notamment tous les papiers et documents saisis à Louveciennes et chez les tiers suspectés.

Et le 29 brumaire an II (19 novembre 1793) il ordonna le renvoi au tribunal révolutionnaire, non seulement de Mme du Barry, mais de Vandenyver père et de ses deux fils, « considérant que cette femme a entretenu avec eux des correspondances suspectes et qu'ils lui ont fait parvenir des fonds en Angleterre ».

Le jour même les trois victimes de l'inconséquence

---

(1) Des contemporains ont dit qu'on avait inquiété deux cent quarante personnes sur ses dénonciations, dont plusieurs périrent sur l'échafaud.

(2) Un membre du district de Versailles, Lavallery, républicain zélé, se dévoua à elle avec passion. Il se suicida quelques jours après son exécution...

de la comtesse étaient emprisonnées à la prison de la Force.

Est-il pourtant tout à fait exact d'attribuer l'arrestation des Vandenyver à Mme du Barry? On peut en douter d'après ce qu'on va lire : toutefois, l'affaire du Barry fut la cause immédiate de leur malheur.

Nous l'avons dit, Vandenyver était fort riche ; il avait été mêlé à de grosses opérations financières sous les règnes de Louis XV et Louis XVI. Il en fallait beaucoup moins pour susciter des haines et des jalousies farouches. De plus, par le fait de circonstances inconnues, Vandenyver avait un ennemi particulier en la personne d'un sieur Héron, obscur comparse qui avait eu l'habileté de devenir un familier du comité de Sûreté générale, sans doute grâce à l'appui de son ami Marat.

Ayant à se venger de Vandenyver, il avait publié, en 1792, un factum très long, ainsi intitulé : « Complot d'une banqueroute générale de la France, de l'Espagne, et par contre-coup de la Hollande et de l'Angleterre, ou les horreurs de l'ancien régime et du nouveau régime, remis au jour par le citoyen Héron. Rédigé par Marat, *l'Ami du peuple*, député à la Convention nationale.

Sacra auri fames!

De l'imprimerie de Marat, *l'Ami du peuple*, rue des Cordeliers, 30. »

Cet écrit venimeux mettait en scène Vandenyver et certains banquiers et ministres, Calonne notamment, et les représentait sous les plus noirs aspects : cependant son apparition n'avait pas produit grand émoi.

Mais aussitôt que Héron apprit l'arrestation de Vandenyver et de ses fils, il reprit ses accusations et rédigea une longue dénonciation contre ses ennemis.

C'est pourquoi le 1er frimaire an II, c'est-à-dire le lendemain même de leur arrestation, Vandenyver et ses fils furent l'objet d'un second ordre de traduction au tribunal révolutionnaire, sous l'inculpation d'avoir été les instruments d'un complot de banqueroute générale qui aurait perpétué l'esclavage des Français et sauvé la tête du tyran, et ce d'après un mémoire rédigé par « le martyr de la liberté Marat ». (Mort le 13 juillet 1793.)

Et cette fois, les accusations de Héron ne restèrent pas lettres mortes, car le comité de Sûreté générale fit parvenir à Fouquier-Tinville, le 4 frimaire, toute une série de questions spéciales auxquelles Vandenyver devait répondre.

Dès le 2 frimaire la comtesse du Barry avait été interrogée par Dumas, vice-président du tribunal révolutionnaire.

Elle déclara se nommer Jeanne Vaubernier, femme du ci-devant comte du Barry, être native de Vaucouleurs (presque la patrie de Jeanne d'Arc!) et être âgée de 42 ans. Là encore la coquetterie l'emportait, car elle était née le 19 août 1743 et avait par conséquent plus de cinquante ans.

Nous n'avons pas à reproduire ici le long interrogatoire qu'elle subit et auquel elle répondit avec assez de fermeté. Elle soutint qu'elle n'avait jamais fait acte d'émigration ni de mauvais patriotisme; qu'elle avait été à Londres au sujet de ses bijoux, munie de passeports réguliers (le premier est au dossier, avec la signature de Louis XVI); qu'elle n'avait pas eu de rapports particuliers avec des émigrés autres que ceux qui étaient de ses amis personnels, etc...

Dumas lui demanda qui lui avait procuré les fonds pour faire ses voyages et quelles sommes lui avaient été remises, en totalité. Elle répondit qu'elle tenait les fonds de son banquier Vandenyver, tant parce qu'il avait des valeurs lui appartenant que parce qu'il conservait divers diamants et bijoux en gage; qu'il lui avait envoyé 6 000 livres sterling une première fois, 2 000 une seconde et 1 000 une troisième. Qu'en outre il lui avait fait tenir une somme de 200 000 livres françaises en assignats par l'intermédiaire d'un sieur Descours, agent de la comtesse à Paris, mais que cette somme était simplement destinée à un prêt hypothécaire qu'elle avait fait à Louis-Antoine de Rohan-Chabot, contre le payement d'une rente annuelle et perpétuelle de 9 000 livres, suivant contrat reçu par Mony, notaire à Paris, le 31 janvier 1792 (1). Dumas lui fit observer qu'il était bien extraordinaire qu'ayant des dettes considérables ainsi qu'elle l'affirmait et en justifiait d'ailleurs, elle fût à même de disposer chez son banquier de sommes aussi importantes. Elle présenta alors un relevé de compte chez Vandenyver frères, qui démontrait qu'à fin 1791 son compte courant se balançait par un actif supérieur à 300 000 livres, résultant d'opérations de bourse. Elle fit également voir qu'au 13 juillet 1793, date du dernier arrêté de compte avant son arrestation, ses banquiers lui accusaient encore un avoir de 267 888 livres. Puis elle entra dans une longue défense, déclarant que ses créanciers ne lui avaient rien réclamé impérativement, qu'elle pouvait les payer tous (affirmation un peu téméraire); que tous étaient de ses amis; qu'elle s'était toujours efforcée de faire le bien autour d'elle et n'avait jamais refusé un service à personne, etc... (2).

(1) La grosse de ce contrat sur parchemin est au dossier. On y remarque la ormule exécutoire : « Au nom de la République française. Le Conseil exécutif, à tous présents et à venir, salut. » Rohan-Chabot était alors lieutenant-général des armées françaises. Il émigra peu de temps après.
(2) Il est certain que le dossier est rempli de lettres de sollicitations et de demandes de services, et ce, même pendant les années 1791 et 1792! La comtesse prenait soin d'arracher les signatures sur la plupart. Il ne manque pas non plus de lettres de menaces et de chantage.

Mme du Barry a parafé et signé cet interrogatoire d'une petite écriture mal assurée et très inégale.

Le 4 frimaire, Vandenyver subit son premier interrogatoire, relatif seulement à ses relations avec « la ci-devant courtisane ». Il répondit très fermement qu'il avait fait avec elle son métier de banquier et lui avait fait passer les sommes qu'elle demandait, sans se préoccuper de leur destination; qu'il avait cependant appris que les 200 000 livres étaient destinées au prêt de M. Rohan-Chabot. Qu'il savait que Mme du Barry avait quitté la France avec un passe-port en règle et ne pouvait être soupçonnée d'émigration. Qu'il reconnaissait parfaitement lui avoir écrit de rentrer en France, persuadé que ce retour était pour elle préférable au séjour à l'étranger. Questionné « sur le point de savoir qu'il n'avait pas su qu'en faisant passer des sommes à Londres, il fournissait ainsi des secours aux ennemis de la République », il répondit qu'il n'avait jamais cru une chose semblable.

Le 7 frimaire, second interrogatoire de Vandenyver père, avant celui de ses fils et, cette fois, relativement aux fameuses questions posées par le comité de Sûreté générale. L'accusation roulait principalement sur l'escompte que Vandenyver avait fait à des sieurs Cabarrus et Lalanne, banquiers à Madrid, d'un mandat de 1 000 000 de piastres tiré par le roi d'Espagne sur son trésor à la Havane en 1782 et sur la participation de Vandenyver à la souscription de 100 000 000 d'effets nationaux émis en 1790.

D. — As-tu été propriétaire du susdit mandat de 1 000 000 de piastres?

R. — Oui, avec d'autres banquiers de Paris.

D. — Qu'as-tu fait de ce mandat?

R. — Il a été vendu au gouvernement français représenté par M. de Calonne, et moyennant une commission de 8 pour 100.

D. — As-tu connu le sort de ce mandat?

R. — J'ai appris plus tard que le roi d'Espagne n'avait pas fait honneur à sa signature.

D. — Donc le mandat n'a pas été payé et c'est la nation qui a perdu les 5 260 000 francs que représentait ce papier au cours de 1784?

R. — Qu'il ne savait pas ce que le gouvernement avait fait dudit mandat et s'il ne l'avait pas réescompté en Hollande, comme il se faisait alors.

D. — Quelle opération as-tu faite lors de l'emprunt de 100 000 000 de 1790?

R. — J'ai souscrit d'accord avec le ministre pour 10 000 000 d'effets nationaux, destinés à être répartis dans ma clientèle.

D. — Quel bénéfice as-tu fait sur cette opération?

R. — Qu'il ne pouvait répondre, n'ayant pas tenu registre spécial pour cette affaire, mais que cette négociation avait été peu fructueuse pour les banquiers, à cause de la dépréciation très rapide de la valeur desdits effets, dont beaucoup étaient restés en portefeuille.

D. — Autre question. Quelle part as-tu eue dans le massacre fait sur des citoyens à la maison Réveillon, rue de

Charonne, en 1789? (Question posée par le dénonciateur Héron.)

R. — Qu'il ne savait ce que cela voulait dire, n'ayant rien connu de l'affaire Réveillon autrement que par les journaux.

Dernière question, émanant toujours de Héron :

D. — N'as-tu point, par toi-même ou tes deux fils, pris part, étant dans le château des Tuileries avec ton ami Laporte, au massacre du peuple, lors de la sanglante journée du 10 août 1792? Et n'as-tu pas contribué à lâcher cinq coups de fusil sur le citoyen Héron dans le bataillon des Marseillais?

R. — Que tout cela était faux. Qu'il n'était point sorti de chez lui le 10 août non plus que ses fils.

Les deux fils Vandenyver furent interrogés le même jour, 7 frimaire; leurs réponses sont identiques. Ils ne connaissaient rien des affaires de leur père avant l'année 1791 où ils lui ont succédé; ils avaient naturellement repris la clientèle de Mme du Barry, mais ne s'étaient jamais occupé que de ses affaires dans leur maison de banque. Qu'évidemment ils avaient signé les lettres de crédit sur Londres destinées à la comtesse, mais qu'il n'y avait là qu'un acte de leur commerce, fait sur l'ordre de leur père qui avait toujours gardé une sorte de haute direction de la maison. Que d'ailleurs ils l'avaient fait en toute sûreté de conscience, sachant que Mme du Barry était partie avec passeport. Ils ajoutèrent qu'au 10 août ils n'étaient point sortis de chez eux.

Ces interrogatoires terminés, lus, signés et parafés en bonne forme par les accusés et le juge, il ne restait plus à Fouquier-Tinville, en qualité d'accusateur public, qu'à prendre ses conclusions d'accusation. On juge s'il avait la partie belle pour Mme du Barry qui, incontestablement, n'était pas populaire.

Son réquisitoire est donc très long en ce qui la concerne et fort court quant aux Vandenyver.

Rien ne peut donner une idée du style et de la rédaction de ce réquisitoire : il faut le lire en entier si l'on veut savoir jusqu'où peuvent aller l'emphase, la redondance et malheureusement aussi les mauvaises passions humaines.

Non pas que nous voulions prétendre que Mme du Barry fut une des victimes intéressantes de la Terreur : l'histoire serait là pour nous démentir.

Mais Fouquier-Tinville, qui ne disposait, en somme, que de peu d'arguments criminels contre la comtesse, puisa tous ses moyens d'accusation dans la vie privée et publique de cette femme, et cela avec une telle abondance de détails qu'il serait difficile de reproduire son réquisitoire dans un ouvrage comme celui-ci. Contentons-nous de quelques extraits et de ce qui a trait aux Vandenyver :

Le tyran Louis XV a scandalisé l'univers en donnant le spectacle de ses honteuses débauches. En 1769, ce Sardanapale moderne, se trouvant blasé sur toutes les jouissances qu'il avait poussées à l'excès dans le parc aux cerfs, sérail infâme où le déshonneur d'une infinité de familles fut consommé, s'abandonna lâchement aux complaisants pour réveiller ses feux presque éteints. Un de ces complaisants, ayant fait la connaissance du nommé Jean du Barry, homme noyé de dettes et le plus crapuleux libertin, eut l'occasion de voir chez lui la Vaubernier..... Le du Barry proposa donc au complaisant de lui vendre cette femme (1), s'il parvenait à la faire admettre au nombre des sultanes du crime couronné. Cette créature déhontée lui fut en effet présentée et en peu de temps, elle parvint par ses rares talents à prendre l'empire le plus absolu sur le faible et débile despote.

L'accusateur public ne soulèvera pas le voile qui doit couvrir à jamais les vices effroyables de la cour jusqu'en l'année 1774, époque à laquelle celui à qui des esclaves avaient donné le nom de Bien-Aimé disparut de la terre emportant dans ses veines le poison infect du libertinage et couvert du mépris des Français...

Ensuite l'accusation cherche à établir que l'histoire du vol aurait été fausse et inventée seulement pour permettre à Mme du Barry de se rendre à Londres et de faire passer des sommes importantes aux émigrés; que le prêt supposé à Rohan-Chabot ne serait qu'une dissimulation; qu'étant en Angleterre, la comtesse aurait entretenu les relations les plus intimes avec les lords les plus puissants, tous conseillers du tyran

---

(1) Non point toutefois avant de l'avoir fait épouser à son frère Guillaume du Barry, *sous conditions*. On possède ce honteux contrat qui « assurait à la femme sa pleine indépendance ».

d'Angleterre, et particulièrement avec l'infâme Pitt, cet ennemi implacable du genre humain, etc... (1). Mme du Barry, craignant les voleurs, avait caché une partie de ses richesses... : uniquement en attendant le retour des tyrans; on l'avait vue habillée de noir en janvier 1793... : deuil du dernier despote...

Enfin l'acte d'accusation se termine ainsi :

Cette femme que l'on doit regarder comme un des plus grands fléaux de la France. et comme un gouffre épouvantable dans lequel s'est engloutie une quantité effroyable de millions, trouvait dans la caisse des Vandenyver des trésors inépuisables. Ces agioteurs fameux versaient l'or à grands flots sur les émigrés en remettant des sommes immenses à la Dubarry, lors de ses voyages en Angleterre.

Les Vandenyver, ces perfides étrangers (accusation fausse, le père étant naturalisé Français et les deux fils étant nés à Paris et Français de naissance) ont toujours été les ennemis de la France à laquelle ils ne tenaient que par intérêt. Que ce qui le prouve, c'est *qu'ils étaient* complices du complot abominable qui exista en 1782 (le plus jeune fils avait alors dix-huit ans!) en vue d'une banqueroute générale. Qu'enfin il ne saurait être mis en doute qu'ils ont coopéré au massacre du peuple dans les journées mémorables du 10 août 1792, étant au nombre des chevaliers du poignard dans le ci-devant château des Tuileries.

En conséquence la nommée Dubarry et les trois Vande-

(1) Il existe au dossier des correspondances avec lord Queensberry, lord Montagu et divers autres, mais elles semblent avoir trait à de simples relations mondaines assez intimes, même avec leurs femmes. Étrange société que celle de cette époque!

nyver sont accusés d'avoir conspiré contre la République française et favorisé les armes des ennemis en leur fournissant des sommes prodigieuses et d'avoir été les instruments et complices d'un plan de banqueroute générale qui aurait perpétué l'esclavage des Français et sauvé la tête du tyran.

Les débats s'ouvrirent le 16 frimaire an II (6 décembre 1793). Il est certain que les formalités légales furent suivies, mais le jugement même ne les relate pas, sans doute parce qu'il a été écrit entièrement à la main et que le greffier ne s'est pas servi des formules imprimées en usage à ce moment. Des notes, prises par Fouquier-Tinville au cours de l'audience et qui sont au dossier, complètent ce qui manque, notamment les dépositions des témoins. Nous voyons passer l'Anglais Greive, le dénonciateur; Descours, l'agent de la comtesse, qui tergiversa beaucoup, sans doute pour sauver sa tête, précaution inutile puisqu'il fut arrêté sur-le-champ et condamné à mort cinq jours après, le 21 frimaire; le nègre Zamore, qui avait grandi auprès de Mme du Barry, mais comme un serpent : « la majeure partie des personnes qui venaient chez madame, dit-il, n'étaient pas patriotes; je lui ai fait à plusieurs reprises des représentations à ce sujet (!!) auxquelles elle n'a pas répondu; » au contraire, elle l'avait mis à la porte...

Le jugement fut rendu le 17 frimaire; il est très succinct.

Le tribunal vise l'acte d'accusation, rapporté en entier, et les ordonnances de prise de corps et d'arrestation.

Il constate ensuite que la déclaration du jury faite à haute voix porte :

« Il est constant qu'il a été pratiqué des machinations et entretenu des intelligences avec les ennemis de l'État et leurs agens pour les engager à commettre des hostilités, leur indiquer et favoriser les moyens de les entreprendre et diriger contre la France, notamment en faisant à l'étranger, sous des prétextes préparés, divers voyages pour concerter ces plans hostiles avec ces ennemis en leur fournissant à eux ou à leurs agens des secours en argent.

« Que Jeanne Vaubernier, femme Dubarry, *ci-devant courtisanne*, est convaincue d'être l'un des auteurs ou complices de ces machinations et intelligences.

« Que J.-B. Vandenyver, banquier hollandois domicilié à Paris,

E.-J.-B. Vandenyver, banquier à Paris,

et A.-A. Vandenyver, banquier à Paris,

sont convaincus d'être les complices de ses machinations et intelligences. »

Et il ajoute :

« Ouï l'accusateur public en ses conclusions sur l'application de la loi,

« Le tribunal condamne ladite Jeanne Vaubernier, femme Dubarry, et lesdits J.-B. Vandenyver, E.-J.-B. Vandenyver et A.-A. Vandenyver à la peine de mort, conformément à l'article 1er de la 1re section du titre Ier de la 2e partie du code pénal dont il a été fait lecture et laquelle est ainsi conçue :

« Quiconque sera convaincu d'avoir pratiqué des machinations ou entretenu des intelligences avec les puissances étrangères ou leurs agens pour les engager à commettre des hostilités ou pour leur indiquer les moyens d'entreprendre la guerre contre la France, sera puni de mort, soit que ces machinations ou intelligences ayent été ou non suivies d'hostilités.

« Déclare les biens desdits condamnés acquis à la République conformément à l'article 2 du titre II de la loi du 10 mars 1793, dont il a été donné lecture, lequel est ainsi conçu : . . . . *(un blanc)* . . . . . .

« Ordonne qu'à la diligence de l'accusateur public, le présent jugement sera, dans les vingt-quatre heures, mis à exécution sur la place publique de la Révolution de cette ville, imprimé et affiché dans toute l'étendue de la République.

« Fait et jugé en l'audience publique où étoient présents les citoyens : Dumas, vice-président faisant fonctions de président, Denizot, David et Bravet, juges qui ont signé avec le greffier (Wolff) à Paris le 17 frimaire l'an deuxième de la République française une et indivisible. »

Vandenyver et ses fils écoutèrent avec courage et résignation la terrible et injuste sentence qui les frappait.

Quant à Mme du Barry, elle entendit le jugement avec des cris de désespoir et on dut la ramener presque mourante à la Conciergerie.

Devenue démente, elle crut racheter sa vie en faisant de nouvelles révélations : le jugement avait été prononcé à onze heures du soir. Le lendemain matin, un juge vint la trouver et reçut d'elle l'indication détaillée de tous les objets précieux qui se trouvaient cachés dans sa demeure. Elle ne cessait de l'implorer pour qu'on lui laissât la vie. Ses déclarations ne servirent qu'à compromettre diverses personnes qui l'avaient aidée à cacher ses trésors, notamment son fidèle valet de chambre Morin, qui fut condamné à mort pour ce fait.

Et quelques heures plus tard, elle dut être transportée sur la fatale charrette où se trouvaient déjà les trois Vandenyver et un député à la Convention, Jean Noël, plus ou moins convaincu de conspiration contre l'unité de la République.

Pour ces quatre hommes, dont les récits du temps

citent l'énergie et qui, joints par le malheur, se tenaient embrassés, ce dut être un supplice nouveau et imprévu que d'accompagner Mme du Barry.

D'un bout à l'autre du chemin, et il était long, elle ne cessa de pousser les cris les plus déchirants. Sa figure, ses gestes exprimaient le désespoir arrivé à son paroxysme; elle ne cessait d'invoquer la pitié des exécuteurs et celle des assistants : « Au nom du ciel, mes amis, s'écriait-elle, sauvez-moi. Je n'ai jamais fait de mal à personne, sauvez-moi... » Beaucoup de gens du peuple, habitués de la guillotine, étaient venus dans l'intention d'insulter cette femme détestée du populaire; sa frayeur délirante produisit une telle impression que nul ne se sentit le courage de lui adresser une parole d'injure. Un seul homme vêtu avec une certaine recherche éleva la voix au moment où elle criait : « La vie, la vie! qu'on me laisse la vie et je donne tous mes biens à la nation!... » — « Tu ne lui donneras que ce qui lui appartient, répondit cet homme ». Aussitôt, un simple charbonnier placé devant lui, se retourna et lui donna un retentissant soufflet...

En arrivant place de la Révolution, la comtesse gisait épuisée et haletante au fond de la charrette. On n'entendait que ses longs sanglots ininterrompus.

Vandenyver, ses fils et Noël, après s'être longue

ment embrassés une dernière fois, montèrent courageusement à l'échafaud...

Ensuite, il fallut user de violence pour hisser Mme du Barry et l'attacher à la fatale planche, car elle se débattait avec une force centuplée par la terreur.

Et le peuple silencieux put entendre cette femme qui avait tenu un roi et une cour à ses pieds et disposé pendant quelque temps des destinées de la France, adresser au bourreau, ému lui-même, ces dernières paroles : « Grâce ! Grâce ! monsieur le bourreau ! Encore une minute... encore, monsieur le bourreau !... »

Et le silence régna définitivement sur la guillotine en cette froide matinée du 18 frimaire an II...

CHAPITRE XIII

1794-1795

Le tribunal révolutionnaire. — La Terreur au tribunal de commerce. — Affaires intérieures. — Attaques contre les agréés. — Le 9 thermidor. — Félicitations à la Convention. — Réaction thermidorienne. — Arrestation du juge Ladainte. — Démarches du tribunal. — Mise en liberté. — Le tribunal accusé de participation à une œuvre des ténèbres. — Les arbitres « flambeaux du tribunal ».

Du mois de janvier 1794 (pluviôse an II) jusqu'au mois de juillet suivant, les annales du Tribunal de commerce sont muettes sur les faits et actes de la juridiction, à l'exception de quelques succincts procès-verbaux de participation à des cérémonies nationales ou municipales, dont l'énumération serait fastidieuse.

La Terreur avait atteint son maximum de violence : la loi des suspects remplissait les prisons de Paris, que la guillotine ne parvenait pas à vider, et cependant le nombre des exécutions capitales monta, à certains jours, jusqu'à soixante (19 messidor an II).

Armé par la loi de prairial de pouvoirs effrayants, le tribunal révolutionnaire en usait avec une sorte d frénésie hallucinée.

On inaugura le système des jugements tout préparés et signés en blanc : le nom du condamné était rempli après coup. Chose plus poignante : il en existe, aux Archives nationales, dans lesquels le corps du jugement n'a pas été rempli du tout (1)...

Nul citoyen ne pouvait répondre du lendemain; le moindre coup de sonnette à la porte de l'appartement plongeait femmes et enfants dans l'effroi. On ne rencontrait dans les rues que des gens hâtifs courant à leurs affaires en évitant de parler même à leurs amis. Le Palais-Royal, centre de réunion pourtant de tous les éléments révolutionnaires, de tous les déclamateurs, de tous les bruyants et de tous les agités, restait morne et silencieux : on venait lire les gazettes, mais les plus audacieux se gardaient bien de laisser paraître une opinion : « Le tableau de Paris commence à devenir effrayant : on ne rencontre dans les marchés, dans les rues, qu'une foule de citoyens courant, se précipitant les uns sur les autres, poussant des cris, répandant des larmes et offrant l'image du désespoir. » Rapport d'un inspecteur ou observateur de police du 4 ventôse an II. Voir Dauban, *Paris en 1794*, p. 70 et 81, cité par M. Furgeot dans son ouvrage : *Le marquis de Saint-Huruge, généralissime des sans-culottes*.

---

(1) Arch. nat., W 363, dossier 787, W 295, dossier 280, etc... Voir aussi : Résumé du procès de Fouquier-Tinville. Discours de Cambon.

Et cependant, le Tribunal de commerce de Paris continua à fonctionner avec la plus parfaite régularité, comme si tous les bruits de l'extérieur expiraient à sa porte.

Certes, nous savons que les citoyens-juges professaient, au moins en partie, des opinions avancées. Mais, si l'on se reporte en toute bonne foi aux circonstances au milieu desquelles ils avaient accepté la magistrature, si l'on suppute les dangers journaliers auxquels ils savaient parfaitement être exposés, on ne peut que saluer leurs noms avec respect et l'on comprend très bien le juste hommage que leur rendirent la Convention et les ministres de la justice en les maintenant à leurs sièges sans nouvelles élections jusqu'en 1797.

Avril, mai, juin 1794 passèrent donc sinistrement et juillet allait se terminer sous l'oppression, lorsqu'une nouvelle extraordinaire se répandit dans Paris, comme un coup de foudre : dans sa séance du 9 thermidor (26 juillet), la Convention avait brisé Robespierre et ses partisans, et le lendemain leur exécution marquait la fin du régime de terreur sous lequel la nation vivait depuis plus d'un an.

L'on sait que le peuple accueillit avec joie l'acte de vigueur du 9 thermidor. Cette date devint celle d'une fête nationale que l'on célébra jusqu'en l'an X.

Les juges du Tribunal de commerce ne pouvaient

manquer de prendre part à l'allégresse générale. En effet, dès le 12 thermidor, ils adressèrent à la Convention le manifeste suivant :

Citoyens représentans,

Les membres du tribunal de commerce du département de Paris viennent applaudir à la sublime énergie qu'a déployée la Convention nationale au milieu de la secousse violente qui vient de l'agiter.

Ils croyoient donc, *ces monstres vomis par les furies,* étouffer dans son berceau notre liberté naissante! Et quels moyens employoient-ils? Ils vouloient armer le citoyen contre le citoyen, le frère contre le frère.

Odieux despotisme, voilà donc tes ressources? Mais non, le voile est arraché, les droits du peuple sont bien connus, ils sont imprescriptibles et notre liberté est impérissable. Malheur à tout fol ambitieux qui osera lever sur elle une main parricide!

Citoyens représentans, les membres du tribunal de commerce, fidèles au peuple, fidèles à leurs serments, viennent les renouveller dans votre sein. Nous ne reconnoissons que la Convention nationale, et nommés par le peuple pour faire exécuter ses décrets, nous les maintiendrons toujours en tout ce qui regarde les fonctions dont nous sommes revêtus. Et nous jurons un attachement inviolable aux représentans d'un grand peuple qui veut sa liberté et qui saura la maintenir!

Cette profession de foi signée et envoyée, la juridiction reprit plus tranquillement le cours de ses travaux, sans s'occuper des châtiments que le nouveau tribunal révolutionnaire, constitué le 23 thermidor, réservait aux terroristes.

Le 1ᵉʳ ventôse an III, le comité de Législation de la Convention décida de régler d'une manière uniforme pour toute la France les conditions d'existence des tribunaux inférieurs, au nombre desquels étaient les tribunaux de commerce. Il adressa donc aux juridictions un questionnaire sur le nombre des juges et suppléants, le nombre et la situation faite aux greffiers, et enfin sur le budget de chaque tribunal.

Le Tribunal de commerce de Paris répondit le sextidi 26 ventôse an III, en donnant la liste de ses membres, les mêmes depuis 1793, sauf Forestier, décédé.

Il donnait le nom de Thomas, « son unique greffier non salarié par la République, digne de tous les éloges, vivant de son travail et payant les expéditionnaires du greffe, tous citoyens pères de famille ayant bien de la peine à subsister à cause de la cherté des vivres « mais l'espérance fait vivre l'homme » *(sic)*.

Ensuite le tribunal faisait savoir qu'après bien des réclamations et des informations, le département de Paris lui avait alloué un crédit de 12 000 livres dont :

7 200 pour les appointements du concierge, du préposé aux Archives, du secrétaire occupé aux comptes décadaires et au service intérieur ;

200 pour le montage de l'horloge (1);

100 pour le vitrier ;

100 pour plumes, encre et papier;

600 pour ports de lettres, frais de costume et autres menues dépenses;

1 900 pour frais de buvette et déjeuners;

1 200 pour 30 à 35 voies de bois;

Et 5 à 600 livres de chandelles pour les greffes, audiences et délibérés, soit 700 livres.

Il n'y a pas trace d'objections à cet état de dépenses de la part du comité de Législation.

Et cependant, quelques prévisions étaient insuffisantes : la preuve en est dans une délibération du 2 germinal an III, dans laquelle on fut obligé d'allouer non pas 100 livres, mais bien 150 au citoyen Laval, vitrier. rue Bon (Saint-Bon), pour qu'il se charge à forfait « d'entretenir les vitrages du tribunal c'est-à-dire de les nettoyer, y remettre du mastic, changer les verres cassés, calfeutrer avec des bandes de papier et de la colle et ce deux fois par an pour éviter le grand froid ».

On se souvient que l'hôtel du Cloître Saint-Merri n'avait pas de calorifère, en sorte qu'en hiver la salle d'audience était glaciale.

En germinal an III, le tribunal eut à subir une

(1) Cette horloge, construite vers 1680, devait être remontée tous les jours!

nouvelle attaque des hommes de loi (?) qui avaient adressé au comité de Législation de la Convention une plainte à propos des préférences qui auraient été accordées aux défenseurs officieux agréés par le tribunal.

A cette occasion, les juges prirent vigoureusement la défense de leur barreau, faisant ressortir les aptitudes professionnelles et les conditions de moralité exigées des agréés et faisant observer qu'il était naturel que le public s'adressât à eux de préférence.

La première place à l'audience, écrivirent-ils, est réservée à ceux qui viennent en personne assister à la cause. Ensuite, on entend les causes où il y a un défenseur et une partie présente. Ensuite les causes suivant l'ordre du rôle, mais en observant un ordre établi entre les défenseurs officieux pour que le même ne tienne pas la plus grande partie de l'audience. Quant aux défenseurs du dehors, loin de les écarter, nous et nos prédécesseurs les avons toujours écoutés avec plaisir lorsque, se renfermant dans l'esprit de notre tribunal, ils ne nous ont occupé que des faits précis de la cause et des moyens dont elle était susceptible... Nous ne vous dissimulons pas, citoyens, que le reproche que la plainte nous a attiré de votre part, nous a été fort douloureux et d'autant plus sensible que, loin d'avoir la faiblesse de nous prêter à aucune manœuvre, nous sommes partisans de l'égalité devant la loy, sans laquelle le bon ordre ne peut subsister...

Salut et fraternité.

L'année 1794 se termina sans autre difficulté pour les juges.

Mais nous avons été imprudent de dire plus haut un peu trop hâtivement, que le tribunal pouvait enfin vivre dans la tranquillité après le 9 thermidor !

Certes la réaction qui suivit ne fut ni tendre ni indulgente. Le tribunal révolutionnaire n'avait point été supprimé, mais simplement renouvelé et ses sentences servirent fréquemment à assouvir des haines et des vengeances politiques, car l'habitude de la délation et des dénonciations calomnieuses ne pouvait se perdre rapidement. Si le farouche club des Jacobins, définitivement fermé, n'exerçait plus son sinistre pouvoir occulte, les sections n'étaient point dissoutes.

On y voyait avec surprise les « ultras » de la veille se réveiller « modérés » convaincus et frapper plus fort que les autres sur leurs amis d'hier : phénomène connu résultant de la peur. Il ne se passait pas de jour que le comité des sections ne reçût des dénonciations contre d'anciens jacobins, que l'on chargeait de tous les péchés de la tribu.

Il aurait été surprenant que les juges du tribunal de commerce, exposés comme nous l'avons vu, au mécontentement des plaideurs malheureux et surtout à la colère des hommes d'affaires furieux de n'avoir pu se rendre maîtres du barreau consulaire, n'eussent point à souffrir de l'état d'esprit général : c'est le juge Ladainte qui fut atteint; voici en quelles circonstances et ce qu'il en advint.

LE JACOBIN LADAINTE

Ladainte, ancien épicier, âgé de cinquante-sept ans, demeurant rue Saint-Martin, 312, avait été nommé premier juge, sous la présidence de Lesguilliez, lors des élections de 1793. Il vivait de très modestes rentes après avoir cédé son commerce à ses enfants.

Par convictions politiques, ou encore entraîné par les circonstances, comme beaucoup de bourgeois de l'époque, Ladainte s'était affilié dès 1792 au club des Jacobins, où il ne se trouvait pas, il faut le dire, en mauvaise compagnie, si l'on en juge par la liste des membres du club. En 1793, il avait été l'un des candidats présentés par les jacobins pour remplacer au tribunal « les dangereux modérés » que présidait Vignon.

Mais opinions à part, Ladainte s'était toujours montré fort brave homme, et il remplissait ses fonctions avec un dévouement et une intelligence qui lui assuraient l'estime de tous ceux qui fréquentaient au Cloître Saint-Merri : il est inutile de faire ressortir que, depuis son entrée au tribunal, il avait bien autre chose à faire que de s'occuper de politique. Nous le voyons cependant, le 12 thermidor, signer avec ses collègues le manifeste du tribunal contre la Terreur.

Ladainte faisait, de par son domicile, partie de la section des Amis de la Patrie, qui avait son siège rue des Lombards : il en avait été successivement secrétaire et commissaire, autrement dit président, mais il avait résigné ces fonctions pour devenir juge, donnant certainement une preuve de courage civique, ainsi qu'il a été démontré plus haut.

Pendant la puissance des jacobins, nul n'osa élever la voix contre Ladainte dans sa section ; mais après le 9 thermidor, les mécontents crurent le moment favorable pour satisfaire leurs désirs de vengeance.

A la séance du 6 prairial an III (6 mai 1795), la section des Amis de la Patrie reçut contre Ladainte les plaintes de cinq de ses membres, dont il est curieux d'apprendre les professions : Domain, *huissier*, Dupré, *huissier*, Savart, *homme de loi* (?), Bidault, marchand de vin, et Bureau, négociant. On verra plus loin, par leurs seules dépositions, que ces estimables délateurs en voulaient beaucoup plus au juge qu'au jacobin. Par le temps d'anarchie qui régnait, le tribunal avait grand'peine à maintenir la police de ses audiences : il y avait surtout un clan d'hommes d'affaires qui entendaient s'établir en maîtres dans la juridiction, y plaider sans pouvoirs et y supplanter leurs ennemis traditionnels, les agréés. Les juges ne le toléraient pas et ils faisaient expulser de suite, par les garde-nationaux de service, les insolents et les perturbateurs. On ne saurait mettre en doute que ceux-ci cherchassent tous les moyens possibles de se venger.

Ladainte allait l'éprouver.

Profitant habilement de l'absence, à la séance du 6 prairial, du commissaire de la section (autrement dit, du président), dont ils connaissaient l'amitié pour Ladainte et l'ascendant sur les sectionnaires, les plaignants s'avancèrent tour à tour à la tribune et, renchérissant l'un sur l'autre, présentèrent Ladainte « comme un dangereux ennemi des bons citoyens, ennemi dont il fallait sans retard purger la société ». Leurs paroles fielleuses et enflammées firent impression sur l'auditoire. Dupré, qui était secrétaire, rédigea immédiatement un « arrêté », dont il donna lecture et qui fut adopté à l'unanimité, comme s'il se fût agi d'un danger national.

Voici cet extraordinaire document, qui existe *in extenso* aux Archives nationales (1) :

Section des Amis de la Patrie.
Séance du 6 prairial an III de la République une et indivisible.

---

(1) Police générale. Comité de Sûreté générale. F 7, 4757. Dossier Ladainte.

Après avoir entendu les citoyens Domain, Savart, Bidault, Bureau et Dupré,

L'Assemblée arrête à l'unanimité que le nommé Ladainte *sera mis en état d'arrestation* comme jacobin des plus outrés reconnu pour avoir influencé les nominations soumises à l'Assemblée générale, en faisant écarter tous ceux qui, par leurs vertus et leurs lumières, auraient dû avoir la préférence et ayant dit que les patriotes étaient sous le couteau depuis le 9 thermidor. Qu'il traitait de plus durement les citoyens qui avaient affaire à lui en sa qualité de juge au tribunal de commerce. Qu'il avait tenu ces langages plus d'une fois, tant par lui que par plusieurs de ses collègues jacobins comme lui et juges au tribunal de commerce de cette ville.

Les sections étaient en principe de simples divisions administratives de Paris. Petit à petit, la Convention leur avait donné quelques attributions de police et leur en avait laissé prendre beaucoup d'autres. Si bien qu'elles en étaient arrivées à exercer de véritables pouvoirs judiciaires, soit de leur propre autorité, soit en vertu de mandats des comités supérieurs et encore bien que les citoyens placés à leur tête, par voie d'élection, ne fussent à aucun titre revêtus de fonctions publiques.

Une simple décision d'une section était suffisante pour qu'un homme fût arrêté sans explications et incarcéré, même encore en 1795...

C'est ce qui arriva à Ladainte, qui fut appréhendé à son domicile, le 7 prairial au matin, et emprisonné à la maison de sûreté de la rue des Orties dite « de la Bourbe » (Butte des Moulins où se trouve actuellement la rue Thérèse). L'ordre d'écrou est signé : les membres du comité (de Sûreté générale) : Mathieu, Lesage-Senault et Bourguignon (1).

Dès le lendemain, les délégués de la section se présentèrent rue Saint-Martin, 312, perquisitionnèrent dans tout le domicile de l'accusé, consignèrent n'avoir trouvé que des papiers de famille et de commerce et différents papiers du tribunal de commerce, apposèrent les scellés et nommèrent gardienne la citoyenne Ladainte.

Mais la nouvelle de l'arrestation était parvenue au Cloître Saint-Merri et avait douloureusement surpris les juges.

Sans plus tarder, ils décidèrent d'adresser la supplique suivante, en faveur de leur collègue :

Paris, le 8 *Prairéal*, an III de la République française une et indivisible.

Les juges du tribunal de commerce du département de Paris

Aux citoyens représentans du peuple composant le comité de Salut public.

(1) Il est curieux de voir que cet ordre est daté du 5 frimaire an III, c'est-à-dire antérieur de près de six mois à l'arrestation. C'est la preuve que les sections avaient de ces ordres d'écrou *en blanc*.

Citoyens représentans,

Nous vous exposons qu'un de nos collègues, le citoyen Ladainte, vient d'être mis en état d'arrestation par sa section, celle des Amis de la Patrie.

Nous ignorons les motifs qui ont déterminé sa détention, mais ce que nous pouvons vous assurer, ainsi que tous ceux qui fréquentent le tribunal, c'est que le citoyen Ladainte a rempli deux ans la place de juge avec la plus constante exactitude, qu'il en a exercé les fonctions avec la plus exacte intégrité; il n'est pas dans un état aisé et cependant il occupe gratuitement cette place, animé du désir d'être utile à la chose publique.

Nous vous adressons notre prière, c'est de le rendre à ses fonctions, si les motifs que nous vous prions de vous faire donner de son arrestation, ne sont pas suffisans pour le priver de sa liberté. Salut et fraternité.

Signé : Lesguilliez, président, Thiérard, juge, Sautot, Faitot et Laurent, suppléants.

Suit la teneur du certificat délivré par le tribunal :

Nous soussignés, juges du tribunal de commerce du département de Paris, certifions que le citoyen Ladainte, notre collègue, a rempli pendant deux ans la place de juge avec toute l'exactitude et l'intégrité possibles et le zèle qu'il a toujours apporté dans ses fonctions, quoique n'ayant qu'une très modique fortune, et qu'elles soyent très attachantes et absolument gratuites, sont à la connaissance de tous ceux qui ont fréquenté notre tribunal. En foy de quoi nous avons signé le présent, à Paris, ce 26 prairial an III de la République une et indivisible

Signé : Lesguilliez, Thiérard et Sautot.

Cette lettre et ce certificat sont revêtus du cachet du tribunal sur cire rouge : cachet ovale portant à l'exergue : « Tribunal de commerce du département de Paris ». Au milieu, les mots : « La loi », sur un cartouche ovale entouré de rayons concentriques.

On lit sur l'original de la lettre :

En haut : *A mettre sous les yeux du représentant chargé de la section.* (Un paraphe) :
En marge : *Renvoyé au comité de Sûreté générale en l'invitant à faire examiner cette affaire le plus promptement possible, vu les motifs déduits en la pétition. 10 prairial, l'an III de l'ère républicaine.*
Signé : Vernier et Roux.

De son côté, la section des Amis de la Patrie ne restait pas inactive. Le retour du commissaire avait changé la face des choses.

Il existe au dossier Ladainte un *Extrait des pièces sur les différents détenus et désarmés de la section*, dont il est intéressant de reproduire les lignes suivantes :

En la séance du 6 prairial, a été prononcée l'arrestation de Ladainte motivée sur une dénonciation portée par les citoyens Domain, Savart, Bureau, Bidault et Dupré.
Ont déposé :
Le citoyen Savart, homme de loi, que Ladainte traitait durement les citoyens qui avaient affaire à lui en sa qualité de juge du tribunal de commerce.

Le citoyen Domain, huissier, rue Saint-Denis, 179 : qu'il fut obligé de s'abstenir de voter à la nomination du commandant général de la force armée parisienne, au ballottage entre Raffet et Hanriot, Ladainte ayant exigé le vote à haute voix pour intimider les bons citoyens.

Le citoyen Dupré, huissier : que Ladainte est singulièrement attaché au parti jacobin, *et incapable de remplir les fonctions de juge au tribunal de commerce,* faute de lumières, place qu'il n'a obtenue que par intrigue.

Ces dépositions recueillies, les membres du comité civil de la Section, après avoir pris toutes les informations conformément à l'arrêté du comité de Sûreté générale du 30 prairial dernier, observent aux citoyens membres de ce comité que Ladainte, juge du tribunal de commerce, paraît avoir partagé les principes des jacobins, auxquels il était affilié, mais qu'il n'a jamais opprimé ses concitoyens ; que souvent il a montré beaucoup de désintéressement sur les places qui lui étoient offertes ; que la place qu'il occupe lui a été légalement déférée et qu'il s'est toujours montré humain et a rempli avec zèle les fonctions auxquelles il a été appelé depuis la Révolution, et notamment au comité civil de la Section.

Il n'est pas jusqu'au bataillon des vétérans volontaires de la garde nationale de Paris qui n'eût délivré à Ladainte un certificat élogieux le 22 prairial, constatant « son zèle à défendre la Patrie ».

Cependant, le temps passait et Ladainte méditait toujours sur les vicissitudes de la politique en sa prison de la Bourbe, plus d'un mois après son arrestation. Et pourtant il écrivait lettre sur lettre pour réclamer son élargissement.

Les juges se décidèrent à faire une nouvelle démarche en sa faveur. Le président Lesguilliez était lié avec le représentant Pierret, membre du comité de Sûreté générale à la Convention. Il rédigea donc une lettre officielle et l'envoya à Pierret par une missive particulière.

Lettre officielle :
Paris, 14 messidor, an III de la République française, une et indivisible.

Les juges du tribunal de commerce du département de Paris aux citoyens représentans, membre du comité de Sûreté générale.

Citoyens :

Le 8 de prairial, nous adressâmes au comité du Salut public notre réclamation pour notre collègue citoyen Ladainte, juge du tribunal, qui avait été arrêté la veille et traduit dans la maison d'arrêt de la rue de la Bourbe. Nous ne pouvons que réitérer notre déclaration de la probité et de l'exactitude de notre collègue à remplir ses fonctions, sa présence nous serait bien nécessaire eu égard à la multiplicité des affaires dont est surchargé le tribunal.

Nous apprenons avec intérêt que le comité civil des amis de la Patrie a fait repasser son avis sur la personne du citoyen Ladainte; il ne dépendra que de l'examen des pièces qui justifient son exacte probité pour obtenir de vous, citoyens représentants, sa mise en liberté, et nous la sollicitons avec d'autant plus d'instance que les informations faites sur le compte du citoyen Ladainte sont conformes à nos représentations.

Salut et fraternité.

Signé : Lesguilliez, Guéroult, Thiérard et Faitot.

Lettre d'envoi :

Veuillez, citoyen représentant, vous joindre à nous pour obtenir la mise en liberté du citoyen Ladainte, notre collègue ; nous la sollicitons avec d'autant plus d'instance que son absence nous surcharge extraordinairement.

Salut et fraternité,

Lesguilliez.

Le représentant Pierret, désireux d'être agréable à Lesguilliez, épingla à la pétition une petite note de sa main : « Département de Paris. Section de la réunion. Les juges du tribunal de commerce réclame *(sic)* la liberté du citoyen Ladainte, l'un de leurs collègues, mis en état d'arrestation par sa section des Amis de la Patrie. »

Le même jour, 14 messidor an III, cette section, complètement retournée dans son opinion, adressait elle-même au Comité de Salut public une très longue pétition, dans laquelle, après avoir « repassé » son avis et discuté point par point les dénonciations, elle conclut ainsi, ce qui prouve qu'elle s'était concertée le jour même avec le tribunal :

. Comment oser soutenir que Ladainte aurait dit au tribunal que depuis le 9 thermidor, les patriotes étoient sous le couteau?

Propos et inculpations calomnieux, absurdes et démentis par la réclamation même du tribunal de commerce!

La conduite de Ladainte depuis la Révolution, prouve qu'il n'a jamais intrigué et démérité de son pays, puisqu'il n'a rempli que des fonctions pénibles et gratuites. Avant la Révolution, Ladainte n'avait que 1 400 livres de rente et il n'est pas plus riche aujourd'hui et sans les secours de ses enfants, il serait réduit à la misère.

Rendés, citoyens représentans, un mari à une épouse désolée, un père à ses enfants, un juge à ses fonctions, — vous exercerez votre justice ordinaire!

Le Comité de Salut public se rendit à ces supplications. D'ailleurs, les têtes de Fouquier-Tinville, de Herman, de Foucault, et de tant d'autres terroristes, étaient tombées sur l'échafaud, peu de temps auparavant, en floréal, et de toutes parts le besoin de paix intérieure se faisait sentir.

Le tribunal révolutionnaire avait été supprimé le 12 prairial (31 mai 1795) et la Convention avait décrété, le 14 floréal, la restitution aux familles des biens des condamnés à mort, confisqués en vertu des jugements du tribunal révolutionnaire.

Ladainte bénéficia de ces heureuses dispositions.

Le 14 messidor an III, le comité de Sûreté générale rendit en sa faveur l'arrêté suivant :

Vu la réclamation du citoyen Ladainte, tendante à obtenir sa liberté ;

Vu l'attestation des comités civil de la section et de surveillance de l'arrondissement en faveur dudit Ladainte ;

Ensemble la réclamation du tribunal du département de Paris, aussi en faveur de Ladainte ;

Le comité arrête que ledit Ladainte sera, sur-le-champ, mis en liberté de la maison d'arrêt de la Bourbe, les scellés apposés chez lui levés, les armes qui ont pu lui être enlevées lui seront rendues.

Les membres composant le comité : Pierret, Sevestre, Penmartin, Calis, Courtois, Guyomar, Monmayon-Genevois et Lamont.

Cet arrêté reçut son exécution le lendemain et Ladainte rentra chez lui après un mois et huit jours d'une absence pendant laquelle il ne dut pas toujours envisager gaiement l'avenir... Un an plus tôt, les choses auraient certainement tourné tout autrement... La réflexion dut convaincre l'ancien jacobin que tout n'avait pas été parfait sous le régime de terreur dont ses amis du club de la rue Saint-Honoré avaient célébré les vertus et les charmes en 1793 et 1794...!

Mais l'affaire Ladainte n'était qu'une phase des attaques dont le tribunal devait souffrir de la part des hommes d'affaires. N'ayant pas réussi dans leur abominable procédé contre ce juge, ils ne tardèrent pas à trouver autre chose, sous couleur de dévouement aux intérêts supérieurs de la nation.

De tout temps, la juridiction, tout en respectant la loi, avait fermé les yeux sur les énonciations faites en termes vagues, dans les exploits, de certains actes dont l'enregistrement aurait été très onéreux pour les parties. Les huissiers écrivaient « suivant conventions verbales... » et le tribunal ne faisait ensuite enregistrer la pièce que si elle avait un intérêt capital au procès (1).

La matière était belle pour une dénonciation scandalisée au ministre de la justice, Merlin de Douai. Il la reçut le 1er fructidor an IV, et dès le lendemain il écrivit en termes menaçants aux juges pour leur reprocher de souffrir que les huissiers énonçassent dans leurs exploits des conventions écrites, comme verbales, de prononcer le renvoi devant des arbitres à qui ces actes étaient représentés et qui en faisaient mention dans leurs rapports, entérinés à l'audience sans que ces actes fussent enregistrés. (La coutume d'entériner les rapports disparut lors de la promulgation des Codes en 1807.)

Merlin de Douai, qui devait connaître de si hautes

(1) Le même procédé est couramment employé de nos jours : mais le fisc ne manque pas de rappeler le tribunal et les officiers ministériels à l'ordre, par des circulaires sévères et périodiques. Le style en est toutefois moins emphatique que celui qui va être rapporté...

destinées, et que Toullier appelle « le prince des jurisconsultes », ne badinait pas sur les questions de droit fiscal ou autres : « Votre greffier, dit-il aux juges, devrait déjouer les ruses des huissiers au lieu de devenir l'instrument de leurs perfidies. Votre propre vigilance devrait vous mettre à l'abri de consommer et de revêtir du caractère légal cette œuvre des ténèbres (!)... Je vous enjoins de révoquer tous les officiers ministériels qui auraient pu tendre des pièges semblables à leur pureté et à leur religion; de repousser avec éclat et mépris du sanctuaire de la justice qu'ils déshonoreraient par ces manœuvres, des arbitres qui, au lieu d'être les conseils des juges et *le flambeau du tribunal*, se seraient oubliés au point de s'associer à la fraude. Quant aux juges eux-mêmes qui auraient consenti à masquer de tels abus, leur prise à partie serait la suite de leur prévarication et ils devraient compte à la République de tous les droits dont ils auraient favorisé la fraude... »

Le tribunal repoussa avec énergie toute supposition de connivence et se disculpa facilement en mettant les dénonciateurs en demeure de produire des faits à l'appui d'une « délation vague, dénuée de preuves et de fondement ». Le défi ne fut pas relevé, en sorte que l'affaire n'eut point de suites.

Dans ces temps extraordinaires, dit M. Guibert (*ouv. cité*), chaque plaideur se croyait en droit d'occuper de lui les autorités de la République, et les juges, attaqués par des justiciables mécontents ou impatients, avaient à défendre soit leur zèle à rendre la justice, soit les décisions portées par leur conscience.

CHAPITRE XIV

1796-1797

Juges sans mandats. — Demande de renouvellement du tribunal. — Retour du président Vignon. — Le tribunal soupçonné d'indolence et de superstition. — Sa défense. — Modification du service des audiences en suivant le nouveau comput. — Apaisement. — Remise en état de l'hôtel de la juridiction. — Les tapisseries débarrassées des signes de féodalité. — L'État donne six portières des Gobelins. — Fête du 2 pluviôse an VI. — L'arbre de la Liberté. — L'antique horloge réparée.

La loi du 16 août 1790 avait décidé que les juges au tribunal de commerce seraient nommés pour deux ans, avec un renouvellement partiel au bout de la première année afin d'assurer un roulement nécessaire à l'instruction des nouveaux magistrats.

Le premier tribunal nommé, présidé par Pierre Vignon, avait résigné entièrement son mandat en 1793, dans les circonstances que l'on sait; Lesguilliez et ses collègues lui avaient succédé en mai 1793.

Pour obéir à la loi, une moitié des juges aurait donc dû sortir en 1794 et la seconde moitié en 1795.

Mais la succession des événements et l'anarchie qui régnait dans les administrations publiques firent que non seulement il n'y eut pas de convocations d'électeurs de 1794 à 1796, mais qu'on fit même la sourde oreille aux timides avis que le tribunal crut devoir donner, relativement à l'expiration légale de ses pouvoirs (1). En effet, nommés pour deux ans, les juges siégèrent sans mandat à partir de mai 1795 : ils rendirent la justice par tacite reconduction...

Mais, quel que fût leur zèle, ils estimèrent, en 1797, avoir donné assez de preuves de leur dévouement à la nation, et, le 16 floréal an V, ils écrivirent aux citoyens administrateurs du département de la Seine (on ne disait plus « département de Paris ») :

Les circonstances dans lesquelles s'est trouvée la République depuis l'époque où nous aurions dû être renouvellés jusques à ce jour, ne vous ont pas permis de vous occuper de cet objet, car, malgré les avis qu'à différentes reprises nous en avons donné tant au ministre de la justice qu'aux autorités de qui cela pouvait dépendre, quatre années se sont écoulées depuis notre installation au mois de may 1793. Nous sommes loin de regretter un sacrifice qu'exigeoit de nous la chose publique, mais pendant ces quatre années, livrés sans réserves aux devoirs assidus de notre place, d'autant plus honorables à la vérité qu'ils sont entièrement gratuits, nous avons fait l'abandon presqu'absolu de nos propres affaires, ayant en outre été privés de la présence de deux de nos collègues (2). Ces considé-

---

(1) En 1795 le ministre de la justice fit savoir aux juges « que le Peuple leur conservait toute sa confiance ».
(2) Forestier, décédé, et Thiérard, malade.

rations, citoyens administrateurs, nous déterminent à vous demander avec instance que vous veuilliez bien vous occuper sans retard de notre renouvellement, sous la promesse que nous vous donnons de nous rendre assidus auprès de nos successeurs tout le temps qu'ils croiront convenable pour se mettre au fait et au courant des affaires multipliées de notre tribunal.

La lettre contient ensuite tous les renseignements nécessaires pour les élections et se termine par une formule nouvelle : « Veuillez recevoir l'expression de notre sincère reconnaissance et de notre fraternel attachement... » C'était moins sec que le simple : « Salut et fraternité. »

Les élections eurent lieu dans la forme légale et le registre des délibérations du tribunal relate qu'à l'audience du 28 thermidor an V (15 août 1797), se présentèrent à la barre munis des extraits des procès-verbaux de leurs élections les citoyens :

Pierre Vignon, *nommé président du tribunal.*
Alexandre Boursier,
Charles Lesguilliez (fils de l'ancien président),
Alexandre-Nicolas Le Moine,
Étienne Le Roux,
Nommés juges.
Guillaume Aubé père,
André-Gabriel Rainville,
Jean-François Chagot,
Et Nicolas Desages,
Nommés juges suppléants.

Ces citoyens présentèrent une lettre de l'administrateur du département les prévenant que leur installation se ferait simplement par la lecture, en présence des anciens juges, des procès-verbaux d'élection. On procéda ainsi, puis on se retira en chambre du conseil où tout le monde signa le registre constatant le fait.

Ainsi composé, le tribunal n'avait que peu besoin des lumières des juges sortants, car le président Vignon, le juge Boursier et le suppléant Rainville avaient déjà siégé en 1792. Il est certain qu'ils n'en conservèrent pas moins le plus grand respect pour leurs prédécesseurs, suivant en cela l'exemple du corps électoral, qui avait réservé une place de second juge au fils du président Lesguilliez en marque d'honneur pour son père et encore bien que le fils Lesguilliez ne fût qu'un modeste épicier de la rue des Trois-Maures (actuellement à peu près rue de la Reynie).

Entrait aussi au tribunal un homme dont le nom devait s'illustrer en la juridiction : Aubé. Son fils, nommé suppléant en 1822, franchit tous les échelons et fut président en 1832, 1833, 1836 et 1837. En 1875, la municipalité de Paris donna son nom à la rue qui borde le Tribunal de commerce sur le marché aux Fleurs, en souvenir des services qu'il avait rendus.

Le nouveau tribunal ne crut pas devoir apporter de changements à l'ordre qui fonctionnait depuis

1792; les anciens juges, malgré tout leur zèle, avaient laissé de nombreuses affaires en retard : la faute en était, en grande partie, à la désorganisation et au trouble jetés partout par la période révolutionnaire. Beaucoup de procès restaient en suspens parce que les parties ne pouvaient pas payer même les premiers petits frais originaires. La compagnie des agréés avait subi de cruelles vicissitudes, en sorte que d'importantes plaidoiries n'avaient pu être entendues. En résumé, les juges de 1797 se trouvèrent en présence d'un lourd travail et leurs audiences se prolongèrent souvent fort tard dans la nuit.

Sans doute quelques plaideurs grincheux trouvèrent-ils que ce n'était pas encore suffisant, car le 16 ventôse an VI le tribunal reçut du ministre de la justice Lambrecht la lettre suivante :

« Je suis informé, citoyens, d'un fait qui me surprend et m'afflige également de la part d'un tribunal tel que le vôtre. Je vois que, dans le cours de chaque mois, vous n'avez que douze, treize et tout au plus quatorze audiences et que, surtout, avec une affectation qu'il est impossible de méconnaître, vous avez évité d'indiquer une seule audience pour un seul jour de l'année qui coïncide avec quelque dimanche de l'ancienne computation.

« Cependant, citoyens, vous ne pouvez ignorer ni la loy du 16 vendémiaire an V qui ne permet aux tribunaux de prendre vacance que les 10, 20 et 30 de chaque mois de l'ère républicaine, ni celle du 21 fructidor an IV, *qui statue*, article dernier, *que les tribunaux de commerce n'ont point de vacances*.

« Et il se trouve que dans la commune de Paris où une immense population amène la multiplicité et l'importance des affaires, le tribunal de commerce, composé d'hommes instruits et estimés, s'est arrogé volontairement deux cent neuf jours de vacances au lieu de quarante et un jours que lui donne la loy ! Et par une condescendance que je n'ose qualifier, les magistrats du peuple ont consacré juridiquement le mépris de l'ère républicaine par l'observation superstitieuse de ces féeries que les ennemis incorrigibles de notre constitution font chômer à leurs sectateurs avec plus de scrupules qu'ils ne faisaient dans le temps où leur culte était avoué par la volonté nationale !...

« Je ne sais, citoyens, vous exprimer avec assez d'amertume le sentiment que j'éprouve au nom de votre intérêt et de votre responsabilité ; je vous prie de m'en délivrer. Je n'ai point fait part de ma peine au Directoire exécutif (1). Je vous laisse le mérite de réformer vous-même l'abus ; n'attendez pas qu'une dénonciation officielle m'oblige à rendre public le

---

(1) Créé par la Constitution de l'an III et qui régit la République du 27 octobre 1795 au 11 novembre 1799 (18 brumaire).

scandale et la répression. Vous avez vu plus d'une fois dans ma correspondance combien j'aime à joindre mon suffrage à celui de l'estime publique que vous méritez à tant de titres. J'attends le résultat non seulement avec confiance, mais avec impatience.

Salut et fraternité : Lambrecht. »

L'émotion provoquée par cette lettre fut profonde au Cloître Saint-Merri. Vignon réunit de suite les juges en exercice et les anciens et il adressa une longue lettre de réponse au ministre à la date du 19 ventôse. Il y rappelait que « depuis 1563, il n'y avait jamais eu que trois audiences par semaine les lundi, mercredi et vendredi. Que non seulement le travail des juges ne comportait pas que le service des audiences, mais encore celui des délibérations et des auditions des parties, mais qu'il était de toute justice que les juges du commerce eussent au moins un jour ou deux par semaine pour vaquer à leurs affaires personnelles, car ils n'étaient pas salariés et avaient le droit de gagner leur pain comme tous les autres citoyens. Que de plus les huissiers et greffiers avaient besoin d'un intervalle constant pour l'expédition de leurs jugements et de leurs réassignations. Qu'il fallait remarquer que les tribunaux ordinaires n'avaient que trois heures d'audience par jour tandis que les juges consulaires en accordaient toujours six au moins et souvent jusqu'à douze, sans compter les jours extraordinaires de plaidoiries non portés au tableau. Que quant au reproche d'avoir volontairement écarté les anciens dimanches, sur quoi il paraît qu'on a violemment envenimé notre intention auprès de vous, nous observerons, citoyen ministre, que nous n'avons jamais été superstitieux ni fanatiques et cela en aucun temps : depuis deux siècles on n'a pas tenu audience le samedi à cause du sabbat des juifs qui sont presque tous commerçans, ni les dimanches à cause du culte non seulement des catholiques, mais des protestans et autres sectes qui avaient adopté ce jour-là. Or comme notre constitution, plus sage que l'ancien gouvernement, a établi la liberté des cultes, nous avons cru remplir son vœu en ne donnant pas audience ces deux jours-là... ainsi toute idée de fanatisme ou de superstition doit être absolument écartée... Nous avons fait pour le mieux en établissant notre tableau : on ne nous en blâmera pas sans doute, si ce n'est quelques journaux qui se sont permis des plaisanteries à notre égard. Mais pourquoi serions-nous plus à l'abry de leur critique que les ministres et les membres du gouververnement qu'ils se permettent de censurer à leur gré ? »

Le ministre répondit le 15 germinal suivant en déclarant au tribunal que sa lettre avait calmé une partie de ses inquiétudes. Sa réponse est pleine de courtoisie et de formes polies, mais néanmoins elle se termine par une injonction d'avoir à observer l'ordre décadaire sans tenir compte d'aucun comput antérieur. Elle rappelle au tribunal que la loi autorise les audiences tenues par trois juges seulement et même par un seul juge assisté de deux suppléants. Le ministre invite le tribunal à user de cette faculté, car il est juste que des citoyens « qui donnent généreusement leur temps à la chose publique, aient le droit d'avoir des jours libres pour suivre leurs propres affaires ». Et il termine en espérant que le républicanisme des juges les portera à annoncer prochainement au public une réforme « dont il aime à leur laisser tout le mérite aux yeux du public et du gouvernement ».

Le tribunal, respectueux de la loi et des ordres de son chef, modifia de suite le service de ses audiences « de façon à ce qu'il n'y ait plus aucune exception de jours qui ait le moindre rapport avec l'ancien calendrier » et, à la date du 19 germinal an VI, il transmit le nouveau tableau au ministre en le remerciant « de l'approbation qu'il voulait bien donner à leur zèle et de la justice qu'il voulait bien leur rendre ». Il ajoutait que tout en sachant bien que trois juges suffisaient au siège, la juridiction avait toujours préféré le nombre de cinq, à cause de l'importance des causes et surtout des jugements qui, entraînant la contrainte par corps, exigeaient la réunion de plus de lumières

L'incident se termina sur cette lettre.

Mais la bonne harmonie ne dura pas longtemps.

Les agents d'affaires, qui n'avaient nullement désarmé vis-à-vis du tribunal et conservaient toute entière leur vieille haine contre les agréés, recommencèrent la lutte presque ininterrompue d'ailleurs depuis l'an III.

Le 8 pluviôse an VII, les juges reçurent du ministre de la justice la lettre suivante : « On me dénonce, citoyens, un abus introduit dans votre tribunal et que vous devez vous empresser de faire disparaître. Les défenseurs officieux (agréés), m'écrit-on, entourent le bureau du greffier, l'accès en est interdit à tout autre par les huissiers ; l'usage des placets n'ayant pas lieu, les causes sont appelées par les défenseurs, espèce d'arbitraire qui oblige les parties à se servir de leur ministère. Il paraît aussi que ces défenseurs ont, aux deux côtés de la salle, un bureau occupé par un clerc qui y tient registre. Vous reconnaîtrez facilement tout ce qu'a de préjudiciable et d'illégal un pareil ordre de travail. »

Le 14 pluviôse, le tribunal répondit : « ... Il ne manque à cette dénonciation que la vérité... Vous savez, citoyen ministre, que la multitude des causes dont notre tribunal est chargé et qui, pour la plupart, n'arrivent qu'au moment et pendant le cours de l'audience, donne lieu nécessairement à une grande affluence d'individus... et comme tous voudraient faire passer leurs causes à la fois, nous avons établi un ordre qui se suit invariablement : c'est que chacun des défenseurs prend son tour pour faire juger une cause et non plusieurs de suite... C'est donc pour prendre ce tour que les défenseurs paraissent entourer le bureau du greffier qui est placé devant le tribunal. Nous devons observer ici que quand les parties se présentent pour plaider elles-mêmes sans défenseurs, nous avons soin de les faire passer sans les assujettir au tour afin de les renvoyer plus tôt à leur commerce ou à leur travail. Il en est de même pour les voituriers qui, à cause de leurs chevaux, ne peuvent souffrir de retard... Ainsi des citoyens de la campagne.

« Examinons maintenant ce qui a pu donner lieu à une méprise de la part du dénonciateur, *s'il est de bonne foi*. Il ne portait aucune marque distinctive; il ne s'est pas fait connaître aux huissiers pour défenseur libre ou partie voulant plaider elle-même; donc ils l'ont obligé à s'asseoir sur les banquettes dans l'audience jusqu'à l'appel de sa cause conformément aux ordres du tribunal. C'est aux citoyens qui ont à faire dans l'enceinte à s'annoncer pour ce qu'ils sont afin de pouvoir prendre leur tour. »

Le tribunal ajoutait, relativement aux bureaux des agréés des deux côtés de la salle, qu'il s'agissait d'une installation toute matérielle et qui ne pouvait assurément nuire à personne, et il terminait par ces mots : « Vous conviendrez, citoyen ministre, que cet ordre de travail, loin d'être préjudiciable et illégal comme a voulu vous le persuader le dénonciateur, ne présente, au contraire, qu'une très grande utilité. »

Le ministre se déclara satisfait des explications sur la tenue des audiences, mais comme il voulait sans doute ne pas céder sur le tout, il signala aux juges, par sa lettre du 24 pluviôse, qu'ils ne devaient laisser subsister de bureaux dans la salle d'audience que s'ils pouvaient être occupés indistinctement par tous les défenseurs. « Autrement, ce serait un privilège contraire au principe d'égalité qui, dans l'ordre judiciaire, doit régner entre tous les défenseurs officieux ».

Le registre des procès-verbaux du tribunal ne fait pas savoir quelle suite les juges donnèrent à ces instructions ministérielles.

Nous sommes restés chronologiquement à l'année 1797, pour l'historique du Tribunal de commerce : ce qui nous reste à dire pour arriver à l'année 1800, à laquelle nous avons fixé le terme de notre récit, rentre maintenant dans le cadre purement documentaire.

Depuis l'année 1793, l'hôtel du Cloître Saint-Merri était resté dans l'état *pauvre et minable* où l'avait réduit l'enlèvement de ses boiseries, de ses tapisseries et de ses œuvres d'art.

Quant à l'extérieur, il avait perdu depuis longtemps toutes traces des grandes réparations accomplies en 1775, d'autant plus qu'on avait meurtri la façade en brisant les nombreux emblèmes « d'esclavage » et la statue de Louis XIV qui l'ornaient.

Enfin la présence d'un corps de garde au rez-de-chaussée depuis 1792 n'avait pas été faite pour donner du lustre à la maison.

On obtint d'abord la suppression du poste de gardenationaux, non sans remercier le bataillon Saint-Merri, car le tribunal avait dû aux hommes en armes fournis par lui le maintien de la discipline et du respect de ses audiences.

Puis les juges se décidèrent à faire les démarches nécessaires afin de sortir de leur misère.

Pour l'extérieur, on pressa fort le département et ce dernier, honteux de n'avoir point déboursé un sou pour sa nouvelle propriété depuis 1793, en fit faire le nettoyage et le ravalement au commencement de 1799.

Restait l'intérieur, dont l'état de nudité faisait peine à voir : les peintures à la détrempe hâtivement faites en 1793 s'étaient effritées ; les murs de la salle d'audience grimaçaient sous la lèpre des plâtras détériorés. Le président Vignon se souvint alors des tapisseries des Gobelins reléguées dans les greniers sous la Terreur; il les fit descendre et constata qu'elles n'étaient nullement abîmées.

Aussitôt lui vint la pensée d'en faire usage de nouveau et il écrivit, le 25 nivôse an VII, au ministre de l'intérieur :

Citoyen ministre, bien avant la révolution, le gouvernement, voulant témoigner sa satisfaction des services gratuits des juges du tribunal de commerce de Paris, fit présent aux juges et consuls de tapisseries précieuses des Gobelins pour décorer leur salle d'audience et la chambre du Conseil. Ces deux pièces en ont été ornées jusqu'à l'époque où la loi ordonna de faire disparaître les meubles portant des signes de féodalité. Depuis, la salle d'audience et la chambre du Conseil sont demeurées nues, sans décoration ni dignité... Nous croyons, citoyen ministre, qu'il serait aisé et peu dispendieux de faire disparaître les signes de féodalité de ces tapisseries qu'il est important de ne pas laisser perdre; en conséquence, nous vous prions de donner des ordres aux ouvriers que vous employez à ce sujet et de les charger de les venir voir pour s'en rendre compte...

Sur le registre des procès-verbaux du tribunal, se trouve en marge de cette lettre la mention suivante : « Nota. Cette lettre ayant été portée au ministre par deux membres du tribunal, il leur a dit de prendre un peintre décorateur pour, par les procédés qu'il leur a indiqués, faire disparaître les signes de féodalité en question »

Le décorateur requis parvint bien à substituer avec

succès les attributs de la justice aux signes de féodalité sur les tapisseries de la chambre du Conseil, mais une lettre du président Vignon au ministre, du 2 prairial, nous apprend qu'il n'y a eu rien d'utile à faire sur celles de la salle d'audience, beaucoup trop surchargées. En conséquence, il prie le ministre de bien vouloir faire délivrer au tribunal d'autres tapisseries en remplacement.

Les formalités pour y arriver furent longues, mais enfin, en messidor (juin 1799), le tribunal reçut des mains du citoyen Guillaumot, directeur de la manufacture nationale des Gobelins, six portières en tapisserie destinées à la salle d'audience. Les juges en eurent une telle satisfaction qu'ils écrivirent une flatteuse lettre de remerciements au citoyen Guillaumot pour les peines qu'il avait prises de rechercher avec tant de soin les genres qui pouvaient convenir à leur salle. On remercia aussi vivement le ministre de l'intérieur, le citoyen Quinette, pour ses bons offices. Il aurait fallu aussi ne pas oublier le citoyen François de Neufchâteau, qui était ministre au commencement des pourparlers; mais il avait perdu son portefeuille.

Quelque considérable que fût le mouvement rétrograde à la fin du Directoire, en 1799, l'usage de célébrer par des fêtes les grandes dates de la Révolution était encore loin d'être aboli.

Aussi voyons-nous, au mois de nivôse an VII, les

juges s'inquiéter de l'accomplissement exact du programme de la fête nationale de l'anniveraire du 2 pluviôse (21 janvier). Il avait été décidé qu'en dehors des serments habituels, chaque corps de l'État procéderait en grande pompe à la plantation d'un arbre de la liberté devant le lieu de ses séances. Le Tribunal de commerce disposait bien facilement de l'emplacement au milieu de sa cour, mais il n'avait pas d'arbre.

On écrivit donc au ministre de l'intérieur en lui demandant de donner des ordres pour que les pépinières nationales en délivrassent un convenable. Grand embarras pour le ministre; il s'en tira par la tangente : « Il me serait impossible de vous fournir l'arbre que vous demandez, citoyens; le tems ne vous permettrait pas d'ailleurs de le planter avec quelqu'espoir de succès. Je vous invite à faire prendre quelque part un chêne, un peuplier ou autre, de le mettre sans autre précaution dans un trou... quand le temps sera radouci, vous n'aurez qu'à faire connaître le genre d'arbre que vous désirez et je me ferai un plaisir de vous le procurer des pépinières nationales. »

La fête du 2 pluviôse dut néanmoins se passer de la plantation, en raison, dit le procès-verbal, de la rigueur du temps.

Elle n'en fut pas moins fort belle et conduite « avec un ordre admirable et plein de dignité ». Le tribunal au grand complet et en cérémonie assista au temple de la Victoire (église Saint-Sulpice) à la prestation générale de serment de haine à la Royauté *et à l'anarchie*, d'attachement et de fidélité à la République et à la Constitution de l'an III.

Le tribunal revint « en bel ordre et en costume en son hôtel où étant arrivé, tous ses membres ainsi que les suppléants, le greffier en chef et les huissiers procédèrent à la signature du registre constatant le serment »; il reçut ensuite le serment de tout son personnel jusqu'au concierge, et l'on fit parvenir un extrait du procès-verbal au ministre de l'intérieur, qui accusa réception le 16 ventôse.

Pourtant le printemps renaissait et l'arbre de la Liberté n'arrivait toujours pas. En germinal, on rappela au ministre de l'intérieur sa promesse en lui notifiant que l'arbre désiré était un peuplier parce qu'il pousse ses branches en hauteur.

Que se passa-t-il? Les pépinières nationales étaient-elles dégarnies à force d'avoir fourni des arbres de Liberté?

Toujours est-il que nulle trace de la réception d'un peuplier ne se trouve dans les procès-verbaux du tribunal. Il faut en déduire que les juges s'en passèrent, car ils avaient promis une fête solennelle pour la plantation et ils n'auraient pas manqué d'en laisser l'historique si elle avait eu lieu.

Au mois de mai 1799, l'horloge de la grande cour, lasse peut-être de voir passer tant de régimes différents, prit le parti de s'arrêter. Les juges ne lui tinrent pas rigueur en raison de son âge respectable : cent vingt ans. Sur leur requête, le département envoya son architecte et sans doute aussi son horloger et le vénérable mouvement se reprit à battre en l'attente du siècle qui allait s'ouvrir : seulement on s'arrangea de façon à ne plus être obligé de le remonter tous les jours.

CHAPITRE XV

1798-1800

Élections de 1798 et suivantes. — Mêmes hommes. — Difficultés nées de l'appel des jugements du tribunal. — Essais infructueux. — Autorité du président Vignon. — Les Cours d'appel instituées. — Fin du Directoire. — Le 18 Brumaire. — Physionomie de Paris. — Renaissance du caractère parisien. — Satisfaction populaire. — L'aurore des beaux jours du Tribunal de commerce. — Le vaisseau symbolique de la juridiction. — Solidité de l'institution. — Survivance glorieuse de l'œuvre de Michel de l'Hôpital.

A partir de l'année 1798, les élections pour les renouvellements partiels des mandats des juges s'étaient faites régulièrement et conformément à la loi.

Jusqu'en 1800, elles n'apportèrent aucun changement parmi les hommes nommés en 1797.

Une des plus sérieuses préoccupations des magistrats consulaires naissait de l'incertitude dans laquelle était restée la question de l'appel de leurs sentences.

La terreur que le souvenir des anciens parlements avait inspirée à l'Assemblée nationale, lorsqu'elle organisa l'unité de l'ordre judiciaire en 1790, était si grande que l'on repoussa toute disposition tendant à créer des tribunaux supérieurs, sortes de cours souveraines, interposées entre les tribunaux de première instance et la Cour de cassation dont la nécessité était reconnue.

Différents systèmes furent successivement mis, en quelque sorte, à l'essai.

Sous le régime de la loi de 1790, les tribunaux inférieurs étaient juges d'appel les uns à l'égard des autres, soit que les parties s'accordassent pour choisir le tribunal voisin auquel l'appel serait porté, soit que la désignation en fût faite parmi sept sièges proches, désignés par l'administration de chaque département, avec droit de récusation à raison de trois sièges par chaque partie, dans le cas le plus simple. Ce système donna lieu à d'inextricables difficultés et de plus il n'offrait d'autre garantie aux plaideurs que celle d'un changement de personnel (1).

La loi du 5 fructidor an III, ayant réduit à un par département le nombre des tribunaux civils de première instance, décida que les appels des jugements des juges de paix et des tribunaux de commerce seraient portés devant eux. Il en résulta le vice grave de soumettre les différends du second degré à des

---

(1) LEGRAND, *ouv. cité*, p. 98 et suiv.

juges qui offraient des garanties de capacité technique moindres qu'au premier degré. *(Idem.)*

Pour la ville de Paris et le département de la Seine, ce régime fonctionna de 1796 à 1800. Les appels des jugements du tribunal de commerce furent soumis aux juges civils du même degré. Ce serait faire à ces derniers une injure inutile que d'admettre *de plano* leur incapacité : il est certain toutefois qu'ils n'avaient point, en matière de commerce, une compétence aussi grande que leurs collègues du Cloître Saint-Merri et que, de plus, ce manque de compétence spéciale n'était point contre-balancé, comme cela est de nos jours pour les conseillers de Cour d'appel, par une haute expérience et une longue pratique.

Le président Vignon, dont l'autorité se manifestait déjà de toutes parts, s'employa activement auprès du ministre de la justice et des commissions de législation du Conseil des Anciens, du Conseil des Cinq-Cents, puis ensuite du Tribunat et du Conseil d'État, pour faire modifier un état de choses qui ne pouvait durer.

Il retrouvait dans ces assemblées un grand nombre d'hommes (révolutionnaires assagis) qu'il connaissait de longue date, anciens députés de 1789 comme lui, constituants, conventionnels ou membres du Directoire. Il n'est pas jusqu'au Premier Consul Bonaparte, dont l'attention vigilante ne négligeait aucune question, qui ne l'eût fait demander pour conférer avec lui au sujet des tribunaux de commerce dont le futur empereur voulait le maintien dans la Constitution qu'il préparait et qui devait régir toutes les branches de l'activité du pays (Constitution de l'an VIII).

Par la loi du 27 ventôse an VIII (18 mai 1800), les Cours d'appel furent instituées et elles connurent naturellement dès lors, des appels des jugements des tribunaux de commerce.

Au cours du dix-neuvième siècle, diverses modifications ont été apportées aux œuvres de la Constituante et des Consuls, mais les principes fondamentaux n'ont point été touchés et notre ordre judiciaire repose solidement sur les bases scellées à la fin du dix-huitième siècle.

L'année 1799 touchait à sa fin : les juges, qui n'avaient point à s'occuper des actes du Directoire agonisant et dépopularisé, jouissaient en paix de leur local remis à neuf. Le président Vignon rétablissait sagement la discipline et l'autorité parmi les auxiliaires et les services du tribunal. Au Cloître Saint-Merri, comme partout à Paris et en France, on aspirait après le retour complet de l'apaisement et de la concorde : les moins clairvoyants devinaient que la période agissante de la Révolution touchait à sa fin, et qu'il était temps de fonder la nouvelle société à l'aurore du dix-neuvième siècle.

Un homme de génie le pensa aussi, un jeune homme qui était alors couvert de gloire et que l'armée et la population traitaient en idole (1). Le 18 Brumaire en fut la conséquence (10 novembre 1799).

Ce n'est pas faire de politique que de rappeler avec quelle faveur le peuple accueillit le gouvernement du Premier Consul.

Paris surtout s'enivrait aux récits mille fois répétés des hauts faits et des victoires de ce petit général pâle et simple, à peine âgé de trente ans et dont le nom était déjà célèbre dans l'Europe entière : les femmes raffolaient de lui et chaque jour il y avait foule dans la rue de la Victoire, devant le n° 60, tellement chacun et chacune était désireux d'apercevoir le vainqueur de Rivoli et des Pyramides.

Le peuple sentait le besoin d'une organisation et d'une autorité : les premiers actes du Consulat lui donnèrent satisfaction, et dès lors, il se mit en frais de coquetterie pour lui plaire.

De tous côtés les fenêtres se rouvraient, de beaux magasins excitaient la curiosité générale, le luxe et les étrangers reparaissaient à Paris.

---

(1) Des hommes du peuple ont des larmes aux yeux lorsqu'ils voient passer ce petit Buonaparte. (Rapport des agents de Condé.)

Le bien-être commençait à revenir parmi les ouvriers et ouvrières d'art, dont les mains étaient depuis si longtemps inoccupées!

Le décadi, la population des faubourgs courait en foule aux lieux de réunions publiques pour admirer les citoyennes à la mode et les jeunes gens élégants au nombre desquels on se chuchotait tout bas des noms de ci-devant, que la police tolérait à Paris sur l'ordre des Consuls.

C'était bien autre chose encore le quintidi, à l'heure de la revue que passait invariablement le général Bonaparte, dans la cour du Carrousel : il était bien rare qu'il n'y eût pas d'accidents tellement la bousculade était grande autour des grilles : il s'agissait de voir les Murat, les Lassalle, les Junot, les Berthier... dans leurs superbes uniformes, et surtout le Premier Consul, tout fluet et tout simple sur son beau cheval blanc... (1).

On dansait, le soir, à tous les carrefours : « Le bruit d'un violon discordant appelle dans la taverne, convertie en salle de bal, l'artisan, la grisette, le porteur d'eau... la fête est complète si l'on peut posséder quelque brave guerrier porteur d'une arme d'honneur. » Ainsi s'exprime le *Journal des Débats*, dans son numéro du 24 pluviôse an VIII.

(1) Tout le monde connaît le célèbre tableau d'Isabey : *la Revue du quintidi*.

« Paris sentant planer au-dessus de soi une volonté unique, celle de Bonaparte, assez forte pour protéger, assez prudente encore pour ne pas contraindre et violenter, jouissait de sa sécurité et prenait ses aises. Dans les choses qui leur tenaient le plus au cœur, les habitants possédaient une somme de liberté fort appréciable; ils la jugeaient délicieuse à la comparer aux rigueurs du régime conventionnel et fructidorien (1). »

Les pires ennemis du Premier Consul étaient obligés de reconnaître cet état d'esprit du peuple de Paris, tellement l'allégresse perçait partout, tellement la joie rayonnait sur les physionomies : « Tranquillité partout, liberté individuelle, oubli du passé, jouissance assurée de tous les plaisirs, tels sont les moyens employés pour engourdir les esprits... » Ainsi s'expriment les agents secrets de l'émigration qui pullulaient à Paris (2).

Dira-t-on que ces lignes sont une digression inutile dans l'histoire du Tribunal de commerce?

Nous ne le pensons pas, puisque les juges eux-mêmes, se faisant l'écho du commerce de Paris, tinrent à honneur de manifester à Bonaparte, retour de Marengo, toute leur reconnaissance.

---

(1) A. VANDAL, *Avènement de Bonaparte*, t. II, p. 293. (Plon, 1907.)
(2) Bulletin des agents de Condé, 27 février 1800. Archives de Chantilly, Z. (*Idem*, p. 293.)

« Quelle joie pour la France, après tant d'orages et de calamités, lui disaient-ils en messidor an VIII, de vous devoir le bonheur et la tranquillité qu'elle désire depuis si longtemps, et de voir son commerce languissant reprendre toute son activité et recouvrer son ancienne splendeur! »

C'est qu'en effet, les Consuls avaient compris de quelle importance était pour la rénovation du pays la reprise des affaires commerciales.

Dès l'an VIII, ils avaient établi, auprès du ministre de l'Intérieur (alors chargé du département du commerce), une commission de sept membres chargés de concourir à la rédaction d'un projet de code de commerce.

Parmi les membres de cette commission se trouvaient le président Vignon, ce modèle du magistrat ferme, éclairé et bienveillant, déjà bien connu du Premier Consul qui devait lui réserver un avenir si brillant, et M. Gorneau, ancien agréé, alors juge au tribunal d'appel de Paris (la Cour d'appel).

Les travaux de cette commission servirent de base au code de commerce décrété plus tard par l'empereur Napoléon.

Mais nous sommes arrivé, avec l'année 1800, au terme de notre ouvrage.

Désormais, le Tribunal de commerce de Paris aura devant lui la voie libre et pourra s'avancer avec calme sur le chemin, qu'il a toujours suivi depuis, de la prospérité et du progrès.

Nous avons essayé de faire passer sous les yeux du lecteur vingt années de l'existence de la juridiction consulaire de la capitale, depuis les derniers jours très brillants des juge-consuls jusqu'à l'aurore des belles années du Tribunal de commerce, en passant par les tristes périodes de ses débuts.

La juridiction consulaire avait supporté sans sombrer les efforts de la tempête dont le souffle colossal avait tout brisé autour d'elle. Le navire symbolique était au port maintenant : ses voiles ne demandaient qu'à obéir au vent de ses nouvelles destinées. Mais ce vent ne soufflait plus du tout comme au temps où l'écusson fleurdelisé se dressait en haut du grand mât.

Il fallait que le nouvel équipage travaillât à lui faire prendre son aire pour que, définitivement, sa proue fendît les flots dans le nouveau sillage.

Si l'on considère que, depuis cent neuf ans, le vaisseau consulaire de Paris a suivi sa voie invariablement et majestueusement, il faut d'abord rendre un hommage respectueux aux hommes de haute valeur morale et intellectuelle qui ont conduit sa marche.

Il faut enfin reconnaître que l'institution elle-même a toujours répondu et répond de plus en plus à un besoin social que le temps ne fait que confirmer.

Et si les mânes du grand chancelier Michel de l'Hôpital viennent parfois visiter son buste, que le Tribunal de commerce de Paris conserve avec soin dans la salle de ses audiences, elles doivent contempler avec fierté l'œuvre fondée en 1563 par le chancelier « pour le bien public et abréviation de tous procez et différentz entre marchandz qui doibvent négocier ensemble de bonne foy, sans estre adstraints aux subtilitez des loix et ordonnances..... »

APPENDICE

I

ÉDIT D'ÉRECTION DES JUGE-CONSULS DE PARIS (1)
Novembre 1563

L'edit du Roy sur l'erection, election et etablissement d'un juge et quatre consuls des marchandz en sa ville de Paris, pour connoistre de tous procès et différendz à mouvoir entre marchandz pour faict de marchandise, donné audit Paris au mois de novembre 1563.

Portant en outre faculte ausditz juge et consuls de choisir et nommer pour leur greffier telle personne d'experience que bon leur semblera.

CHARLES, par la grâce de Dieu, Roy de France, à tous présens et à venir, salut. Sçavoir faisons, que sur la requeste et remontrance à nous faites en notre Conseil de la part des marchandz de notre bonne ville de Paris, et pour le bien public et abrevation de tous procès et differendz entre marchandz qui doibvent negocier ensemble de bonne foy, sans être abstraints aux subtilitez des lois et ordonnances; Avons, par l'advis de notre tres-honorée dame et mere, des princes de notre sang, seigneurs et gens de nostre dit Conseil, statué et ordonnancé et permis ce qui s'ensuit :

(1) Arch. nat. Edits royaux. Charles IX.

Avons permis et enjoint aux prevost des marchandz et echevins de notre dite ville de Paris, nommer et elire en l'assemblée de cent notables bourgeois de ladite ville, qui seront pour cet effet appelez et convoquez trois jours apres la publication des presentes, cinq marchandz du nombre desditz cent ou autres absens, pourveu qu'ilz soient natifz et originaires en nostredite ville de Paris : le premier desquelz nous avons nommé *juge des marchandz*, et les quatre autres, *consulz desditz marchandz*, qui feront le sermènt devant ledit prevost des marchandz ; la charge desquelz cinq ne durera qu'un an, sans que pour quelque cause ou occasion que ce soit l'un d'eux puisse être continué.

Cognoistront lesditz juge et consulz des marchands de tous procès et differends qui seront ci-après meus entre marchandz, pour faict de marchandise seulement, leurs veufves marchandes publiques, leurs facteurs, serviteurs et commettans, tous marchandz.

Et pour couper chemin à toute longueur et oster l'occasion de fuir et plaider, voulons et ordonnons que tous adjournements soient libellez et qu'ils contiennent demande certaine. Et seront tenuës les parties comparoir en personnes à la première assignation, pour être oüyes par leur bouche s'ils n'ont légitime excuse de maladie ou absence.

Enjoignons ausdits juge et consulz vacquer diligemment en leur charge durant le temps d'icelle, sans prendre directement ou indirectement, en quelque maniere que ce soit, aucune chose, ny present ou don, sous couleur ou nom d'espices ou autrement, à peine du crime de concussion.

Pour faciliter la comodité de convenir et negocier

ensemble, avons permis et permettons aux marchands bourgeois de notre ville de Paris, natifs et originaires de nos Royaumes, pays et terre de notre obeissance, d'imposer et lever sur eux telle somme de deniers qu'ils adviseront necessaire pour l'achapt ou louage d'une maison ou lieu qui sera appelé *la place commune des marchandz;* laquelle nous avons des à present establie à l'instar et tout ainsi que les places appellées *le change* en nostre ville de Lyon et *bourses* de nos villes de Toloze et Rouen.

Et pour arbitrer et accorder ladite somme, laquelle sera employée à l'effect que dessus et non ailleurs, les prevost des marchandz et eschevins de notredite ville de Paris assembleront en l'hôtel de ladite ville, jusqu'au nombre de cinquante marchandz et notables bourgeois, qui en deputeront dix d'entre eux avec pouvoir de faire les cottisations et departement de la somme qui aura été, cöm dit est, accordée en l'assemblée desdits cinquante marchandz.

Voulons et ordonnons que ceux qui seront refusant de payer leur taxe ou cette part, dans trois jours après la signification ou demande d'icelle, y soient contraints par vente de leurs marchandises et autres biens meubles, et ce par le premier de nostre huissier ou sergent sur ce requis.

Defendons à tous nos huissiers ou sergens faire aucun exploit de justice ou ajournement en matière civile aux heures du jour que les marchandz seront assemblez en ladite place commune, qui seront de neuf à onze heures du matin et de quatre jusqu'à six heures de relevée.

Permettons ausditz juge et consuls de choisir et nommer pour leur scribe et greffier telle personne d'experience, marchand ou autre, qu'ils adviseront, lequel fera toutes expeditions en bon papier, sans user de parchemin; et lui deffendons tres-estroitement de prendre pour ses salaires et vacations autre chose qu'un sol tournois pour feuillet, à peine de punition corporelle, et d'en répondre par lesditz juge et consulz en leurs propres noms, en cas de dissimulation et connivence.

Donne à Paris au mois de novembre mille cinq cens soixante-trois, et de notre regne le troisiesme. Ainsi signé :

DE L'AUBESPINE, et scellé du grand scel de cire verte.

Lecta, publicata et registrata, audito et hoc requirente procuratore generali Regis, de mandato expresso eiusdem domini nostri Regis; Cui tamen placuit, vt hi qui in judices mercatorum assumentur, iusiurandum prestent, quod prestari solet ab his, a quorum sententiis ad Curiam appellatur. Idque permodum prouisionis duntaxat, et secundum ea quæ in registro curiæ prescripta sunt. Parisiis in Parlamento, decima octaua die januarij, anno Domini millesimo quingentesimo sexagesimo tertio (1).

Sic signatum : DU TILLET.

Lev et publié en jugement au Chastelet de Paris, seant au siege noble homme et sage Mᵉ Nicolas l'HUILLIER, conseiller du Roy et lieutenant civil de la prevosté de Paris, ce requerants les gens du Roy nostre Sire audit Chastelet, et ce par le commandement du Roy. Et ordonné estre enregistré ès registres ordinaires au greffe dudit Chastelet. Fait le mercredy vingt-sixieme jour de janvier mil cinq cens soixante-trois.

Signé : GOYER et LE CHARRON.

Enregistré au sixieme volume des bannieres, registre ordinaire dudit CHASTELET, es CLXXXI, CLXXXII, CLXXXIII feuilletz dudit registre.

Levës, publiez et enregistrées, oüy, et non empeschant le procureur general du Roy de Bourdeaux. En Parlement, le septiesme jour de may mil cinq cens soixante cinq.

Signé : DE PONTAC.

---

(1) L'année ne commençant alors qu'à Pâques, le mois de janvier portait le même millésime que le mois de novembre précédent.

II

Estat et montant des ouvrages, conduits et réglés par le Sr Poullain, architecte, pour la Jurisd^{on} des Consuls de Paris dans le courant de l'année 1775.

SÇAVOIR

NATURE des OUVRAGES	NOMS des ENTREPRENEURS	RÈGLEMENTS		
Maçonnerie............	Lefevre......	14 309 L	5 s	9 d
Charpente............	De Pélugot..	9 987	»	8
Couverture	Charuel.....	2 240	»	1
Plomberie............	Le Vachez...	6 128	18	»
Serrurerie............	Baune.......	9 743	8	8
Menuiserie...........	Langlois.....	8 989	13	8
Vitrerie.............	Aubourg.....	1 532	14	10
Peinture et dorure.....	Fontaine	2 589	19	»
Carrelage............	Camus	1 041	18	1
Marbrerie	Guérin	2 282	12	»
Pavé................	Panel.......	156	5	10
Sculpture............	Boulenger ...	5 452	12	»
Fondeur.............	Dépréz	602	»	»
Tourneur............	Le Vasseur ..	72	»	»
Epinglerie............	Portier......	108	»	2
Lanterne.............		43	»	»
Lieux à Langlaise.....	De Roudroy..	92	»	»
Clincailleric	Hecquet.....	1 417	6	»
Férures vernies, polies.	Samuleau....	130	4	»
Poëlier..............	Giot........	468	2	»
Horlogerie...........	Paniez	980	»	»
		68 367	»	9

III

Conseillers de commerce (1).

L'existence des conseillers, auprès de la juridiction consulaire de Paris, n'a pas été, comme dans d'autres juridictions, autorisée par des dispositions expresses du législateur.

A Toulouse, par un arrêt du conseil du 13 janvier 1735, le prieur et les consuls (le prieur remplaçait le juge) nommaient, trois jours avant leur élection, douze anciens prieurs et consuls, et *douze bons et loyaux marchands,* devant lesquels les magistrats en charge renvoyaient les affaires. L'édit de 1715, rendu par la ville de Lille, ordonnait aux juges et consuls de choisir, chaque année, un certain nombre de jeunes marchands, appelés conseillers en la chambre consulaire, et qui étaient obligés de se trouver à l'audience pour examiner et rapporter les comptes qui leur étaient renvoyés. L'édit pour Valenciennes fixait le nombre de ces conseillers à six. Il en était de même dans d'autres juridictions.

Quant à la juridiction de Paris, la création des conseillers fut un fait dont il est même impossible de déterminer l'apparition. La délibération en vertu de laquelle ils furent créés, si toutefois il y eut délibération, n'a pas été conservée. Dans l'ordre chronologique on trouve les conseillers mentionnés pour la première fois dans le *Recueil de ce qui s'observe en la juridiction,* imprimé chez Robert Ballard en 1668. La relation des formalités observées dans les élections des juge-consuls, se termine ainsi : « La semaine suivante de l'installation des dits

---

(1) V. Guibert, *ouv. cité.*

élus, ils font délivrer par leur greffier et signifier par leurs huissiers audienciers, aux maîtres et gardes des corps et communautés des marchands de cette ville, commissions à eux adressantes, à ce qu'ils aient à élire et choisir certains marchands de leurs corps et communautés, pour assister les dits juges et consuls, à tour et par semaine, de conseil ès jour d'audience et extraordinaires qu'ils seront mandés, à peine d'amende contre les défaillants. »

Ce passage ne constate que le fait existant, il ne dit rien sur son origine. Il est probable que le principe de cette institution fut puisé dans l'article 3 de l'édit de 1563, portant cette disposition : « Desquelles matières et différents, nous avons de notre pleine puissance et autorité royale, attribué et commis la connaissance à nos juges et consuls, ou aux trois d'eux... appelé avec eux, si la matière y est sujette, et en sont requis par les parties, tels nombre de personnes de conseils qu'ils aviseront... »

Les parties, qui avaient un compte à discuter, des livres à examiner, de la marchandise à vérifier, demandèrent, sans doute, très fréquemment à être renvoyées devant d'autres négociants pour procéder, en leur présence, à ces vérifications. Pour satisfaire à ces réquisitions, il fallut que les juge-consuls se fixassent par avance sur le choix de ceux qui seraient investis de ces fonctions. Comment entreprirent-ils de le faire? C'est ce qu'aucun document n'indique. Le passage du recueil que nous avons rapporté plus haut démontre que les juge-consuls n'avaient pas le droit de désigner les conseillers : soit que les corps des marchands, qui élisaient les juges et consuls, aient considéré que les négociants appelés à leur prêter assistance participaient en quelque sorte de la justice consulaire, et dès lors devaient être aussi élus par eux : soit que les magistrats eux-mêmes, par déférence pour les électeurs, ou bien dans l'impuissance de désigner, dans chaque corps, les personnes capables de leur donner un concours utile, aient volontairement déféré le choix aux six corps; toujours est-il que les conseillers tenaient leur nomination des notables commerçants, que les magistrats restaient étrangers à leur désignation et ne pouvaient que provoquer les corps et communautés à les nommer.

On voit enfin, par la même citation, que les conseillers remplissaient leurs fonctions à tour de rôle et par semaine. Ainsi, les magistrats n'avaient même pas la liberté de choisir, parmi les élus des corps, ceux auxquels ils renvoyaient les affaires. C'était là un inconvénient grave, et comme les conseillers étaient choisis parmi les plus jeunes marchands, on ne pouvait les appeler à examiner que les causes d'un intérêt peu considérable. Aussi, Rodier atteste-t-il que les causes importantes étaient renvoyées au rapport d'un juge ou d'un marchand entendu. Dans ce dernier cas, la mission de l'arbitre était d'ouïr les parties, de les accorder s'il se pouvait, et, à défaut, de donner son avis et de l'envoyer à la compagnie. Si, après avoir renvoyé devant un marchand, il s'élevait des questions de droit, on lui adjoignait un avocat pour concourir au rapport.

Les délibérations des juges et consuls fournissent très peu de renseignements sur les conseillers. Il en est fait mention dans celle de 1758; le juge en charge y rapporte que jusqu'alors aucun local particulier ne leur avait été affecté, et qu'ils entendaient les parties dans la salle même où s'assemblaient les agréés, leurs clercs et certains employés, qu'on désignait sous le nom de parapheurs d'exploits. Comme ce concours de personnes les dérangeait, le siège vota des fonds pour leur disposer une salle particulière.

Mais le manuscrit de M. Gorneau, composé en 1771, fournit des renseignements précis sur la manière dont l'élection des conseillers se faisait en son temps, et sur les fonctions qu'ils avaient à remplir. Aussitôt après l'installation du nouveau siège et dans les premiers jours de février, les juge et consuls faisaient signifier aux huit corps la commission de procéder aux choix des conseillers pour les aider tant aux jours ordinaires qu'extraordinaires, et quand ils seraient mandés par les huissiers audienciers, et de n'en élire aucun qui y ait passé depuis trois ans afin que chacun se ressente du labeur. Chacun des corps suivait pour cette élection des usages qui lui étaient particuliers. Ce qu'il convient de remarquer, c'est le nombre de sujets que chaque corps nommait et la manière dont on les distribuait pour le service. Quant au nombre, il en était désigné : par le corps de la draperie, deux; par le corps de l'apothicairerie et de l'épicerie, six; par celui de la mercerie, douze; par celui de la pelleterie, deux; par le corps de la bonneterie, quatre; par le corps de l'orfèvrerie, quatre; par celui de la librairie et imprimerie, quatre; par celui des marchands de vin, six; total quarante. Ce nombre était le plus usité; cependant, on ne s'y arrêtait pas toujours et quelquefois, il y en a eu douze de plus, savoir : six par le corps de la mercerie, quatre par celui de l'épicerie et deux par le corps de l'orfèvrerie.

Quant à leur distribution pour le service, la moitié de ceux qui avaient été nommés au mois de février de l'année précédente n'entrait en exercice qu'au mois d'août qui suivait, et ils continuaient d'exercer jusqu'au premier août, époque où on leur adjoignait la moitié de ceux nouvellement élus et ainsi de suite, de manière qu'il y avait toujours la moitié des conseillers qui avait six mois de plus d'expérience des affaires que l'autre moitié.

En entrant en fonctions, ils prêtaient, en la chambre du conseil, le serment de bien et fidèlement remplir les fonctions de conseillers, et se rangeaient sur les chaises placées au-dessous des fauteuils des juge et consuls. Il n'était dressé aucun acte de leur prestation de serment. Le siège formait ensuite un tableau semestriel où le service des conseillers était indiqué par semaines, et de manière qu'ils étaient toujours cinq ou six en exercice. Ils choisissaient entre eux, à la fin de chaque semaine, un rapporteur pour la semaine suivante. Le samedi, les huissiers audienciers étaient chargés de mander les conseillers qui devaient faire le service la semaine d'après. Chaque matin, en arrivant, ils étaient obligés de mettre leur paraphe sur une liste de présence. Ils assistaient à la Chambre du conseil tant qu'on y plaidait des affaires, mais sans avoir voix délibérative ni même consultative, à moins qu'ils n'eussent été questionnés par un des magistrats. L'audience de la Chambre du conseil terminée, ils passaient avec les juge-consuls à la salle d'audience et prenaient leur place sur les bancs adossés aux murs et perpendiculaires aux sièges des juges, laissant vides ceux qui tenaient immédiatement à ces sièges.

Ils restaient à l'audience tant qu'elle durait, excepté lorsqu'ils étaient obligés de passer dans leur salle pour examiner les affaires qu'on leur renvoyait. Sur chacune de ces affaires, ils devaient rapporter leur avis par écrit, le remettre au juge qui le passait au greffier et celui-ci à l'appeleur de causes qui rappelait les parties ou leurs représentants et l'affaire se jugeait. Pour l'audience de relevée, les conseillers devaient s'y rendre à trois heures, signer la feuille de présence en la Chambre du conseil et aller prendre leurs places à l'audience où leur service était le même qu'à celle du matin.

Les juge-consuls ne furent pas toujours en bonne harmonie avec les conseillers. Ces derniers prétendirent avoir le droit de s'immiscer aux jugements et aux délibérations.

Mais, par deux déclarations royales du 15 décembre 1722 et 26 juin 1723, il fut décidé qu'ils ne pourraient y prendre part que lorsqu'ils y seraient expressément appelés par les juge et consuls. En 1724, ils soutinrent qu'ils avaient droit d'être assis sur les premiers bancs qui touchaient les sièges des juges; il fallut recourir au Parlement qui, par arrêt du 17 juillet, proscrivit cette nouvelle prétention.

Quant à leur exactitude, elle laissait beaucoup à désirer ; en 1767, le siège fut même obligé de s'en plaindre à Monsieur le procureur général, qui, le 24 juin, fit rendre un arrêt par le Parlement, pour les contraindre à faire le service au consulat, sous peine d'amende qui serait arbitrée par les juge-consuls.

Dans plusieurs autres juridictions où cette institution existait on avait été obligé de recourir au même moyen coercitif, et l'on trouve dans les observations de la Chambre de commerce de Chartres, sur le projet du Code de commerce, un aveu remarquable de la décadence de ces fonctions. « Il y avait à Chartres un usage (celui de nommer six petits consuls ou conseillers) dont on avait autrefois senti les bons effets : mais par l'effet de l'insouciance des jeunes marchands et de ceux qui se destinaient à le devenir un jour, cet usage ne remplissait plus le but qu'on s'était proposé dans les premiers moments de l'établissement. »

Aussi, ni à l'époque de la conversion des justices consulaires en tribunaux de commerce, ni à celle de la discussion du Code, personne ne songea à faire revivre les conseillers. Les auteurs du projet du Code de commerce qui presque tous les avaient vus à l'œuvre, gardèrent, à cet égard, un silence qu'aucun autre tribunal ne s'empressa de leur reprocher.

Il y a là, ce nous semble, un jugement historique sur une institution que le nombre actuel des juges de commerce rend complètement inutile.

IV

Noms et adresses de MM. les Commissaires pour l'ouverture des Assemblées primaires relatives à l'élection des Juges de Commerce de Paris. — Les quarante-huit sections de Paris en 1791.

Section *des Thuileries*. — Église des Feuillands. — M. Quatremere, ancien consul, quay de l'École.
Section *des Champs-Elizées*. — Église Saint-Philippe du Roule. — M. Serve, ancien consul, Porte Saint-Honoré.
Section *du Roule*. — Église des Capucines Saint-Honoré. — M. Petit, ancien consul, rue Quincampoix.
Section *du Palais-Royal* — Église Saint Roch. — M. Vée, ancien juge, passage des Petits-Pères.
Section *de la place Vendôme*. — Église des Capucines. — M. Robert, consul, rue N. des Petits-Champs, n. 16.
Section *de la Bibliothèque*. — Église des Filles Saint-Thomas. — M. Gillet, ancien consul, rue N. des Petits-Champs.
Section *de la Grange-Batelière*. — Église des Capucins, chaussée d'Antin. — M. Chrétien des Ruflais, ancien consul, rue des Mauvaises paroles.
Section *du Louvre*. — Église Saint-Germain l'Auxerrois. — M. Guyot, ancien Juge, place du Chevalier du guet.
Section *de l'Oratoire*. — Église de l'Oratoire. — M. Noël, ancien juge, rue du Coq Saint-Honoré.
Section *Halle au Blé*. — Église Saint-Honoré. — M. Brignon, ancien consul, rue Saint-Honoré.
Section *des Postes*. — Église Saint-Eustache. — M. de la Voyepierre, ancien consul, rue Mauconseil.
Section *place Louis 14*. — Église des Petits-Pères. — M. Cahours, ancien consul, rue Montorgueil.
Section *Fontaine de Montmorency*. — Église Saint-Magloire. — M. Santilly, ancien consul, rue N. Saint-Eustache.

Section de Bonne-Nouvelle. — Église Notre-Dame de Bonne Nouvelle. — M. Incelin, ancien consul, rue Saint-Denis.

Section du Ponceau. — Église de la Trinité. — M. Renouard, consul, rue Sainte-Apolline.

Section du Mauconseil. — Église Saint-Jacques l'hôpital. — M. Gauthier, ancien consul, rue du Petit Lion Saint-Denis.

Section Marché des Innocens. — Église Sainte-Opportune. — M. Gibert, ancien juge, rue Saint-Honoré.

Section des Lombards. — Église Saint-Jacques-la-Boucherie. — M. Léger, ancien consul, rue Saint-Honoré.

Section des Arts. — Église Saint-Jean en Grève. — M. Caron, ancien consul, rue Saint-Denis.

Section faubourg Montmartre. — Église Saint-Joseph. — M. Château, ancien consul, rue Saint-Denis.

Section rue Poissonnière. — Église Saint-Lazare. — M. Boullanger, ancien consul, cloître Saint-Merry.

Section de Bondy. — Église des Recollets. — M. Hélie, ancien consul, rue Saint-Denis.

Section du Temple. — Église des Pères Nazareth. — M. Rousseau, ancien consul, rue des Filles du Calvaire.

Section de Montreuil. — Église Sainte-Marguerite. — M. Boulenger, ancien consul, rue Meslée.

Section de Popincourt. — Église de Trainelle. — M. Prévôt, ancien consul, rue Saint-Antoine.

Section des Quinze-Vingts. — Église des Enfans trouvés. — M. Boucher, ancien consul, rue de Braque.

Section des Gravilliers. — Église Saint-Martin des Champs. — M Grouvelle, ancien consul, rue au Maire.

Section du faubourg Saint-Denis. — Église Saint-Laurent. — M. Renouard, ancien consul, faubourg Saint-Denis.

Section rue Beaubourg. — Église Saint-Merry. — M. Le Comte, juge, cloître Saint-Merry.

Section des Enfans Rouges. — Église des Enfans Rouges. — M. Véron, ancien consul, rue Charlot.

Section du Roy de Sicile. — Église du petit Saint-Antoine.
— M. Magimel, ancien consul, place Baudoyer.

Section de l'Hôtel de Ville. — Église Saint-Gervais. —
M. Testard, ancien consul, rue du Roy de Sicile.

Section de la place Royalle. — Église des Minimes. —
M. Janin, consul, rue Sainte-Avoye.

Section de l'Arsenal. — Église Saint-Louis de la culture.
— M. Séjourné, ancien juge, rue des Prêtres Saint-Paul.

Section de l'Isle. — Église Saint-Louis en lisle. — M. Morel, ancien consul, quay de Bourbon, isle Saint-Louis.

Section de Notre-Dame. — Église Notre-Dame. — M. Le Clerc, consul, quay de l'Horloge, n. 34.

Section de Henry quatre. — Église des Barnabites. —
M. Gourdin-Delorme, ancien consul, quay des Morfondus.

Section des Invalides. — Église des Invalides. — M. Sageret, ancien consul, quay de Bourbon, isle Saint-Louis.

Section fontaine de Grenelle. — Église des Jacobins Saint-Dominique. — M. Hibon, ancien consul, rue de Bourbon, faubourg Saint-Germain.

Section des 4 nations. — Église Saint-Germain-des-Prés. —
M. Morlet, ancien consul, rue des Foureurs.

Section du théâtre françois. — Église Saint-André-des-Arts.
— M. Le Clerc, ancien juge, quay des Augustins.

Section de la Croix Rouge. — Église des Prémontrés. —
M. Vignon, ancien consul, rue de Grenelle, faubourg Saint-Germain.

Section du Luxembourg. — Église des Carmes déchaux. —
M. Knapen, ancien consul, rue Saint-André-des-Arts.

Section des thermes de Julien. — Église des Mathurins. —
M. Le Camus, ancien consul, rue et porte Saint-Jacques.

Section de Sainte-Geneviève. — Église du collège de Navarre.
— M. Estienne, ancien consul, rue Saint-Jacques, près Saint-Yves.

Section de l'Observatoire. — Église du Val de grâce. —

M. Baroche, ancien consul, rue du Monceau Saint-Germain.

Section du Jardin des Plantes. — Église Saint-Nicolas du Chardonnet, M. Laurent de Mézières, ancien juge, rue Hautefeuille.

Section des Gobelins. — Église Saint-Marcel. — M. Delapierre, ancien consul, faubourg Saint-Jacques à la Communauté de Saint-Magloire.

Suppléans.

M. Tavernier, marchand mercier, quay de la Mégisserie.

M. Bossu, marchand mercier, rue Saint-Denis, vis-à-vis la Trinité.

M. Main, marchand mercier, rue Saint-Sauveur.

M. Morel, marchand épicier, rue des Arcis.

M. L'Herbette, marchand pelletier, rue des Foureurs.

M. Dessemet, marchand orfèvre, rue Saint-Antoine vis-à-vis la vieille rue du Temple.

M. Cottin, marchand de vins, rue de la Villète.

Fait et arrêté le d. jour vingt deux juillet mil sept cent quatre vingt onze.

V

L'hôtel propriété nationale

Réponse de MM. les juge et consuls de Paris à la circulaire de MM. les commissaires à l'administration des biens nationaux.

Messieurs,

Vous nous demandez l'état des propriétés attachées au tribunal de commerce de Paris parce que vous présumez sans doute qu'elles sont originairement un Bien National, ou qu'elles le sont devenues. Vous ne faites pas en effet de pareilles demandes pour des propriétés particulières.

Nous pourrions nous borner à dire que de quelque nature que soient ces propriétés, elles doivent rester dans leur état actuel puisque la juridiction continue d'exister, que leur état actuel est d'être administrées par les Juge Consuls sans que l'administration publique s'en soit jamais mêlé et nous vous citerions à l'appuy de ce raisonnement le décret de l'Assemblée constituante du 16 8bre 1789 sanctionné le 30 Janvier suivant qui laisse les Biens dans leur état actuel, article 3 « Les Édifices occupés par les Tribunaux d'exception autres que les Palais de Justice et les Jurisdictions consulaires seront mis en vente. »

Mais nous nous faisons un devoir de vous démontrer que ces propriétés particulières au commerce, n'ont jamais été nationales et que les propriétaires ayant une existence légale, avouée par la constitution, ils les conservent et en sont les administrateurs naturels.

Charles IX dans son Édit de l'Erection de la Jurisdiction consulaire de Paris du mois de 9bre 1563 n'assigna pas de lieu pour tenir les audiences et ne fournit pas de fonds pour la dépense indispensable d'une tenue de Jurisdiction.

Mais dans l'article 17, il autorise les marchands de Paris à imposer sur eux telle somme qu'ils jugeront nécessaire pour l'achat ou le loüage d'une maison qui sera appellée la Place Commune des marchands que le Roy établit à Paris à l'instar de celles de Lyon, Toulouse et Roüen.

Dans l'article 18, il veut que 50 marchands arbitrent la somme nécessaire et que dix d'entreux en fassent le répartement.

Dans l'article 19, il soumet à la contrainte les refusans de payer. La première élection des Juge Consuls se fit le 27 Janvier 1563, l'année ne commençant alors qu'à Pasques.

Le premier février suivant s'assemblèrent les 50 marchands qui arbitrèrent la somme que dix d'entreux répartirent.

La collecte fut longue à faire; elle ne fut terminée qu'en 1584; mais des premiers deniers recueillis, on en acheta en 1570 la maison auditoriale actuelle, où le siège qui se tenoit à S' Magloire fut transféré.

Le même Édit de création porte article 21 que les Juge Consuls sont autorisés à se choisir un Greffier; ils choisirent le s. Nicolas Clercellier qui quelques années après fut obligé de payer une finance parce que sa place fut érigée en titre d'office.

Depuis cette charge fut réunie au Domaine et revendue plusieurs fois jusqu'en 1617, qu'un arrêt du Conseil du 23 février permit aux Juge Consuls de rentrer en possession de leur Greffe en remboursant les propriétaires et en payant au trésor public une somme de deniers, ce qu'ils firent.

La Jurisdiction consulaire fut affranchie des réunions et reventes suivantes mais non pas des finances, supplément de finances, gages, augmentations de gages, dont elle fournit les fonds à diverses fois ès-coffres du Roy.

Par Édit de Xbre 1693 le Roy a créé une charge de premier huissier audiancier avec une attribution pour appel de chaque cause dont la finance a été payée de même au trésor public.

Les Marchands de Paris ne se croient pas propriétaires incommutables des charges de Greffier et d'huissier ny de leurs attributions, mais ils le sont certainement des Biens fonds et des finances des charges qu'ils ont payés de leurs deniers ou des fruits d'une administration économique ou avec des emprunts dont ils doivent encore environ 12 000 L. de rente représentées par les d. finances.

Ils en ont les contrats dacquisition et les quitances de finances, ils se sont cotisés par ordre du Gouvernement, ils ont acheté et payé par ordre du Gouvernement; s'il y a une propriété légale, c'est celle-là assurément.

La nation peut supprimer les charges et leurs attributions en remboursant les finances, comme elle a remboursé les autres pourvus d'offices; si la cessation du revenu met hors d'état de servir les rentes, le remboursement des finances mettra à portée d'en rembourser les fonds.

Le Tribunal de Commerce de Paris jouit encore d'une somme annuelle de 8 000 livres donnée par Louis XV en 1772, mais il ne faut pas la regarder comme un don purement gratuit.

Le Roy ayant jugé à propos d'ordonner aux Juge Consuls qui siégeoient en 1770 de continuer leurs fonctions en 1771 crut avoir contracté l'obligation de faire dans cette occasion ce quil avoit fait dans d'autres pareilles cest à dire d'assurer une pension aux Consuls qui avoient fait deux années de service au lieu d'une.

Ces Messieurs eurent la générosité de remercier le Roy en le priant d'appliquer sa munificence à la Juridiction elle-même dont les individus étoient obligés de fournir de l'argent pour subvenir à certaines menues dépenses.

Le Roy ne céda point en générosité et porta la pension à 8 000 L. au profit de la Juridiction et applicable aux objets énumérés dans les Lettres patentes au nombre desquels se trouvent ceux qui étoient précédemment à la charge personnelle des Juge Consuls.

Toutes les propriétés attachées au Tribunal de Commerce sont donc une propriété des marchands de Paris; la nation ny a contribué en rien; elle en a reçu au contraire la plus grande partie des fonds, cest donc une propriété particulière et nullement nationale. La seule somme de 8 000 L. quelle reçoit annuellement est une dette que le Roy croit avoir contractée qui reçut dans le temps l'applaudissement de tout le ministère; la Chambre des Comptes ne voulut pas même recevoir les droits d'enregistrement de ces lettres patentes, plus pour honorer la Jurisdiction que pour l'affranchir d'une dépense assez considérable cependant.

Mais si les propriétés attachées à la Jurisd^{on} Consulaire de Paris ne sont pas nationales, ont-elles pu le devenir? C'est la seconde question qui nous reste à examiner.

Nous avons vu supprimer les bénéfices et les ordres religieux. Leurs biens sont devenus nationaux parce que les Biens qui restent sans propriétaires sont dévolus à la nation, nous avons cité plus haut l'article 3 du décret du 16 8bre qui ordonne la vente des Edifices des Tribunaux d'exception parce quétant supprimés, ces Biens nationaux d'origine, n'ont plus d'application et sont devenus libres.

Mais ce même article en ordonnant la vente de ces Edifices en excepte les Palais de Justice, les Jurisdictions consulaires et les palais fournis par les Seigneurs laïcs parce que les Tribunaux de Justice étant établis et les Tribunaux de Commerce conservés par la Constitution et ayant par conséquent une existence légale, leurs biens doivent rester appliqués à leur destination parce que les Seigneurs Laïcs en perdant leur Justice, nont pas perdu l'existence et n'ont pas pu par conséquent être privés de la propriété des hotels quils avoient fournis à leurs Juges.

En prouvant que les Biens attachés à la Jurisdiction

Consulaire de Paris, ont une propriété particulière à une classe de citoyens reconnüe par la Constitution, nous avons prouvé que les administrateurs des Biens Nationaux ne sont pas chargés de leur administration parce que suivant leur institution ils nont pas l'administration des propriétés particulières. Nous allons prouver de plus que telle est l'intention de l'assemblée constituante.

Dans ce même Décret du 16 8bre dont nous avons cité l'article 3 on trouve :

Art. 1er. — Les Edifices que les villes justiffieront avoir construits sur leurs terrains et à leurs frais continueront à appartenir aux villes ou ils sont situés.

Art. 2. — Les hotels de ville continueront d'appartenir aux villes qui pourront en disposer.

Les décrets sur les Biens communaux en laissent de même la propriété aux Communautés de la Campagne.

Pourquoy la maintenüe de ces propriétés avec la faculté d'en disposer et à plus forte raison de les administrer? C'est que la constitution a adopté l'établissement des communes dans les villes et dans les campagnes et des municipalités qui siègent dans les hotels de villes et que leur existence civile les maintient dans leur propriété.

Si nous faisons l'application de ces principes à l'espèce actuelle, nous trouvons les mêmes conséquences, la constitution reconnoit dans Paris une classe de marchands, comme des citoyens dans les villes, leur existence légale les maintient dans leurs propriétés comme les citoyens des villes et les communautés des campagnes. Si leur Jurisdiction était supprimée, ils se trouveroient dans la classe des Seigneurs laïcs qui rentrent dans la Propriété de leurs Palais de Justice parce que leur Justice nexiste plus, ils auroient le droit d'en disposer comme les citoyens actuels ont droit de disposer des Biens des Villes acquis par leurs prédécesseurs.

Mais leur jurisdiction continue d'exister; ils ne peuvent disposer de ces Biens qu'à l'entretien de la Jurisdiction pour laquelle ils ont été acquis comme les citoyens ne pourroient pas disposer de leurs hotels de ville autrement qu'à leur destination parce que les municipalités qui y siègent continuent d'exister.

Ainsy le Tribunal de Commerce de Paris qui n'a jamais rien coûté à l'Etat ne luy coutera rien encore suivant l'esprit de l'assemblée constituante en létablissant.

Nous avons suffisamment prouvé que les Biens attachés à la Jurisdiction consulaire de Paris ne sont pas nationaux mais une propriété des marchands de Paris qui l'ont acquise de leurs deniers en se cottisant par ordre du Roy, nous avons prouvé que la classe des Marchands de Paris ayant une existence légale, ils conservent leurs propriétés, mais que leur Jurisdiction continuant aussy d'exister, ils ne peuvent en changer la destination.

Comme tous propriétaires, les marchands de Paris ont le droit d'administrer leurs Biens par eux-mêmes, ou par leurs délégués. Ils en ont toujours confié l'administration aux Juge Consuls quils nommoient par électeurs quils choisissoient, le Tribunal futur sera élu de même par les électeurs qu'ils ont choisis, la seule différence est quils se réunissoient par corporation pour choisir leurs électeurs quand les corporations existoient et que depuis quelles n'existent plus ils se réunissent par sections pour faire le choix.

L'ancien siège transmettoit cette administration au nouveau au moment de son installation; les Juges actuels investiront de même leurs successeurs; marche nécessaire dans un Tribunal de commerce qui ne peut souffrir aucun interstice soit à prononcer des jugemens soit à les faire expédier, marche d'ailleurs conforme au décret rendu pour la Jurisdiction consulaire de Paris le 27 Janvier sanctionné le 4 février 1791 article onze : *les Juge Consuls resteront en exercice jusqu'à l'installation des nouveaux.*

Ainsy les fonctions des administrateurs des Biens

nationaux sont étrangères à l'administration des Biens attachés au Tribunal de Commerce de Paris parce que ces biens ne sont pas nationaux, parce qu'ils ont des administrateurs nommés par les propriétaires qui transmettent sans intérim l'administration à leurs successeurs.

Signé : Le Comte, Robert, Vignon, Le Clerc, Janin, Noël, Guyot, Renouard aîné.

FIN

TABLE DES MATIÈRES

Préface... I

PREMIÈRE PARTIE
LES JUGES ET CONSULS
1780-1791

CHAPITRE PREMIER
LA VIE EXTÉRIEURE

L'hôtel de la juridiction. — Salle d'audience. — Chambre du Conseil. — Salle à manger. — Chapelle. — Cérémonies extérieures. — Situation morale. — Respect et considération. — Opinions de contemporains. — Physiomonie du quartier Saint-Merri. — L'année 1720............... 1

CHAPITRE II
LA VIE INTÉRIEURE

L'audience. — Costumes et usages. — Les conseillers du commerce. — Hiérarchie. — Confraternité. — Autonomie. — Visite à Louis XIV. — La compagnie des anciens. — Diners et repas de corps. — Députés du commerce.......... 54

CHAPITRE III
LES FONCTIONS

Les élections. — Corps des marchands. — Mode d'élection. — Gratuité des fonctions. — Chandelles, bougies et jetons. —

Munificence de la juridiction. — Difficultés avec le Roi. — Budget 88

CHAPITRE IV
LES HOMMES

Marchands et bourgeois. — Compositions professionnelles. — Fonctions municipales. — Noblesse. — Postes honorifiques. — Hommes remarquables. — Boulduc, Ballin, les quatre Pocquelin, les quatre Lescot. — Professions et enseignes. — Vie des notables commerçants de Paris. — Esprit sédentaire. — La compagnie en 1774. — Figures de premier plan. — Cochin. — Vignon. — Leclerc. — L'empreinte..... 112

CHAPITRE V
LE PERSONNEL

Le greffe et les greffiers. — Troubles de possession. — Augmentation des frais. — Luttes avec le fisc. — La famille Verrier. — Le terrible Chauvin. — Thérèsse et Thomas. — Simplification du style juridique. — Boutard. — Les clercs d'audience. — Le seigneur de Saint-Fargeau. — Les agréés. — Transmission des charges. — Règlement. — Le clerc aux présentations. — L'archiviste. — Le suisse et le concierge 144

CHAPITRE VI
HISTORIQUE
1780-1786

La bourgeoisie. — Ses aspirations. — Esprit des juge-consuls et de la Compagnie. — Le Parlement. — L'année 1774. — Visites à Louis XVI. — Derniers hommages aux juge-consuls par les corps des marchands. — Difficultés de compétence avec la prévôté. — Projet de réunion du consulat et des bureaux de la ville. — Affaires intérieures. — Création des cours de commerce. — Discours pompeux. — Les agréés conférenciers.. 176

CHAPITRE VII
1787-1788

Agitation générale. — Exil du Parlement à Troyes. — Adhésion des juge-consuls à sa politique. — Lettre aux Pères de

TABLE DES MATIÈRES 419

la Patrie. — Retour du Parlement à Paris. — Visites, félicitations et discours. — Ministère de Necker. — Convocation des Etats généraux. — Mémoire au Roi en faveur d'une représentation spéciale des commerçants. — Adhésions des sièges de province 209

CHAPITRE VIII
1789

Le Tiers état. — Discrédit du Parlement. — Les élections aux Etats généraux. — Les consuls Vignon et Leclerc députés de Paris. — Évènements mémorables. — Félicitations des consuls à l'Assemblée nationale. — Visites à Versailles : Champion de Cicé et Necker. — Le Roi et l'Assemblée nationale à Paris. — Visite à Sa Majesté aux Tuileries. — Le district de Saint-Merri veut tenir ses réunions dans la salle d'audience. — Refus opposé par la Compagnie........... 235

CHAPITRE IX
1790-1791

La réforme de l'ordre judiciaire. — Rapports à l'Assemblée nationale. — Serment civique des juge-consuls. — Vote du maintien des juridictions consulaires. — Décret du 16 août 1790 instituant les tribunaux de commerce en France. — Fête de la Fédération. — Création du tribunal de commerce de Paris. — Nouveau costume des juges. — Désignation des présidents des assemblées électorales par les juge-consuls. — Luttes pour la conservation des propriétés de la juridiction. — La dernière audience des juge-consuls............. 252

DEUXIÈME PARTIE
LE TRIBUNAL DE COMMERCE
1792-1800

CHAPITRE X
1792-1793

Le tribunal de commerce de Paris. — Vignon, président. — Organisation nouvelle. — Un corps de garde au Cloître Saint-Merri. — Participation du tribunal aux fêtes et cérémonies

420 LA JURIDICTION CONSULAIRE DE PARIS

nationales. — Don patriotique. — Renouvellement du tribunal en 1793. — Les juges jacobins. — Difficultés intérieures. — Certificats de civisme. — Désorganisation des agréés. — Nouveaux dons patriotiques. — Suppression du dîner du mercredi. — Suppression de la messe et de la chapelle. — Gratifications au chapelain et au sacristain. — Ère républicaine. — Destruction des insignes de féodalité. — La Terreur. — Arrestation du fils du juge Leclerc. — Condamnation du frère de l'agréé Gorneau. — Le décadi. — Les propriétés de la juridiction déclarées biens nationaux. — Nouveau budget du tribunal...................... 265

CHAPITRE XI

L'ancien juge Quatremère et les fournisseurs des armées de la République.. 297

CHAPITRE XII

L'ancien juge Vandenyver et ses deux fils jugés et condamnés en même temps que Mme du Barry.................. 320

CHAPITRE XIII
1794-1795

Le tribunal révolutionnaire. — La Terreur au tribunal de commerce. — Affaires intérieures. — Attaques contre les agréés. — Le 9 thermidor. — Félicitations à la Convention. — Réaction thermidorienne. — Arrestation du juge Ladainte. — Démarches du tribunal. — Mise en liberté. — Le tribunal accusé de participation à une œuvre des ténèbres. — Les arbitres « flambeaux du tribunal »............... 343

CHAPITRE XIV
1796-1797

Juges sans mandats. — Demande de renouvellement du tribunal. — Retour du président Vignon. — Le tribunal soupçonné d'indolence et de superstition. — Sa défense. — Modification du service des audiences en suivant le nouveau comput. — Apaisement. — Remise en état de l'hôtel de la juridiction. — Les tapisseries débarrassées des signes de féodalité. — L'État donne six portières des Gobelins. — Fête du 2 pluviôse an VI. — L'arbre de la Liberté. — L'antique horloge réparée........................... 366

CHAPITRE XV
1798-1800

Élections de 1798 et suivantes. — Mêmes hommes. — Difficultés nées de l'appel des jugements du tribunal. — Essais infructueux. — Autorité du président Vignon. — Les Cours d'appel instituées. — Fin du Directoire. — Le 18 Brumaire. — Physionomie de Paris. — Renaissance du caractère parisien. — Satisfaction populaire. — L'aurore des beaux jours du Tribunal de commerce. — Le vaisseau symbolique de la juridiction. — Solidité de l'institution. — Survivance glorieuse de l'œuvre de Michel de l'Hôpital.................. 384

APPENDICE........................... 395

PARIS
TYPOGRAPHIE PLON-NOURRIT ET Cie
8, rue Garancière

A LA MÊME LIBRAIRIE

La Juridiction consulaire de Paris (1563-1792). Sa création, ses luttes, son administration intérieure, ses usages et ses mœurs, par M. G. DENIÈRE, ancien président du tribunal de commerce de la Seine, président de la chambre de commerce de Paris. Un volume in-8°. . . . . 10 fr.

La Justice en France pendant la Révolution (1789-1792), par Edmond SELIGMAN. Un volume in-8°. . . . . 8 fr.

Autour de la Révolution, par Louis BONNEVILLE DE MARSANGY. Un vol. in-18. . . . . 3 fr. 50

Les Grandes Journées révolutionnaires. *Histoire anecdotique de la Convention nationale (21 septembre 1792-26 octobre 1795)*, par Paul GAULOT. Ouvrage orné de gravures. Un vol. in-8° anglais. 6 fr.

L'Esprit révolutionnaire avant la Révolution. Les livres condamnés (1715-1789) d'après les arrêts et les réquisitoires conservés aux Archives nationales, par Félix ROCQUAIN. Un vol. in-8°. 8 fr.
(Couronné par l'Académie française, prix Thérouanne.)

Le Comité de salut public de la Convention nationale, par J. GROS. Un volume in-18. . . . . 3 fr. 50

Le Tribunal révolutionnaire de Paris. Ouvrage composé d'après les documents originaux conservés aux Archives nationales, suivi de la Liste complète des personnes qui ont comparu devant le tribunal, et enrichi d'une gravure et de fac-similés, par Émile CAMPARDON. Deux vol. in-8° cavalier. . . . . 16 fr.

Le Tribunal révolutionnaire (10 mars 1793-31 mai 1795), par H. WALLON, membre de l'Institut. Édition nouvelle. Deux vol. in-8°. Prix. . . . . 16 fr.

Paris sous Napoléon. I. *Consulat provisoire et Consulat à temps.* — II. *Administration. — Grands travaux.* — III. *La Cour et la Ville. — La Vie et la Mort.* — IV. *La Religion.* — V. *Assistance, Bienfaisance, Approvisionnement*, par L. DE LANZAC DE LABORIE. Cinq volumes in-8° écu. 2° édition. Prix de chaque volume. . . . . 5 fr.
(Couronné par l'Académie des sciences morales et politiques, prix Berger, et par l'Académie française, grand prix Gobert.)

Paris en 1794 et en 1795. Histoire de la rue, du club, de la famine, composée d'après des documents inédits, particulièrement les rapports de police et les registres du Comité de salut public, avec une introduction, par DAUBAN. Ouvrage enrichi de neuf gravures du temps et d'un fac-similé. Un volume in-8° cavalier. . 8 fr.

Paris en 1790. Voyage de Halem. Traduction, introduction et notes par Arthur CHUQUET. Un vol. in-8°. . . . . 7 fr. 50

Un hiver à Paris sous le Consulat (1802-1803), par A. LAQUIANTE, d'après les lettres de J.-F. REICHARDT. Un vol. in-8°. . . . 7 fr. 50

La France pendant la Révolution, par le vicomte DE BROC. Deux vol. in-8°. . . . . 15 fr.
(Couronné par l'Académie française, second prix Gobert.)

Une Conspiration en l'an XI et en l'an XII, par HUON DE PENANSTER. Un volume in-18. . . . . 3 fr. 50

PARIS. — TYP. PLON-NOURRIT ET Cⁱᵉ, 8, RUE GARANCIÈRE. — 12084.

www.ingramcontent.com/pod-product-compliance
Lightning Source LLC
Chambersburg PA
CBHW070604230426
43670CB00010B/1404